最新修订版

澳大利亚联邦法院规则
澳大利亚联邦证据法

胡铭　冯姣◎译

知识产权出版社
全国百佳图书出版单位
——北京——

图书在版编目（CIP）数据

澳大利亚联邦法院规则　澳大利亚联邦证据法／胡铭，冯姣译．—北京：知识产权出版社，2021.7

书名原文：Federal Court Rules 2011；Evidence Act 1995
ISBN 978-7-5130-7542-8

Ⅰ.①澳…　Ⅱ.①胡…②冯…　Ⅲ.①法院—司法制度—澳大利亚②证据—法学—澳大利亚　Ⅳ.①D961.162②D961.15

中国版本图书馆 CIP 数据核字（2021）第 106892 号

责任编辑：刘　睿　刘　江　　　　责任校对：潘凤越
文字编辑：李　硕　　　　　　　　责任印制：刘译文

澳大利亚联邦法院规则　澳大利亚联邦证据法
胡　铭　冯　姣　译

出版发行：	知识产权出版社 有限责任公司	网　　址：	http://www.ipph.cn
社　　址：	北京市海淀区气象路 50 号院	邮　　编：	100081
责编电话：	010-82000860 转 8344	责编邮箱：	liujiang@cnipr.com
发行电话：	010-82000860 转 8101/8102	发行传真：	010-82000893/82005070/82000270
印　　刷：	天津嘉恒印务有限公司	经　　销：	各大网上书店、新华书店及相关专业书店
开　　本：	720mm×1000mm　1/16	印　　张：	26.75
版　　次：	2021 年 7 月第 1 版	印　　次：	2021 年 7 月第 1 次印刷
字　　数：	408 千字	定　　价：	148.00 元
ISBN 978-7-5130-7542-8			

出版权专有　侵权必究
如有印装质量问题，本社负责调换。

目 录

《澳大利亚联邦法院规则》与《澳大利亚联邦证据法》简介 ……… (1)
澳大利亚联邦法院规则 ……………………………………………… (14)
　第一章　介绍性条款 ………………………………………………… (15)
　第二章　原始管辖权——一般程序 ………………………………… (40)
　第三章　原初管辖权——程序中的特殊类型 ……………………… (166)
　第四章　上诉管辖权 ………………………………………………… (222)
　第五章　判决、费用和其他一般条文 ……………………………… (241)
　第六章　惩　戒 ……………………………………………………… (266)
澳大利亚联邦证据法 ………………………………………………… (302)
　第一章　序　言 ……………………………………………………… (303)
　第二章　举　证 ……………………………………………………… (308)
　第三章　证据的可采性 ……………………………………………… (324)
　第四章　证　明 ……………………………………………………… (369)
　第五章　其他事项 …………………………………………………… (390)

《澳大利亚联邦法院规则》与《澳大利亚联邦证据法》简介

澳大利亚的法律和刑事司法传统来源于英国。自从1788年，英国殖民者踏上这片广袤的土地，澳大利亚的法律传统便是继受的而不是土生土长的本土传统。近20年来，澳大利亚的法律界才兴起了一股爱国主义思潮，束缚澳大利亚法律界的英国法枷锁才被解开。❶ 现如今，澳大利亚的法律主要由两部分组成：成文法（statute law）和普通法（common law）。成文法由议会立法制定，包括法案、法规和规则，并由法院负责解释和适用；普通法则根源于英国普通法，由法官将法律适用于个别案件中的特定事实而形成。如果立法未涵盖案件的具体事实，则法官会使用类似案件中的法律原则和决定来作出裁决。但是，自19世纪以来，由于立法越来越多地涵盖大多数法律领域，澳大利亚法律渊源中普通法的适用情形越来越少。❷ 这也是澳大利亚成文法律制度发展的重要表现。

作为联邦制国家，澳大利亚涵盖6个州和2个领地，❸ 其司法体系也分为联邦和州（领地）两个系统。根据《澳大利亚宪法》规定，联邦层面可以制定法律，管辖联邦的法律事务。而成文法典的制定对统一、规范联邦法院的工作具有促进作用。《澳大利亚联邦法院规则》（Federal Court Rules 2011）和《澳大利亚联邦证据法》（Evidence Act 1995）分别于

---

❶ ［澳］帕瑞克·帕金森. 澳大利亚法律的传统与发展［M］. 陈苇，等译. 北京：中国政法大学出版社，2011：4.

❷ Section 1: Introduction to courts［EB/OL］.［2020-04-10］. https://legalanswers.sl.nsw.gov.au/hot-topics-courts-and-tribunals/introduction-courts.

❸ 包括新南威尔士州（NSW）、维多利亚州（VIC）、昆士兰州（QLD）、塔斯马尼亚州（TAS）、南澳大利亚州（SA）、西澳大利亚州（WA）、首都领地（ACT）和北领地（NT）。

2019年和2018年作了最新修订，这两部法律正是了解澳大利亚联邦法院操作规程和澳大利亚统一证据法规则的重要途径。在此，结合本次翻译的两部法律，首先对《澳大利亚联邦法院规则》和《澳大利亚联邦证据法》作一简要介绍。

一、《澳大利亚联邦法院规则》

澳大利亚联邦法院于1976年根据《澳大利亚联邦法院法》（Federal Court of Australia Act 1976）建立。联邦法院的建立取代了原来两个专门的联邦法院即联邦破产法院（the Federal Court of Bankruptcy）和澳大利亚劳资法院（the Australian Industrial Court）。建立联邦法院是为了减轻高等法院的部分工作量，并可以使高等法院腾出时间来处理其本职工作——对宪法的解释和对普通法问题上诉的聆讯。❶ 如今，联邦法院主要负责处理大多数民事纠纷（家事纠纷除外）以及一些被告犯有联邦罪行的刑事案件。

（一）《澳大利亚联邦法院规则》的制定和修订

法院的运行需要规则予以制约。《澳大利亚联邦法院法（1976）》第59条规定：允许法院法官或其中大多数法官制定与该法不抵触的法院规则，这也为《澳大利亚联邦法院规则》的制定奠定了基础。《澳大利亚联邦法院规则》的制定经过了近十年的准备。21世纪初，联邦法院开始与法律界就修订联邦法院规则进行磋商。2006年，规则修订委员会召集人与阿德莱德、布里斯班、堪培拉、达尔文、墨尔本、珀斯和悉尼的法律委员会、律师协会以及法律协会人员进行了更详细的初步协商。2009年，法院主要就诉讼费用问题进行量化审查并征求相关法律委员会和律师协会的意见；随后在听取法官和登记官的意见后对相关内容进行了修改。2010年11月13日，特别召开的法院法官会议对新规则的草案进行审议，并在修改后又一次征求意见。2011年6月3日，新规则的进一步修订草案在

---

❶ Nigel H. Bowen. The Federal Court of Australia [J]. Sydney L. Rev., 1977 (8): 285-286.

澳大利亚联邦法院网站上公布，供法律从业人员和其他人员参考。2011年8月1日，《澳大利亚联邦法院规则》正式生效。《澳大利亚联邦法院规则》制定的重要指导思想就是为了便利司法、提高法院管理的效率、充分体现法院的办案理念和制度。在规则制定过程中，法院也充分考虑到未来信息技术对法院解决争端的影响。❶

基于社会发展变化，《澳大利亚联邦法院规则》也在不断修订，最新版《澳大利亚联邦法院规则》于2019年5月2日开始适用。8年间，《联邦法院修正规则（2013）》《联邦法院修正规则（2013）（电子法院档案措施）》《联邦法院修正规则（2013）（费用及其他措施）》《联邦法院（破产）废止规则（2016）》《联邦法院立法修正案（刑事程序）规则（2016）》《联邦法院修正规则（法院管理及其他措施）（2019）》等的出台，对《澳大利亚联邦法院规则》的相应条文造成一定的冲击和影响。特别是有关诉讼费用的修改，一定程度上体现了法院对管理诉讼流程、提高司法效率的追求。

（二）《澳大利亚联邦法院规则》的主要内容

任何一部法典或者一套规则在内容上都有其特殊性，《澳大利亚联邦法院规则》的编排体例是以法院诉讼中的事件顺序为线索，以当事方而非法院为主体。在条文编撰过程中，为了条文使用者的便利，还增加了新旧条文的对照表格，用以区分新条文和原先规则中的条文。2019年《澳大利亚联邦法院规则》除第7章过渡性条款（过渡期满，相应条文已被删除）和附录外，共有6章，主要内容如下。

第一章为导论部分即介绍性条款。该章主要包括6部分：第1部分为初步事项，主要涉及规则的范围、诉讼程序的申请、法院的一般权力、解释性规定以及期间的有关规定；第2部分为登记和文件，主要涉及法院对印章和图章的使用、程序的转移、文件的归档和递交、提交文件的方式、保管和查阅文件、法院诉讼经费的收支管理等；第3部分为登记官，主要

---

❶ The authority of the Judges of the Federal Court of Australia, Explanatory Statement to F2011L01551, 1-4.

涉及登记官的权力、审查登记官权力的行使；第 4 部分为律师，主要涉及个人或律师代理的一般程序、律师的聘用及授权的终止、法院指定法律援助、专业费用等问题；第 5 部分为法院对诉讼程序的监督，主要涉及出庭日的确定和指令的签发、中止审理指令、申请交叉诉讼指令、申请中间命令、缺席命令的申请及后果等；第 6 部分为法院对当事人和其他人员的监督，主要涉及无根据的程序的内涵及证明、在法院中使用通信和记录设备的规定。

　　第二章为一般程序中的原始管辖权。该章为第 7 部分至第 30 部分，共 24 部分。第 7 部分为程序开始之前的命令，主要涉及禁止令、财产的保留和接受、无民事行为能力人协议的批准、在程序之前对事项的和解或调解、初步证据开示、冻结令的申请、搜查令的申请；第 8 部分为启动实质性或实际救济的程序，主要涉及原初申请的提交、文件的送达、出庭日的变更等；第 9 部分为当事人和诉讼程序，主要涉及当事人的确定、合并、撤换以及代表诉讼等；第 10—11 部分为送达和送达地址的有关规定；第 12 部分为服从通知；第 13 部分为原初申请管辖权的撤销；第 14 部分为保护权利和财产的中间命令；第 15 部分为交叉诉讼主张和第三方主张；第 16 部分为诉辩状；第 17 部分为诉讼的中间申请；第 18 部分为确定竞合权利诉讼；第 19 部分为费用的担保；第 20 部分为文件的开示和查阅；第 21 部分为讯问制度；第 22 部分为自认制度；第 23 部分为专家制度；第 24 部分为传票；第 25 部分为和解的要约；第 26 部分为尽早结束诉讼程序；第 27 部分为程序的转移；第 28 部分为替代性纠纷解决；第 29 部分为证据；第 30 部分为听审审理。

　　第三章为特殊程序中的原初管辖权。该章包括 4 部分：第 31 部分为司法审查，主要涉及审查命令的申请、时间的延长、提交和送达的文件等；第 32 部分为高等法院的发还和转移，主要涉及发还命令的提交、命令和通知的送达、送达地址等；第 33 部分为对法院外其他机构决定的上诉，主要涉及税收上诉、从全国原住民土地权法裁判庭的上诉等；第 34 部分为其他程序，主要涉及劳务纠纷程序、知识产权、跨塔斯曼市场程序、《原住民和托雷斯海峡岛民法（2005）》、原住民土地权程序等。

　　第四章为上诉管辖权。该章包括 3 部分：第 35 部分为许可上诉，主要涉及对法院诉讼的中间判决进行口头申请上诉的许可、书面申请上诉的许可、撤回申请、撤回上诉许可等；第36部分为上诉，主要涉及提起上诉的方式、交叉上诉和主张的通知、上诉当事人和介入者、关于特定书面申请的处理、上诉的准备、结束上诉等；第38部分为判案陈述和留存问题，主要涉及对判案陈述或留存问题的申请、准备判案陈述等内容。

第五章为判决、费用和其他一般条文。该章包括3部分：第39部分为命令，主要涉及判决或命令的生效日期、经当事人同意而签发的命令、保证等；第40部分为费用，主要涉及费用的一般规定、对费用征税、简易格式账单、裁定最大费用等；第41部分为执行，主要涉及执行的一般规定、对合伙关系的执行、对商号的执行、司法行政官、费用、根据《外国判决法（1991）》对判决的执行协助等。

第六章为惩戒。主要为第42部分，规定了藐视法庭罪、藐视法庭罪的适用、监禁的一般性规定等。

（三）《澳大利亚联邦法院规则》的特征与发展

《澳大利亚联邦法院规则》明确了诉讼当事人及其代表人在法院进行的所有类型诉讼、各个诉讼阶段所应采用的惯例和程序要求，为法院提供了一种程序机制。尽管新规则（New Rules）使用的语言比前规则（Former Rules）❶ 更现代和简单，但是新规则与前规则一样，其制定都是基于长期存在且易于理解的法律程序。新规则的制定并未实质性改变现有的惯例和程序，而是以一种更易于遵循和应用的方式对其进行解释。当然，新规则中确实有许多新规定和一些创新和简化程序的方法值得注意。❷ 主要体现在以下几点。

---

❶ 此处的"新规则"是指2011年《澳大利亚联邦法院规则》，"前规则"是指1979年8月1日生效运行的《澳大利亚联邦法院规则》。此前的联邦法院规则是基于当时的新南威尔士州最高法院规则制定的。制定后曾通过116条单独的修订规则对其进行广泛修订，但从未完全修订，结果造成规则的不连贯，难以有效运用。

❷ The Authority of the Judges of the Federal Court of Australia, Explanatory Statement to F2011L01551, 5.

1. 程序的启动（Commencing Proceedings）

新规则规定法院原初管辖程序的启动由原诉申请书开启。首次提出的申请须连同索赔陈述书或宣誓书一并提交，在提交时注明首次提交申请的日期。同时，在适用《民事争端解决法》第 2 部分时，申请者在提交原初申请时还具有真实陈述的义务。此外，交叉索偿不作为抗辩的一部分提出，而应作为单独的交叉索偿通知在提出抗辩的同时或获得许可的情况下提出。在诉辩状中，新规则要求如果进行抗辩的一方当事人就精神状态提出质疑，必须在诉辩状中陈述该方当事人基于事实的细节，包括知识。如果一方当事人声称另一方当事人应当知道某事，则必须详细说明该当事人应当知道的事实或情况。❶

2. 中间申请（Interlocutory Applications）

动议通知（notice of motion）如今称为中间申请。与前规则不同，中间申请在某些情况下不需要宣誓书的支持，即一方当事人（第一方当事人）寻求依赖于真实性没有争议的信件或其他文件。但是，第一方当事人必须提供信件或其他文件的列表给其他当事人，其他当事人也必须通知第一方当事人应当进一步加入该列表的文件。❷

3. 开示（Discovery）

新规则不再规定凭通知开示。只有在法院命令和为确定事实程序中的问题所必需的情况下才有证据开示。一方当事人可以向法院申请命令，要求程序的另一方当事人进行证据开示。新规则还区分了标准的开示（standard discovery）和更广泛的开示（more extensive discovery）。标准的开示是指在诉辩状或宣誓书中产生的争议事项直接相关的文件，这些文件由一方当事人在合理检索后发现且在有关当事人的控制之下。无论当事人是寻求标准的开示还是更广泛的开示，都必须进行申请。不标准或更广泛的开示在寻求证据开示命令时则必须确定不适用标准开示的原因、其他应

---

❶ Gleeson Catherine. Federal Court Rules 2011 [M]. Bar News: Journal of the NSW Bar Association, 2011: 16-17.

❷ Gleeson Catherine. Federal Court Rules 2011 [M]. Bar News: Journal of the NSW Bar Association, 2011: 17.

当适用的标准以及是否寻求开示类别、电子开示或开示计划。[1]

4. 替代性纠纷解决（Alternative Dispute Resolution）

新规则包括替代性纠纷解决的规定。诉讼各方应尽早考虑包括调解在内的替代性纠纷解决方式。法院有权就替代性纠纷解决程序和诉讼的中止或休庭作出命令，并要求调解员和仲裁员向法院报告。如果当事人自行向替代性纠纷解决程序转移，则必须在转移的14日内向法院申请关于程序的未来管理和执行的指示。根据《国际仲裁法（1974）》的规定，新规则也对仲裁延期申请、地方裁决的承认和外国裁决的执行、法庭传票和强制出庭以及保密令等作出了规定。[2]

5. 证据（Evidence）

新规则对宣誓书的形式作了修改。附随宣誓书的文件必须附于宣誓书，除非文件是原件或不能附加的内容。宣誓书必须连同证物和附件一起送达。新规则还规定了专家报告的发出和送达以及听取专家证据的方式。[3]

6. 上诉（Appeals）

新规则规定了向联邦法院和合议庭上诉的内容，即在判决被宣告或命令被签发之日起14日内提出申请。寻求上诉许可或寻求延长上诉许可时间的一方当事人，必须在提交申请的2日内，向法院上诉程序中的当事人或被许可参与其中的每个人送达相应提交的文件。

二、《澳大利亚联邦证据法》

在英美法系国家，证据规则在整个刑事诉讼过程中，都起着举足轻重的作用。有一种观点认为：在英美法系国家，最好的法官并不是对案件事

---

[1] Gleeson Catherine. Federal Court Rules 2011 [M]. Bar News: Journal of the NSW Bar Association, 2011: 17.

[2] Gleeson Catherine. Federal Court Rules 2011 [M]. Bar News: Journal of the NSW Bar Association, 2011: 17.

[3] Gleeson Catherine. Federal Court Rules 2011 [M]. Bar News: Journal of the NSW Bar Association, 2011: 18.

实有最充分了解的法官,而是对证据规则了解最全面并且运用最熟练的法官。❶ 1995 年之前,澳大利亚的证据法主要表现为普通法,其来源于法官长期的司法实践所形成的证据规则。法官在裁判案件时需要从卷帙浩繁的判例中去寻找相应的证据规则。可以说,之前的证据规则十分烦琐且缺乏连贯性和体系性,这给司法适用带来一定的困难。因此,制定统一的证据法在当时的澳大利亚呼声很高。❷

(一)《澳大利亚联邦证据法》的制定和修正

1979 年,澳大利亚法律改革委员会(the Australian Law Reform Commission)获得了调查研究证据法的有关职权。随后澳大利亚法律改革委员会就此提议并制定了一系列研究报告和讨论文件,主要包括 1985 年的中期报告(ALRC 26)和 1987 年的最终报告(ALRC 38),在这两份报告中都附加了证据法草案。1993 年,澳大利亚联邦和新南威尔士州议会各自通过了证据法案并于 1995 年 1 月 1 日正式生效。由于这两部证据法案在绝大多数方面是一样的,通常被称为《统一证据法》。2001 年,塔斯马尼亚州通过了与此类似的立法。随后,其他各州诸如维多利亚州也开始制定类似的证据法规则。❸

---

❶ William Burnham. Introduction to the Law and Legal System of the United States [M]. West Academic Publishing, 2011: 85.

❷ 早在 1905 年,澳大利亚联邦就制定了第一部《证据法》,而且各州和领地都有各自的证据法,如新南威尔士州《议会证据法(1901)》、维多利亚州《证据法(1958)》、昆士兰州《证据法(1977)》、西澳大利亚州《证据法(1906)》、南澳大利亚州《证据法(1929)》、塔斯马尼亚州《证据法(1910)》、首都领地《证据法(1971)》、北领地《证据法(1939)》等,而且还有大量与证据法有关的修正法案、法院规则等。这些纷繁复杂的证据法使澳大利亚的证据规则存在诸多不确定的领域,甚至导致相互冲突。

❸ Australia Law Reform Commission. Review of the Evidence Act 1995 [R]. ALRCIP 28, 2004, 23-25. 此后,维多利亚州制定《证据法(2008)》,首都领地制定《证据法(2011)》,北领地制定《证据(国家统一立法)法(2011)》,包括此前制定的新南威尔士州《证据法(1995)》、塔斯马尼亚州《证据法(2001)》等,由于这些证据法与《澳大利亚联邦证据法》都有极高的统一性,仅在某些地方有所差别,因而此种立法方式被称为镜像立法(mirror legislation)。

在澳大利亚法律改革委员会看来，统一（uniformity）和改革（reform）是澳大利亚证据法制定的初衷。法律改革委员会认为基于便利和效率的原则，即使证据法一定要尊重差别，也应该是联邦适用的证据法与各州（领地）适用的证据法的差别，联邦法院层面适用的证据法不应该存在差别。换句话说，首先应该实现联邦法院证据法的统一。同时，由于澳大利亚证据法规则多由非系统性法律文件和司法判例所构成，充满了不系统性和复杂性，就连法律专业人员都觉得艰难晦涩。更重要的是，法官作为适用证据法规则的主体，在面对如此复杂的证据法则时，可能会走向一个极端，就是忽略其复杂性而过分简化证据规则。诸如这些问题都需要作出改变。❶

如今，《澳大利亚联邦证据法》的出台在一定程度上缓解了这些问题。《澳大利亚联邦证据法》是成文法、普通法和法院规则的混合，在1995年制定后又经过了几次修改，最新版本于2018年10月26日生效。20多年间，大量法律的出台和修改对《证据法》的条文造成影响，如《澳大利亚联邦警察法修正案（2000）》《证据法修正案（2007）（记者特权）》《证据法修正案（2008）》《婚姻法修正案（2017）（定义和宗教自由）》《民法与司法法修正案（2018）》等。在现有的197个条文中，有超过110个条文曾被修改过。

（二）《澳大利亚联邦证据法》的立法技术和主体内容

从《澳大利亚联邦证据法》的立法技术来看，有以下几个特色：首先，法条每章开头均对本章内容概要进行阐述，以便使用者对法条有整体性的把握。其次，在条文结构的编排上遵循一致性，便于援引。在历年的修正过程中，增加的条文序号仅在需要添加的相应原条文序号后插入A、B、C等（如第8A条、第66A条、第78A条、第101A条、第108A条、第108B条、第108C条等），删除的条文则直接删除而不改变其他条文序号（如直接删除第19条、第25条、第105条、第107条等）。此外，附

---

❶ Australia Law Reform Commission. Evidence（Interim）［R］. ALRC 26, 1985, 32-33.

录部分还有修正的时间表,展示了条文修改的变迁过程,便于使用者对整个证据法的发展过程有一个细致的了解。最后,注重注释和术语的规范使用,便于使用者理解。在整个证据法正文部分都会穿插注释,对可能引起使用者阅读困惑的地方及时阐明。在附录部分则对全文的术语进行了明确界定,以尽可能保障法条用语的统一性和规范性。

从主体内容来看,《澳大利亚联邦证据法》适用于相关法院的所有程序,共划分为5个章节,其依据证据通常在审判中出现的顺序加以建构。第一章是序言,主要对该法的形式性事项和适用范围作出规定。第二章是举证,主要涉及证人和书证以及其他证据有关的内容。在证人方面,具体包括证人能力与强制作证、宣誓与郑重声明、作证的一般规则、主询问与再询问、交叉询问等五个部分。第三章是成文法的中心部分,主要规定证据的可采性及其例外,主要包括证据的相关性规则、传闻证据规则、意见与自认、判决与定罪证据、倾向与巧合、证据的可信性、品格、辨认证据、特免权、裁量性排除与强制性排除等内容。第四章是证明部分,主要包括证明标准和证明规则。证明标准部分对民事程序、刑事程序和证据的可采性分别规定了相应的证明标准;证明责任方面则包括司法认知、证明的简化、补强、警告与告知、附带规定等内容。第五章则是对其他事项的规定。

(三)《澳大利亚联邦证据法》的特征与革新

总体来看,《澳大利亚联邦证据法》是以往证据规则成文化的一种体现。在证据法的制定过程中主要体现出以下特色:第一,注重事实认定。事实认定是证据法的首要目标,法官对真实的发现将影响审判制度的可信度。证据法规定了当事人向法院提交一切具有证明价值的证据材料。但是,当发现真实存在困难时,由于法官不能拒绝裁判,此时就需要法官在发现真实与追求司法公正、诉讼成本和诉讼效率之间作出平衡。第二,区别民事审判和刑事审判。虽然澳大利亚民事诉讼和刑事诉讼都属于对抗制诉讼模式,但民事诉讼和刑事诉讼的本质和目的仍存在根本差异。民事诉讼侧重纠纷解决,而刑事诉讼侧重国家追诉犯罪,刑事审判的传统关注点在于减少错误定罪的风险。出于这些考虑,证据法对刑事诉讼中控方和辩方适用不同的原则，承认控方和辩方的差异，注重控方和辩方的平衡，主要体现在对被告的强制作证、交叉询问、非宣誓证言、先前行为和品格证据等。第三，尽量减少司法中的自由裁量权，尤其是涉及证据可采性的规则。在证据法中，涉及证据可采性的应尽量以规则的形式明确提出，除非在相关政策因素不允许的情况下，才考虑由司法自由裁量。❶ 这也是成文法可预测性的重要体现。

前文已经提及《澳大利亚联邦证据法》是成文法、普通法和法院规则的混合，因而从严格意义上讲，《澳大利亚联邦证据法》不仅蕴含了原先普通法中的证据法规则、继承了原先成文法和法院规则中的部分证据法规则，还对证据法规则进行了重大修改才形成全新的证据法。这些重大修改也正是《澳大利亚联邦证据法》最值得重视和引发法律人士关注的焦点，主要体现在以下方面。

1. 证据的可采性规则

证据的可采性以关联性为前提。《澳大利亚联邦证据法》规定，如果证据直接或间接地影响对案件事实的评估，除非需要排除，否则证据具有可采性。关于证据是否可采，又可以分为以下情况。

（1）传闻证据。传闻证据规则是英美证据法的重要内容。《澳大利亚联邦证据法》的制定对传闻证据进行了更新，将传闻证据分为第一手传闻（first hand hearsay）和第二手传闻（more remote hearsay）。对于第一手传闻，在民事诉讼程序中，如果第一手传闻作出者无法到庭提供陈述，则在通知其他各方时可以接受第一手传闻；如果传唤该证人出庭作证将会造成不合理的费用或者不合理的延误，则传闻规则不适用；在刑事诉讼程序中，除非传闻证据是最佳证据且可靠性具有保障，否则不应采纳针对被告的传闻证据；相反，如果被告人可收集的最佳证据是传闻证据，则可以采纳。对于第二手传闻，虽然原则上应予以排除，但是《澳大利亚联邦证据法》也规定了如商业记录、标签、商标和文字的内容、电子通信等不排除。

（2）书证的副本（Secondary Evidence of Documents）。在普通法制度

---

❶ Australia Law Reform Commission. Evidence (Interim) [R]. ALRC 26, 1985, 34.

下，除非证明原始文件无法出示，否则必须出示原始文件。这给证明现代影印本、缩微胶卷和电子存储介质中的文件内容带来了困难。20世纪60年代，澳大利亚曾尝试制定统一的立法来处理现代的复制文件技术，但最终没有实现。在《澳大利亚联邦证据法》中，加入了特殊的规定：即使保留原始文件，也可以通过出示此类复印记录或者由其制成的印刷品来证明其中保存的政府和商业记录。这使得普通法下书证的原件规则变得更为灵活。

（3）自认和自白。在刑事审判中，法院对被告人自认和自白的采纳主要取决于被告人是否自愿。然而原先的司法实践显示，自愿性的保障并不令人满意。《澳大利亚联邦证据法》从三个方面加强了对嫌疑人自愿性的保护：首先，必须证明犯罪嫌疑人没有受到暴力、压迫、不人道或有辱人格行为的影响；其次，必须证明是在不太可能对其真实性造成不利影响的情况下作出的；最后，赋予法院裁量权，使法院能够利用裁量权排除非法或不当证据。

（4）辨认证据（Identification Evidence）。辨认证据被认为是最不可靠和潜在危险最大的证据类别之一。过去，法院主要依靠向陪审团警示证据的危险性和利用自由裁量权来排除证据。《澳大利亚联邦证据法》对辨认证据制定了细致的排除规则，主要包括视觉辨认证据的排除和图片辨认证据的排除。

（5）特权。此处的特权是指在一定情况下，可以允许某人不提供证据的权利，主要包括反对自我归罪证据的特权、律师和委托人之间的保密特权、记者的特权、宗教自白的特权以及其他程序中与反对自证其罪相关的特权。

（6）品格证据。品格证据规则试图对刑事审判中被告人先前过错证据的可采性及民事诉讼或刑事诉讼中他人行为证据的可接纳性作出指导。《澳大利亚联邦证据法》第110条和第111条仅对刑事诉讼程序中的品格证据作出了规定。

2. 证人资格和强制作证

在澳大利亚大多数司法辖区，除非涉及某些特定罪行的审判，否则不得强迫被告人配偶作为控方证人。但是《澳大利亚联邦证据法》在借鉴维多利亚州和南澳大利亚州的立法后规定，如果被告人的配偶、事实上的配偶、父母或子女，有作为控方证人的资格，可以强制其作证，但证人也可以提出反对，请求法院豁免作证义务。❶

综上，《澳大利亚联邦法院规则》和《澳大利亚联邦证据法》是了解、掌握澳大利亚联邦法院运作程序和适用证据规则的重要途径。此次对这两部法律文本的翻译主要是基于加深了解国外立法现状、借鉴其优秀立法经验的目的。在立法技术上，不论是《联邦法院规则》还是《联邦证据法》都经历了多次修正，而每一次修正都体现出司法实践的进步，体现了司法与时俱进的理念。同时，《联邦法院规则》和《联邦证据法》都对术语进行了明确界定，体现出法律术语使用的规范性与统一性。对于我国而言，完善诉讼程序和证据规则是当前的重要任务，特别是自推进以审判为中心的诉讼制度改革以来，司法实践对于法院规则和证据制度提出了更高的要求，❷澳大利亚的相关立法实践对我们是有借鉴意义的。我国目前没有制定统一的证据法典，相关证据规则散见于刑事诉讼法、民事诉讼法和行政诉讼法，这使得我国证据规则的体系性有所不足、科学性还有待提高，这也是目前我国司法实践中面临的重要问题。《澳大利亚联邦证据法》所规定的证据裁判原则、不得强迫自证其罪原则、传闻证据规则等对我们都有所启示。

我们怀揣着对学术的热爱和激情翻译了最新版本的澳大利亚联邦法院规则和联邦证据法，然而翻译的过程难免枯燥与艰辛。在这一过程中参考了王进喜教授等前人的翻译成果，在此无法一一枚举，只能概括致谢；浙江大学光华法学院牟绿叶博士和博士生杨帆、严敏姬等为本译著的校对、润色等作出了贡献。限于翻译水平和时间等，虽然我们已经尽了最大努力，但仍然无法达到理想状态，不足之处还请海涵。如果该译作能够为研究者和读者提供些许帮助，能够为我国的诉讼法和司法制度完善提供些许参考，已经心满意足。

---

❶ Australia Law Reform Commission. Evidence (Interim), ALRC 26, 1985, 35-40.

❷ 胡铭. 审判中心与刑事诉讼 [M]. 北京：中国法制出版社, 2017：3 页以下.

澳大利亚联邦法院规则

2011 年第 134 号法律

关于本汇编

本汇编

这是关于《联邦法院规则（2011）》的汇编，显示了经修订并于 2019 年 5 月 2 日（汇编日期）生效的法律文本。

本汇编末尾的注释（尾注）包含有关修订法律和本法律规定的修订史有关信息。

未生效修订

未生效修订的效力未在本法律汇编中显示。任何影响法律的未生效修订都可以在立法注册处（www.legislation.gov.au）网站上查询。尾注中强调了在汇编日期前并未生效的修订细节。有关未生效修订的更多信息，请参见立法登记册中汇编法律的系列页面。

条款和修正案的适用、保留和过渡性规定

如果本汇编中未包含的适用、保留和过渡性规定影响了该汇编中某项法规或修订法律的实施，则未包含规定的详细信息将在尾注中体现。

编辑更改

有关本汇编的更多编辑更改信息，请参见尾注。

修改

如果另一部法律对汇编法律进行修改，则汇编法律将作为已修改法律运行，但该修改不会改变法律文本。因此，本汇编不会显示经修订的汇编法律的文本。有关修改的更多信息，请参见立法登记册中汇编法律的系列页面。

自废条款

如果根据法律规定废除相关汇编条款，则在尾注中包含详细信息。

第一章　介绍性条款

第1部分　初步规定

第1.1节　适用范围

第1.01条　规则的名称

本规则称作《联邦法院规则（2011）》。

第1.04条　适用

（1）2011年8月1日及之后在法院开始的诉讼，适用本规则。

（2）2011年8月1日之前开始的诉讼，在2011年8月1日及之后实施的步骤，适用本规则。

（3）而法院可以命令，《联邦法院规则》2011年8月1日前生效，无论是否修改，适用于第（2）款规定的步骤。

注释1：有关《破产法（1966）》规定之诉讼的法院程序规则，见《破产条例（1996）》和《联邦法院（破产）规则（2016）》。

注释2：有关《公司法（2001）》规定之诉讼的法院程序规则，见《联邦法院（公司）规则（2000）》。

注释3：有关《海事法（1988）》规定之诉讼的法院程序规则，见《海事法（1988）》。

注释4：有关法院刑事诉讼规则，见《联邦法院（刑事诉讼）规则（2016）》。

第1.05条—第1.20条空白

第1.2节　诉讼程序的申请

第1.21条　诉讼程序命令的申请

希望提起诉讼或采取某一诉讼步骤的个人，如果符合下述条件之一，可以向法院申请命令，确定应予适用的程序，如果：

（a）本法❶、本规则及其他法律未规定该程序；

（b）申请人对该程序存疑。

第1.22条—第1.30条空白

第1.3节　法院的一般性权力

第1.31条　命令应考虑诉讼的性质和复杂性

（1）法院在诉讼过程中签发命令时应当考虑诉讼的性质和复杂性。

（2）法院可以与该诉讼的性质和复杂性相称的方式处理该程序。

第1.32条　出于公正需要，法院可以签发其认为合适的任何命令

出于公正需要，法院可以签发其认为合适的任何命令。

注释：参见本法第23条和第28条。

第1.33条　命令可附加条件

法院可在命令中附加其认为合适的任何条件。

第1.34条　免除遵守本规则

法院可以免除遵守本规则，不管是在合规的情况发生之前或之后。

第1.35条　与本规则不一致的命令

法院可以签发与本规则不一致的命令，且该情况下，命令优先适用。

第1.36条　公开法庭以外的命令

法院可以在公开法庭以外签发命令。

注释：关于在内庭开庭的法官执行法院司法管辖权的权力，见本法第17条第（2）款规定。

第1.37条　对登记官的指示

法院可以就是否采取行为或完成事件对登记官作出指示。

第1.38条　法院指定期间

本规则未规定某项诉讼行为或事件的实施期间的，法院可以指定该行为或事件的实施期间。

第1.39条　期间的延长和缩短

法院可以延长或缩短本规则规定或法院命令指定的期间：

（a）在期满之前或之后；

---

❶　"本法"均指《澳大利亚联邦法院法（1976）》。

（b）不论是否在期满之前提出延长申请。

第1.40条　法院权力的行使

法院可以（a）主动或（b）根据一方当事人或享有充分诉讼利益的个人的申请，在诉讼的任何阶段行使本规则规定的诉讼权力。

第1.41条　可以签发的其他命令

如果当事人提出申请，法院可以：

（a）签发该当事人申请的命令；或

（b）拒绝签发该当事人申请的命令；或

（c）签发不同于该当事人申请的命令。

第1.42条　命令可以规定不履行命令的后果

法院可以在命令中规定不履行命令的后果。

第1.43条—第1.50条空白

第1.4节　解释

第1.51条　定义——词典

（1）本规则附录1"词典"规定的词或表述的含义，适用该词典规定。

注释：本规则的附录视为本规则的组成部分——参见《法律解释法（1901）》第13条。

（2）词典收录了本规则的其他部分规定的一些词汇和表述（指示性定义）。

注释：词典收录了本规则其他部分规定的一些词汇和表述的指示性定义，仅当该词或表述被多个规则使用时才会收录。

第1.52条　对表格的规定

（1）在本规则中，以数字编号的表格是指根据第（2）款规定批准使用的表格。

（2）首席大法官可以根据本规则规定之目的批准可使用的表格。

注释：获批准使用的表格，可在联邦法院网站（http://www.fedcourt.gov.au）下载。

第 1.53 条—第 1.60 条空白

第 1.5 节 期间

第 1.61 条 期间的计算

（1）根据本规则或法院的命令确定的作出某行为或事件的期间计算，与本规则一致。

（2）如果按照特定的日期或事件计算期间，特定的日期是一日或多日，则特定的日期或特定事件不计入期间内。

（3）如果确定的期间内有一日在行为地或事件发生地不是工作日，且确定的期间是 5 日或更短，则这一日将不计入期限。

示例：

法院命令文件在周三起的 3 日内被提交和送达。根据第（3）款，文件必须在下周一或之前（因为周六和周日不是工作日）被送达。

注释："工作日"在词典中界定。

（4）行为或事件可以在下一个工作日完成，如果：

（a）在行为地或事件发生地，行为或事件的最后一日不是工作日；以及

（b）该行为或事件仅可以在该地方的工作日作出。

（5）如果确定的期限包括在某年的 12 月 24 日至下一年的 1 月 14 日中的一天，当日将不被计算。

第 2 部分 登记和文件

第 2.1 节 登记

第 2.01 条 法院对印章和图章的使用

（1）法院的印章将会被附于以下文件中：

（a）法院的规则；

（b）法院机构签发的委托书；

（c）法院签发的在澳大利亚以外使用的文件；

（d）任何其他法院命令或根据本法或其他任何法律规定的文件。

（2）法院的印章或地区登记局的图章将会被附于以下文件中：

（a）在地区登记局归档的原初申请、送达地址的通知、诉讼中间申请、上诉通知、传票、传唤或搜查令；

（b）法院的命令；

（c）任何其他法院命令的文件。

（3）以下各项可以通过签字或通过电子签名方式附于文件上：

（a）法院的印章；

（b）登记官的签名；

（c）地区登记局的图章；

（d）地区登记官或地区副登记官的签名；

（e）代理登记官或地区登记官职权的官员的签名。

注释1：本法第36条规定法官的印章将被保存在主登记处。该法规定主登记处和每个地区登记局设计的图章尽可能与印章保持一致。

注释2：所有已经附上法院印章或地区登记局图章的文件，也将由登记官、地区登记官、地区副登记官或代理登记官或地区登记官职权的官员签署——见本法第37条。

第2.02条　转移程序至另一个地方

一方当事人可以在合适的地方申请将程序转移至另一个地方。

注释1："合适的地方"在词典中界定。

注释2：见本法第48条。

第2.2节　文件

第2.11条　关于文件的一般条款

程序中提交的文件必须与被批准的形式以及法院的要求相一致。

注释1："批准的形式"在词典中界定。

注释2：首席法官签发的诉讼实务告示中规定了法院关于准备和提交文件的要求。

第2.12条　与批准的形式一致

在以下情形中，文件视为与批准的形式相一致：

（a）文件实质上与批准的形式和由首席法官签发的任何诉讼实务告示一致；或

（b）文件因案件的性质要求略有变化。

第 2.13 条　文件的标题

（1）程序中文件的标题必须包括：

（a）文件将被提交的地区登记局；以及

（b）法院合适的部门。

（2）程序中的双方当事人之间的文件必须包括标题和细节，与表格 1 一致。

（3）程序中没有被告人的文件必须包括标题和细节，与表格 2 一致。

（4）程序中的文件可以包括缩写的标题，与表格 3 一致，除非文件是：

（a）原初申请；或

（b）上诉的通知；或

（c）将被送达给不是程序当事人的个人的文件；或

（d）命令。

（5）程序中文件的标题必须足以辨认该程序。

第 2.14 条　有法院号码签注的后续文件

每一份程序中提交的后续文件必须由提交文件的一方当事人签注，签注应当用程序原初申请或上诉通知中登记官分配的相同号码。

注释：当非交叉诉讼主张或上诉通知的原初申请被提交时，登记官将会给文件分配一个特殊的号码并以此号码进行签注。该号码将包括提交文件的登记官和提交文件的日期。每个年份开始会使用新的序列号码。

第 2.15 条　签名

（1）在程序中由一方当事人提交的文件（除附于另一文件的宣誓书、附件或物证外）必须标注日期，并由下列人员签名：

（a）该当事人的律师；或

（b）该当事人（如果该当事人没有律师）。

（2）根据需签署文件的个人的指示，通过电子方式附于文件的签名与第（1）款一致。

注释："律师"在词典中界定。

第 2.16 条　每个文件注脚的细节

（1）在程序中提交的文件，在文件首页注脚水平线之下必须包含以下信息：

（a）提交文件一方所代表的当事人的姓名和身份；

（b）负责准备文件的个人或律师的姓名；

（c）如果当事人聘请律师——律师的电话号码、传真号码和电子邮件地址；

（d）如果当事人没有律师——当事人的电话号码、传真号码和电子邮件地址；

（e）当事人的送达地址。

（2）在本条中：

当事人的身份意味着当事人参与程序的能力。

第2.17条—第2.20条空白

第2.3节 提呈和提交文件

第2.21条 向法院提呈文件的方式

（1）文件可以通过以下方式向法院提交：

（a）当登记局办公时，向登记局递交；或

（b）附一份与文件相关的书面请求，将文件邮寄至登记局；或

（c）根据第2.22条，向登记局发送传真；或

（d）根据第2.23条，向登记局发送电子通信。

（2）在正在进行的程序中，根据第（1）款（b）、（c）或（d）项向法院提交的文件，必须发送给适当的登记局。

（3）在正在进行的程序中，如果向非适当的登记局提交文件，必须附有一封信件，其内容包括：

（a）界定程序进行的合适场所；以及

（b）要求向该合适的登记局提交文件。

（4）根据第2.22条和第2.23条的规定，需要由法院密封、签章或签署的文件，必须附随相同数量的副本以备密封、签章或签署。

注释1："合适的登记局"在词典中界定。

注释2：首席法官签发的诉讼实务告示中规定了法院关于准备和提交文件的要求。

第 2.22 条　以传真方式提交文件

（1）以传真方式向登记局提交的文件，必须：

（a）发送至登记局批准的传真号码；以及

（b）附随一个封面并清楚说明：（i）发送者的姓名、通信地址、电话号码、传真号码（如果有的话）和电子邮件（如果有的话）；（ii）发送的页面数量；以及（iii）与文件相关的诉讼请求。

（2）如果文件多于 20 页，严禁将其以传真方式发送给登记局。

（3）文件的发送者必须：

（a）保留最初的文件和显示已经以传真方式成功发送文件的传送报告；以及

（b）如果联邦法院要求，出示最初的文件或传输报告。

注释 1：如果文件被登记局接收，登记局将会通过传真返还一份副本至封面所写的传真号码。

注释 2：每个地区登记局开放时间的详情参见联邦法院网站（http：//www.fedcourt.gov.au）。

第 2.23 条　通过电子通信发送文件

（1）通过电子通信向登记局发送要求提交的文件，必须：

（a）使用法院的网址（http：//www.fedcourt.gov.au）发送；以及

（b）通过登记局或登记官批准的电子形式发送；以及

（c）如果文件必须以特定形式提交——只要具有可行性，就必须遵照本规则第 2.12 条或第 2.13 条的规定；以及

（d）能够被打印，且不会造成任何内容遗失。

注释：登记局的登记官批准的电子形式可在法院的网站（http：//www.fedcourt.gov.au）中获得。

（2）宣誓书必须采用图片形式发送。

（3）如果在正在进行的程序中提交文件，必须将其通过法院的网站（http：//www.fedcourt.gov.au）发送至适当的登记局。

（4）发送文件的个人必须：

（a）遵守本条，保留准备文件的文据和电子副本；以及

（b）如果法院要求，则应当出示该文件的打印副本。

第 2.24 条　通过电子通信发送的文件

（1）如果依照第 2.23 条的规定，通过电子通信发送给登记局的文件被登记局接收，且是必须签署或盖章的文件，登记官将会：

（a）关于本规则要求签注审理日期的文件——插入提交和审理的通知作为该文件的第一页；或

（b）关于任何其他文件——插入提交通知作为文件的第一页。

（2）如果在遵循第（1）款的前提下，通知已作为文件的第一页被插入，出于本法和上述条文的目的，该通知被视为该文件的部分。

第 2.25 条　何时提交文件

（1）如果满足下列条件，可以提交文件：

（a）提交方式遵循了第 2.21 条第（1）款的规定；以及

（b）满足下列情形之一：（i）在正在进行的程序中的文件——通过标记"已提交"被合适的登记局接收；或（ii）在任何其他情况下——通过标记"已提交"被登记局接收。

（2）正在进行的程序中，如果文件被非合适的登记局登记，但该文件满足下列情形，则视为已提交：

（a）被提交给非合适的登记局；以及

（b）由登记官发送给合适的登记官；以及

（c）提交的形式遵循了第（1）款（b）项（i）的规定。

（3）如果文件通过电子通信被传真或发送给登记局，且被登记局根据第（1）款接收，则该文件被视为已经提交：

（a）如果整份文件由登记局在工作日的下午 4 点 30 分以前接收——当日；或

（b）在任何其他情况下——在登记之后的下个工作日。

注释 1："工作日"在词典中界定。

注释 2："提交"在词典中界定为提交和送达。

注释 3：由于法院的电脑保护防火墙，文件通过电子通信发送的时间和该文件被法院接收的时间之间可能有延误。

第2.26条 拒绝接收提交文件——滥用程序、无意义或无根据的文件

登记官可以拒绝接收文件（包括如果接收该文件将会成为原初申请的文件），如果该登记官确信文件是对法院程序的滥用或无意义或无根据：

(a) 通过初步审查；或

(b) 通过查阅与已提交文件相关的任何其他文件。

第2.27条 文件何时不会被登记局接收

提交的下列文件将不会被接收，如果：

(a) 尚未实质上完成；或

(b) 尚未实质上遵守本规则；或

(c) 没有被合适地签署；或

(d) 登记官已经拒绝接收该文件；或

(e) 法院已经给出指示，该文件不会被接收；或

(f) 法院已经给出指示，没有法院的许可该文件不会被接收，并且许可还没有获得。

注释：如果根据本规则第2.21条第（1）款（b）、（c）或（d）项向法院提交文件，且登记局没有接收文件，登记官将会相应地告知提交文件的人。

第2.28条 已被接收的提交文件——从法院档案移除及储存

（1）已经被接收的提交文件，如果发生下列情况，将会从法院档案中移除：

(a) 法院命令该文件从法院档案中移除：(i) 主动；或 (ii) 基于当事人根据第6.01条或第16.21条第（2）款的申请；或

(b) 关于宣誓书——法院已经命令将宣誓书从法院档案中移除：(i) 主动；或 (ii) 基于当事人根据第29.03条第（2）款的申请；或

(c) 法院确信该文件：(i) 是对法院程序的滥用；或 (ii) 根据第2.27条，不应当被接收。

（2）一方当事人可以根据第（1）款（c）项（i）或（ii）的规定，向法院申请命令要求将文件从法院档案中移除。

（3）根据本条规定从法院档案中被移除的文件，必须以如下方式储存：

（a）如果在本条中提及的命令规定了储存该文件的方式——则以命令规定的方式；或

（b）其他情况下——基于地区登记官的指示。

第 2.29 条　法院档案中的文件——移除、修订和储存

（1）在法院档案中的文件将从法院档案中移除并代之以修订的副本，如果：

（a）法院已经命令将文件移除和替代：（i）主动；或（ii）基于当事人根据第 6.01 条或第 16.21 条第（2）款的申请；或

（b）关于宣誓书——法院已经命令将宣誓书从法院档案中移除并代之以修订的副本：（i）主动；或（ii）基于当事人根据第 29.03 条第（2）款的申请；或

（c）法院确信：（i）文件的特定部分是对法院程序的滥用；且（ii）将文件的特定部分修订是合理可行的。

（2）一方当事人可以根据第（1）款（c）项的规定，向法院申请命令要求文件从法院档案移除且代之以修订的副本。

（3）根据本条规定，如果文件的部分内容被剔除或移除：

（a）相应的被修订的文件的部分必须无法以任何方式被识别；且

（b）被修订的部分必须被标注：（i）命令签发之日；且（ii）该修订实施之日。

（4）根据本条规定从法院档案移除的文件，必须以如下方式储存：

（a）如果在本条中提及的命令规定了储存该文件的方式——则以命令规定的方式；或

（b）其他情况下——基于地区登记官的指示。

第 2.30 条空白

第 2.4 节　保管和查阅文件

第 2.31 条　保管文件

（1）地区登记局的登记官负责保管和控制：

（a）在程序中向登记局提交的每一个文件；以及

(b) 登记局的记录。

(2) 个人可以从登记局移除文件，如果：

(a) 需要将文件移送到另一个登记局，且登记官已经作出书面的移除许可；或

(b) 法院已经许可移除文件。

(3) 如果法院或登记官同意个人从登记局移除文件，则其必须遵守由法院或登记官规定的任何移除条件。

第2.32条　查阅文件

(1) 一方当事人可以查阅程序中的任何文件，下列文件除外：

(a) 已提出特权主张的文件：(i) 但是法院未决定；或 (ii) 法院已经决定特权；或

(b) 法院已经命令为秘密的文件。

(2) 不是一方当事人的个人可以在合适的登记局查阅程序中的以下文件：

(a) 原初申请或交叉诉讼主张；

(b) 送达地址的通知；

(c) 抗辩或抗辩的细节或类似的文件；

(d) 同意的事实陈述或事实的同意陈述；

(e) 诉讼中间申请；

(f) 法官的判决或命令；

(g) 上诉或交叉上诉的通知；

(h) 停止通知；

(i) 变更律师的通知；

(j) 停止作为的通知；

(k) 在适用第34.7节的程序中：(i) 根据《1993年原住民土地所有权法》第61条的规定，附随有申请或修正申请的宣誓书；或 (ii) 由法院从原住民土地所有权登记官接收的原住民土地所有权主张登记册的摘要；

(l) 判决的理由；

(m) 公开法庭庭审的庭审记录。

注释:"原住民土地所有权登记官"和"原住民土地所有权主张登记册"在词典中界定。

(3) 然而,不是当事人的个人无权查阅下列文件,如果文件已经被法院命令为:

(a) 秘密文件;或

(b) 禁止或限制向该人或该人所在的群体公开的文件。

注释:有关禁止公开证据以及当事人或证人姓名的规定,见本法第37AF条和第37AI条。

(4) 个人可以向法院申请单独查阅其本无权查阅的文件。

(5) 满足下列条件,可以向个人提供文件的副本,程序中庭审记录的副本除外:

(a) 有权查阅该文件;以及

(b) 已经支付规定的费用。

注释1:关于规定的费用,见《联邦法院和联邦巡回法院规则(2012)》。

注释2:如果不存在庭审记录需要保密的命令,个人可以通过支付适当的费用,从法院庭审记录提供者处获取庭审记录的副本。

注释3:关于根据《跨塔斯曼程序法》(Trans-Tasman Proceedings Act)进行的程序,见第34.70条。

第2.33条—第2.40条空白

第2.5节 法院诉讼经费的收支管理

第2.41条 建立当事人诉讼基金

(1) 登记官将建立名为"澳大利亚联邦法院官方豁免特殊公共资金当事人基金"的银行账号。

(2) 当事人诉讼基金由即时变动的资金以及根据第(1)款建立的账户信用额度组成。

注释:"银行"和"当事人诉讼基金"在词典中界定。

第2.42条 向法院支付费用

(1) 在程序中向法院支付的费用,必须:

(a) 如果法院已经根据第(2)款签发命令——遵循该命令支付、存

入或使用；或

（b）如果（a）项不适用——向当事人诉讼基金支付。

（2）一方当事人可以向法院申请命令：

（a）支付或即将支付给法院的费用，以特定的方式被支付、存入或使用，而不是向当事人诉讼基金支付；以及

（b）费用所生利息的相关分配。

注释：当费用已在程序中被支付给法院后，相关的地区登记官将尽快通知每一方当事人，陈述该金钱已经被接收以及告知其金钱被支付、存入或使用的详细情况。

第 2.43 条　当事人诉讼基金对外的支付

（1）根据第 2.42 条支付给法院的费用，其支付或使用必须遵循法院的命令。

（2）地区登记官可以从当事人诉讼基金中支付已收取的账单税收的保证金。

注释 1：根据本条的命令必须说明：

（a）即将作出的支付的详细情况；以及

（b）登记官采取的任何与费用有关的其他行为。

注释 2：从当事人诉讼基金支付费用后，相关的地区登记官须尽快将此通知每一方当事人。

第 3 部分　登记官

注释 1：关于首席登记官的聘任，见《澳大利亚联邦法院法（1976）》第 18C 条。关于地区登记官和地区副登记官的聘任，见《澳大利亚联邦法院法（1976）》第 18N 条。

注释 2：关于首席登记官的权力，见《澳大利亚联邦法院法（1976）》第 18D 条。登记官，地区登记官和地区副登记官具有《澳大利亚联邦法院法（1976）》或首席法官赋予的职责、权力和职能：见本部分和《澳大利亚联邦法院法（1976）》第 18N 条第 2 款和第 35A 条。

第3.1节　登记官的权力

第3.01条　登记官可以行使的法院权力

（1）根据本法第35A条第（1）款（h）项，可以行使以下权力：

（a）根据《联邦法院规则》附录2第2列被提到的法律条文规定的法院的权力；

（b）根据《联邦法院规则》附录2第2列被提到的本规则条文规定的法院的权力；

（c）法院根据登记官有权决定的任何申请接收证据的权力；

（d）如果当事人书面同意：（i）法院根据本法第23条命令撤销程序和支付费用的权力；（ii）法官根据本法第53A条命令提交仲裁程序的权力。

（e）根据本法第20A条第（2）款规定法院无须口头听证即可处理事项的权力。

（2）《联邦法院规则》附录2第3列的描述仅视为信息。

（3）登记官仅可以行使第（1）款（e）项规定的权力，如果：

（a）满足本法第20A条第（2）款（a）项到（c）项的要求；以及

（b）满足以下任一情形：（i）提出申请时没有接到通知；或（ii）程序的当事人同意。

注释1：如果法院如此指示，法院的权力可以被登记官行使，见本法第35A条第（1）款。

注释2："没有通知"在词典中界定。

注释3：同时见以下条文：

（a）本法第35A条第（1）款（a）项到（g）项；

（b）本法第16.1条和附录2的公司规则；

（c）本法第2.02条和附录1的破产规则；

（d）《2016年联邦法院（刑事诉讼）规则》第1.10条。

第3.02条　主持宣誓和郑重声明的主体

登记官可以在程序中主持宣誓和郑重声明。

第3.03条　公开法庭外的命令

登记官可以在公开法庭外签发命令。

第3.04条　申请与登记官有关的命令

个人可以在没有通知法院的情况下向法院提出申请，要求登记官作出任何登记官需要或有权作出但已经拒绝作出的行为或事件。

注释："没有通知"在词典中界定。

第3.05条　向登记官申请由法院裁定

一方当事人可以根据本法第35A条第（7）款（b）项以口头方式向登记官提出申请，要求登记官安排法院裁定在本法第35A条第（1）款提及的权力的行使。

注释：一方当事人可以向登记官申请由法院裁定——见本法第35A条第（7）款（b）项。

第3.06条—第3.10条空白

第3.2节　审查登记官权力的行使

第3.11条　申请审查登记官权力的行使

（1）一方当事人可以根据本法第35A条第（5）款向法院申请审查由登记官行使的法院的权力。

（2）该申请必须在该权力被行使之后的21日内被提出。

第4部分　律师

第4.1节　一般规定

第4.01条　通过律师或个人的程序

（1）个人在法院可以有律师也可以没有律师。

（2）公司只能通过律师在法院进行程序。

注释1："公司"和"律师"在词典中界定。

注释2：公司的送达地址的通知必须由律师提交——见本规则第11.02条。

注释3：法院可以免除遵守本条——见本规则第1.34条。

第4.02条　通过律师代理的权力

一方当事人的律师可以做该方当事人被要求或许可作出的行为或事件，除非文本或诉讼标的另有指示。

第4.03条 律师的聘用——代理的通知

如果一方当事人在程序开始时没有代理人，且之后聘任律师在程序中代理该当事人，该律师必须提交代理的通知，与表格4一致。

注释："提交"在词典中界定为提交和送达。

第4.04条 通过当事人的授权的终止

（1）如果一方当事人终止了对律师的授权，并聘请了新的律师，新律师必须提交代理的通知，与表格5一致。

（2）如果一方当事人终止了对律师的授权，且未聘请新的律师，则该当事人必须提交终止对律师授权的通知以及送达地址的通知，与表格6一致。

注释：第11.01条包括与送达地址相关的要求。

（3）如果已经终止对律师授权的一方当事人没有根据第4.04条第（2）款的规定提交文件，已被终止授权的律师可以提交停止代理的通知，与表格8一致。

第4.05条 通过律师的授权的终止

（1）如果一方当事人的律师终止授权，该律师必须：

（a）向该当事人提交停止代理的意图的通知，与表格7一致；且

（b）至少在提交通知的7日后——提交停止代理的通知，与表格8一致。

（2）已经根据第（1）款（b）项提交通知的当事人的律师，必须在该通知被提交之后的5日内提交送达地址。

第4.06条—第4.10条空白

第4.2节 法院指定法律援助

第4.11条 第4.2节的定义

在本节中：

受助的一方当事人是指根据本节接受法律援助的一方当事人。

法律援助是指以下的任何一种：

（a）与程序相关的建议；

（b）在指令、中间审理、最终审理或仲裁过程中的代理；

（c）程序中的法律起草或协议文件；

(d) 程序执行中的一般代理。

法律援助律师是指根据第4.12条，同意接受指派提供法律援助的律师。

第4.12条 指定法律援助

(1) 法院可以通过签发指定证明，给一方当事人指定法律援助律师，与表格9一致。

(2) 当根据第（1）款作出指定时，法院应当考虑以下因素：

(a) 该当事人的财产状况；

(b) 该当事人另外获取法律援助的能力；

(c) 该程序的性质和复杂性；

(d) 法院认为合适的其他任何事项。

(3) 该指定证明书可以陈述已经被指定的一方当事人的法律援助种类。

(4) 登记官将找出与法律援助律师的指定证明书相关联的法律援助的条文。

第4.13条 一方当事人没有权利申请指定法律援助

根据第4.12条，一方当事人没有权利向法院申请指定法律援助。

第4.14条 指定证明书的接受和提供法律援助

如果律师同意根据第4.12条接受指定，该律师必须提供与指定证明书一致的法律援助。

第4.15条 停止提供法律援助

(1) 法律援助律师可以停止向受援助的一方当事人提供法律援助，仅当：

(a) 经受援助当事人的书面同意；或

(b) 根据第4.16条经登记官的同意。

(2) 如果适用第（1）款（a）项，则法律援助律师在收到协议之后的7日内必须向登记官提交该协议的副本。

第4.16条 申请登记官的许可停止提供法律援助

(1) 法律援助律师可以向登记官申请许可对一方当事人停止提供法律援助。

（2）申请必须以书面形式提出并包含原因。

（3）法律援助律师必须仅对受援助的一方当事人送交该申请的副本。

（4）该申请：

（a）将被视为秘密的；且

（b）将不被视为程序的部分；且

（c）将不包括在法院的程序文档中。

（5）该登记官可以考虑该申请，而不给受援助的一方当事人进一步的通知。

（6）考虑申请时，登记官应当考虑以下事项：

（a）根据任何适用于该法律援助律师的管理专业行为的诉讼实务告示，此律师是否有可能停止对受援助的一方当事人提供法律援助；

（b）任何该法律援助律师可能产生的利益冲突；

（c）该法律援助律师和被援助的一方当事人是否有实质性分歧；

（d）法律援助律师的观点；（i）受援助的一方当事人的案件没有完全依据援助案件的事实或法律；或（ii）对受援助当事人的指控是滥用程序；

（e）法律援助律师是否因为其他专业委托，缺少向受援助的一方当事人提供充分的法律援助的时间；

（f）受援助的当事人是否已经拒绝或无法支付根据第 4.18 条要求的任何费用；

（g）要求法律援助律师继续向受援助的一方当事人提供法律援助是否不公平；

（h）其他任何相关事项。

第 4.17 条　指定证明书的终止

如果出现下列情形，则指定证明书终止：

（a）在该指定作出之后的 28 日内没有被律师接受；或

（b）法律援助律师已经提供指定证明书中提及的法律援助；或

（c）法律援助律师已经根据第 4.15 条停止提供法律援助；或

（d）指定证明书相关的程序已经终结或转移给另一个法院。

第4.18条 费用

法律援助律师可以要求受援助的当事人支付因法律援助有关事项产生的或将会产生的合理费用。

第4.19条 职业费用

(1) 严禁法律援助律师向受援助的当事人寻求或追缴职业费用,除非法律援助律师和受援助的当事人已经达成了费用协定。

(2) 费用协定必须规定法律援助律师有权要求费用以及受援助的当事人有责任支付职业费用,仅:

(a) 如果签发支付费用的命令有利于受援助的当事人;且

(b) 限于签发命令针对的当事人事实上支付费用的范围。

(3) 如果达成费用协定,法院可以要求签发的命令针对一方当事人支付费用(包括根据第4.18条发生的费用),该费用直接支付给法律援助律师而非受援助的当事人。

(4) 如果签发支付费用的命令有利于受援助的当事人,根据上述支付的范围,根据第(3)款向法律援助律师支付的费用视为已履行。

第5部分 法院对程序的监管

第5.1节 出庭日和指令

第5.01条 出庭日出庭的当事人

一方当事人或当事人的律师必须在原初申请中规定的出庭日出庭。

注释1:"原初申请"在词典中界定。

注释2:程序开始时,登记官将确定审理的出庭日和地点,且在原初申请上签注上述细节。

第5.02条 在出庭日前提交通知送达地址的当事人

已送达原初申请的被告人必须在原初申请确定的出庭日前提交送达地址的通知,与表格10一致。

注释:本规则第11.01条包含与送达地址有关的要求。

第5.03条 被告人的真实陈述(genuine steps statement)

(1) 如果申请者已经提交了真实陈述,被告人必须在原初申请确定的出庭日前提交被告人的真实陈述,与表格11一致。

(2) 真实陈述必须遵守《民事争端解决法》第 7 条。

(3) 被告人的真实陈述不得超过 2 页。

注释 1 :"《民事争端解决法》"在词典中界定。

注释 2 : 第 8.02 条要求适用《民事争端解决法》的程序中的申请者，在原初申请被提交的同时，提交申请人有关争端解决的真实陈述。

第 5.04 条　签发指令

(1) 审理中，法院可以作出关于管理、行为和程序的审理指令。

注释："指令"在词典中界定。

(2) 一方当事人或当事人的律师必须出席程序中的审理。

(3) 不限于第（1）款，法院可以签发以下表格中提到的指令：

条文	与下列事项相关的指令
1	通过抗辩或其他方式定义争议
2	程序继续或变为简易程序
3	宣誓书的观点作为诉辩状
4	继续宣誓书的程序，尽管原初申请被起诉书支持
5	宣誓书的提交
6	对原初申请和诉辩状的修正
7	送达的方式和充分性
8	当事人的合并
9	给出特定细节
10	文件的开示和查阅
11	询问
12	事实或文件的采纳
13	不动产或个人财产的查阅
14	法庭专家的聘任
15	专家报告的披露和交换
16	被传唤的专家证人的数量
17	共同当事人指示专家提供与程序中特定争议相关的专家证言的报告
18	要求即将出具或已经出具报告的专家满足鉴定和阐述专家间有争议事项的目的要求
19	专家的意见经呈交被接收，以及呈交的方式和形式，不论该意见是否将被采纳为证据

续表

条文	与下列事项相关的指令
20	在审理中出示证据,包括证人的主要证据,是否通过口头或宣誓书或两种皆有
21	签署的证言的提交和交换以及潜在的证人证据的概要和它们在审理中的使用
22	被传唤的证人的数量
23	特定的一个事件或事件的证据将在审理中被举出: (a) 通过根据信息和郑重宣誓陈述;或 (b) 通过文件或账本中的条文的出示;或 (c) 通过文件或条目的副本;或 (d) 其他方式
24	文书证据在审理中被提交的方式
25	将提交文件的数量
26	书面仲裁协议的提交和限制
27	通过视频连接、音频连接、电子通信或法院认为合适的其他方式获取证据和提交仲裁协议
28	与第27项提及的指示一致的方式获取证据和提交仲裁协议,若产生费用,当事人对费用分摊的比例
29	双方当事人在登记官面前参与庭前会议: (a) 使登记官确信已采取所有进行协商的合理步骤;或 (b) 阐述有争议的真实事项以致可以签发合适的指令: (i) 为该事项的处理;或 (ii) 为缩短准备以及在审判中花费的时间
30	使用调解、仲裁或多元纠纷解决程序协助全部或部分程序的执行和解决
31	向仲裁员、调解员或合适的个人转移程序,或根据程序产生的特定事项,通过多元纠纷解决程序加以解决
32	当事人与法官或登记官出席案件管理会议,商讨审判程序和执行审判最经济、最有效的方式
33	审理的地点、时间和方式
34	转移程序至另一个有登记局的地方
35	费用

注释1:如果程序根据表格第34项提及的指令被转移,程序转出方的登记官将发送在登记官监管下的与该程序相关的所有文件给程序转入方的登记官。

注释2:登记官行使本条中的权力——见第3.01条和附录2。

注释3:一方当事人可以寻求有关审理或审判行为的指示——见规则第30.23条。

第 5.05 条　中止指示聆讯

法院可以随时中止指令审理。

注释:"指令审理"在词典中界定。

第 5.06 条　申请指令——交叉诉讼主张

（1）如果交叉诉讼主张被提交,当事人或当事人的律师必须在交叉诉讼主张确定的出庭日出庭。

（2）一方当事人可以向法院申请管理、执行以及审理交叉诉讼主张的指令。

第 5.07 条　诉讼中间命令

希望获得诉讼中间命令的一方当事人必须根据第 17.01 条提出申请。

注释:第 17 部分是关于诉讼中间申请的规定。

第 5.08 条　审理和裁定在指令审理过程中的事项

在指令审理时一方当事人可以向法院申请:

（a）在指令审理时审理和裁定的程序;或

（b）在指示审理时处理原初申请或交叉诉讼的主张。

第 5.09 条—第 5.20 条空白

第 5.2 节　缺席命令

第 5.21 条　自动生效的命令

除非另一方当事人在特定的时间实施有关行为,否则一方当事人可以向法院申请如下命令:

（a）撤销程序;或

（b）移除申请者的主张;或

（c）移除被告人的抗辩;或

（d）一方当事人获得针对另一方当事人的判决。

第 5.22 条　一方当事人缺席

一方当事人缺席,如果当事人无法:

（a）作出需要其作出的行为,或在本规则要求的时间内作出行为;或

（b）遵守法院的命令;或

（c）在程序中出席审理;或

(d) 在程序中尽责指控或辩护。

第 5.23 条　缺席命令

(1) 如果申请者缺席，被告人可以向法院申请如下命令：

(a) 在特定的时间在程序中采取步骤；或

(b) 申请者主张全部或部分救济的程序被中止或撤销：(i) 立即；或 (ii) 基于命令中规定的情况。

(2) 如果被告人缺席，申请者可以向法院申请：

(a) 在特定的时间在程序中采取步骤的命令；或

(b) 如果针对被告人的主张是债务或违约金——针对被告人的以下事项作出判决的命令：(i) 债务或违约金；以及 (ii) 如果合适，由法院确定或需要纳税权益和费用的总额；或

(c) 如果程序通过起诉书或第 8.05 条提及的另一附随文件支持的原初申请开始，或如果法院已经命令程序根据诉辩状继续——作出针对被告人在起诉书或另一附随文件中主张的，法院确信该申请者有获得救助相违背的判决和命令。

(d) 针对被告人评估损害作出判决的命令，或任何其他命令；或

(e) 在 (b)、(c) 或 (d) 项提及的命令生效，如果被告人没有根据法院在程序中签发的命令规定的时间内采取步骤。

注释 1：法院可以签发法院认为合适且出于正义利益的任何命令——见第 1.32 条。

注释 2：根据本节的命令或判决可以被宣告无效或变更。

第 5.24 条　藐视法庭罪

本节不限制法院惩罚藐视法庭罪的权力。

第 6 部分　法院对当事人和其他人员的监管

第 6.1 节　无根据的程序

第 6.01 条　诽谤的、无根据的或难以忍受的事项

如果在程序中提交的文件包含诽谤的、无根据的或难以忍受的事项，一方当事人可以向法院申请命令：

(a) 该文件从法院档案中移除；或

(b) 该事项从该文件中剔除。

第 6.02 条　无根据的程序命令的证明书

(1) 要求登记官根据本法第 37AP 条第 (1) 款签发证明书的个人，必须以书面的形式提出请求，并在请求中包含如下事项：

(a) 个人的姓名和地址；以及

(b) 个人提出申请的利益。

(2) 该请求可在无根据的程序命令被签发的地区登记局被提出。

(3) 证明书必须陈述：

(a) 受制于无根据的程序命令的个人的姓名；及

(b) 如果可行，申请无根据的程序命令的个人姓名；及

(c) 无根据的程序命令被签发的日期；及

(d) 命令由法院签发。

第 6.03 条　申请许可提起诉讼

根据本法第 37AR 条第 (2) 款申请许可提起针对无根据程序命令诉讼的申请书必须：

(a) 与表格 2 一致；且

(b) 无须通知任何人。

注释 1：关于受制于无根据程序命令的个人申请法院提起诉讼的权利，见本法第 37AR 条第 (2) 款。

注释 2：关于必须与申请一起被提交的宣誓书的内容，见本法第 37AR 条第 (3) 款。

第 6.04 条—第 6.10 条空白

第 6.2 节　在法院中使用通信和记录设备

第 6.11 条　在审理进行的地方使用通信或记录设备

(1) 在本规则中：

通信设备包括手机、音频连接、视频连接或其他任何电子通信设备。

记录设备是指能够用于记录图像或声音的设备，包括相机、录音机、录像机、手机或数码录像机。

(2) 个人必须遵守法院签发的在审理程序中与通信或记录设备的使用相关的指令。

（3）在法院的审理中，严禁个人以记录或制作证据或辩护意见的副本为目的而使用记录设备。

（4）严禁个人使用可能导致以下情况的通信或记录设备：

（a）在法庭中干扰审理；或

（b）引起审理中的证人或其他参与人的任何担心；或

（c）让不在法庭的个人接收有关该人无权参与的程序或审理中的信息。

注释1：法院可以考虑以下相关事项：

（a）为何该人需要在审理中使用设备；

（b）如果已经命令从法庭中排除一个或多个证人——使用设备是否可能使法庭外的证人得知情况；

（c）设备的使用是否会干扰审理，或分散或引起审理中的证人或其他参与人的担心。

注释2：法院可以免除遵守本条——见第1.34条。

第6.12条　藐视法庭罪

第6.11条不限制法院行使惩罚藐视法庭罪的权力。

第二章　原始管辖权——一般程序

第7部分　程序开始之前的命令

第7.1节　禁止令、财产的保留和接受者

第7.01条　在程序开始之前的命令

（1）如果关于下列事项的情况紧急，意图开始程序的个人（预期申请者）可以在没有得到通知的情况下向法院申请，就如预期申请者已经开始程序以及该申请已经在程序中被提出一样：

（a）申请禁止令；或

（b）如果该事项涉及财产：（i）申请扣押、保管、保存或检查财产；以及（ii）为使该命令生效，授权任何人进入任何土地，或做任何其他行为或事项；或

（c）如果该事项涉及预期申请者在基金中的权利——支付基金中的数额给法院或以其他方式保障；或

（d）聘任有接收和管理权力的接收者。

（2）第（1）款提到的申请必须与表格 12 一致，以及附随陈述预期申请者依赖的事实的宣誓书。

（3）根据本条寻求命令的预期申请者必须向法院承诺在申请被裁定的 14 日内开始与申请的诉讼标的有关的程序。

注释："没有通知"在词典中界定。

第 7.02 条—第 7.10 条空白

第 7.2 节 无民事行为能力人协议的批准

第 7.11 条 在程序之前对事项的和解或调解

（1）在法院的程序中，如果提出了能够实施的关于支持或反对无民事行为能力人的主张，利益相关人可以向法院申请下列命令：

（a）批准该人在程序开始前为和解或调解该主张而作出的协议；以及

（b）实施该主张。

注释 1："无民事行为能力人的利益相关者"和"无民事行为能力人"在词典中界定。

注释 2：第 9.6 节规定了由无民事行为能力人提出或针对其的程序。

（2）该申请必须：

（a）与表格 13 一致；且

（b）附随以下文件：（i）陈述该申请依赖的重要事实的宣誓书；（ii）寻求被批准的协议；（iii）独立的律师的观点，该协议是最有利于无民事行为能力人的观点。

（3）作为批准的条件，法院可以要求为无民事行为能力人的利益支付的任何金钱或其他财产，通过调解的方式或法院认为合适的其他方式被规定。

注释：法院可以依据条件作出批准——见第 1.33 条。

（4）如果法院不批准该协议，则该协议对无民事行为能力人不具有约束力。

第7.12条—第7.20条空白

第7.3节 初步证据开示

第7.21条 第7.3节的定义

在本节中：

预期申请者是指合理相信其有权获得针对目并非法庭程序当事人的另一主体法律救济的个人。

预期的被告人是指目前并非法庭程序中的当事人，且预期申请者合理相信有可能有权获得针对其的法律救济。

第7.22条 证据开示命令确定被告人描述

（1）预期申请者可以根据第（2）款向法院申请命令，如果预期申请者确信法院：

（a）可能有预期申请者取得针对预期被告人救济的权利；以及

（b）预期申请者无法确定预期的被告人的描述；以及

（c）另一个人（其他人）：（i）知道或有可能知道预期被告人的描述；或（ii）有，或有可能有，或已经有，或有可能已经有将会有助于确定预期被告人的描述的文件。

（2）如果法院确信在第（1）款中提及的事项，法院可以命令另一个人：

（a）出席法庭，仅通过口头询问关于预期被告人的描述；以及

（b）在上述询问中向法院出示在该人控制下的有关预期被告人的描述的文件或物品；以及

（c）向预期申请人证据开示在或已经在该人的控制下的所有有关预期被告人的描述的文件。

注释1："控制"和"描述"在词典中界定。

注释2：关于如何作出证据开示，见本规则第7.25条。

（3）预期申请者必须向证人提供充分的证人出庭补助费以使证人有条件至法院出庭。

注释："证人出庭补助费"在词典中界定。

第7.23条 预期被告人的证据开示

（1）预期申请者可以根据第（2）款向法院申请命令，如果预期申

请者：

（a）合理地相信其在法庭上有权根据预期被告人已被查明的描述获取救济；以及

（b）在进行合理的询问后，没有充分的信息去决定是否在法院中开始获取上述救济的程序；以及

（c）合理地相信：（i）预期的被告人有，或有可能有，或已经有，或可能已经有在预期被告人控制下的与预期申请人是否有权获得救济的问题直接相关的文件；以及（ii）由可能协助作出决定的预期申请人查阅文件。

（2）如果法院确信第（1）款提及的事项，法院可以命令预期被告人向预期申请者开示在第（1）款（c）项（i）提及的文件种类。

第7.24条　根据本节申请的程序

（1）想要根据第7.22条或第7.23条提出申请的预期申请者必须提出原初申请，与表格14一致。

（2）申请必须附随包含如下事项的宣誓书：

（a）陈述预期申请者依赖的事实；以及

（b）尽可能精确地辨认申请依赖的文件或文件的目录。

（3）申请和宣誓书的副本必须亲自送达给寻求命令针对的每一个人。

第7.25条　文件的清单

如果个人根据第7.22条或第7.23条被命令提供证据开示，该人必须提交文件的列表，与第20.17条一致。

注释：关于文件列表的要求，见第20.17条。

第7.26条　特权

如果预期申请者已启动针对个人的程序或个人已成为程序中的一方当事人，但根据特权该人不需要出示任何文件，则根据本节签发的命令不需要该人出示任何文件。

第7.27条　查阅文件

（1）如果文件的开示符合本节的规定，预期申请者可以向法院申请，使得文件为查阅开示。

（2）如果有任何必要的调整，第20.3节适用于与本节一致制作和提

交的文件列表中提到的文件的查阅，正如该列表是在第 20.17 条提及的文件的列表。

第 7.28 条　复印供查阅的文件

如果该文件是供预期申请者查阅的文件，则该申请者可以自己支付复印或扫描该文件的费用，但受限于文件出示者施加的任何合理要求。

第 7.29 条　费用

根据本节寻求或签发的命令针对的个人可以向法院申请关于下列事项的命令：

（a）预期申请者保障该人的费用和花费，包括：(i) 给出证据开示和出示的费用；以及 (ii) 遵守根据本节签发的命令的费用；以及

（b）预期申请者支付该人的费用和花费。

注释：第 40 部分对费用作出了规定以及第 40.2 节对核定费用作出了规定。

第 7.30 条空白

第 7.4 节　冻结令

注释：本节包含与首席法官规则协调委员会理事会的建议一致的已经被统一的条文。

第 7.31 条　第 7.4 节的定义

在本节中：

附属命令的含义由本规则第 7.33 条作出。

另一个法院是指在澳大利亚之外的法院或澳大利亚的除此法院外的其他法院。

申请者是指申请冻结令或辅助命令的个人。

冻结令的含义见本规则第 7.32 条。

判决包含命令。

被告人是指寻求或签发冻结令或辅助命令针对的个人。

第 7.32 条　冻结令

（1）为预防法院程序受阻或终止，法院可以在通知或不通知被告人的情况下签发冻结令，以此应对法院的判决或预期判决将会完全或部分不令人满意的情况。

（2）冻结令可以限制被告人移除、处分或减少任何澳大利亚境内外的财产。

注释："没有通知"在词典中界定。

第 7.33 条　附属命令

（1）若法院认为恰当，其可以签发附属于冻结令或预期的冻结令的附属命令。

（2）在不限于第（1）款的一般性，为以下的一个或两个目的，可以签发附属命令：

（a）获取冻结令或预期的冻结令相关财产的信息；

（b）裁定是否应当签发冻结令。

第 7.34 条　针对非程序当事人的命令

法院可以签发针对个人的冻结令或附属命令，即使该人不是针对被告人的实质救济程序中的一方当事人。

第 7.35 条　针对判定债务人或预期判定债务人或第三方的命令

（1）如果出现下列情形，则适用本规则：

（a）已经由下列机构作出支持申请者的判决：（i）该法院；或（ii）另一个法院［关于第（2）款适用的判决］；或

（b）根据在下列地方法律认可的已产生或预期的诉因，申请者有很好的可抗辩的情形：（i）该法院；或（ii）关于第（3）款适用的诉因——另一个法院。

（2）如果有充分的预期，判决将会在法院登记或被法院实施，则本规则适用于判决。

（3）本规则适用于诉因，如果：

（a）有充分预期，另一个法院将会给出支持申请者的判决；以及

（b）有充分预期，该判决将会在法院登记或被法院实施。

（4）综合考虑所有情形，如果法院确信因为以下的任一情形将导致判决或预期判决全部或部分无法实现，则法院可以签发针对判定债务人或预期判定债务人的冻结令或附属命令，也可既签发冻结令也签发附属命令：

（a）判定债务人、预期判定债务人或另一个人潜逃；

(b) 判定债务人、预期判定债务人或另一个人的资产：(i) 从澳大利亚境内外被移除；或 (ii) 被处分或价值减少。

(5) 综合考虑所有情形，如果法院确信以下情况可能发生，法院可以签发针对个人而不是判定债务人或预期判定债务人（第三方）的冻结令或附属命令或两者：

(a) 这里将有判决或预期判决将会被整体或部分无法实现的危险，因为：(i) 第三方拥有或在使用，或已经行使或正在行使，针对判定债务人或预期判定债务人资产（包括主张和预期）的处分权力；或 (ii) 第三方拥有，或处于拥有或影响判定债务人或预期判定债务人相关资产（包括主张和预期）的地位；或

(b) 法院中的程序作为判决或预期判决的结果，是或最终可以被申请人获得，根据第三方当事人可以被强制归还资产或为满足判决或预期判决分摊的程序。

(6) 本条文中没有规定影响法院签发冻结令或附属命令的权力，如果法院认为这样做是出于正义利益。

第7.36条　管辖权

本节没有规定限制法院签发冻结令或附属命令的固有的、推定的或成文的管辖权。

第7.37条　在澳大利亚之外申请冻结令或附属命令的送达

冻结令或附属命令的申请可以送达给在澳大利亚之外的个人（不管该人是永久居住或实际居住于澳大利亚的），如果与该命令有关的任何资产在该法院的管辖权内。

第7.38条　费用

(1) 法院可以签发针对费用的任何命令，如果它认为根据本条签发相关的命令是合适的。

(2) 不限于第(1)款的一般规定，关于费用的命令包含被冻结令或附属命令影响的任何个人费用的命令。

第7.39条—第7.40条空白

第7.5节　搜查令

注释：本节包含与首席法官规则协调委员会理事会的建议一致的已经

被统一的条文。

第7.41条 第7.5节的定义

在本节中：

申请者是指搜查令的申请者。

描述包含通过提及群体的描述或其他的一般描述。

场所包含任何种类的交通工具或轮船。

被告人是指寻求或签发的搜查令针对的个人。

搜查令的含义参照第7.42条的规定。

第7.42条 搜查令

为保障或保存证据的目的，以及要求被告人许可个人进入场所，为保障是或可能是，与程序中或前置程序中的争议相关的证据的目的，不论是否通知被告人，在法院的任何程序或任何程序之前，法院都可以签发搜查令。

注释："没有通知"在词典中界定。

第7.43条 许可搜查令的要求

法院可以签发搜查令，如果法院确信：

（a）搜查令的申请者有充分的初步证据来证明诉因；以及

（b）如果搜查令未被签发，对申请者潜在或实际的损失或伤害将会严重；以及

（c）有与被告人相关的充分证据：（i）被告人拥有重要的证据材料；以及（ii）有被告人可能损坏上述材料或使得它不能在法庭的程序或潜在程序中作为证据使用的实际可能性。

第7.44条 管辖权

本节没有规定限制法院签发搜查令的固有的、推定的或成文的管辖权。

第7.45条 搜查令的条文

（1）搜查令可以指示在命令中被命名或描述的每一个人：

（a）许可或安排许可在命令中命名或描述的其他人：（i）进入在命令中特定的场所；以及（ii）与命令的条文一致采取任何步骤；以及

（b）向在命令中命名或描述的其他人提供，或安排提供，在命令中

描述的任何信息、物品或送达；以及

（c）许可在命令中命名或描述的其他人监管和保留在他们控制下的命令中描述的任何物品；以及

（d）不披露有关命令的任何信息，在命令被送达的 3 日内，除了为获取法律建议或法律代表人的目的外；以及

（e）从事或禁止从事任何法院认为合适的行为。

（2）不限于第（1）款（a）项（ii）的一般规定，可以采取下列与搜查令中特定的事件有关的步骤：

（a）搜查、查阅或搬移该物品；以及

（b）作出或获取该物品的记录或任何它可能包含的信息。

（3）搜查令可以包含其他法院认为合适的条文。

（4）在第（2）款中：记录包含复印件、照片、电影或样品。

第 7.46 条　独立律师

（1）如果法院签发搜查令，法院必须聘任一个或多个独立于申请者的律师（独立律师）监管命令的行使，以及从事任何其他法院认为合适的与该命令相关的行为或事件。

（2）法院可以聘任独立律师在任何一个或多个场所监管命令的实施，以及不同的独立律师在其他场所监管命令的实施，每一个独立律师有权从事其他任何法院认为合适的与命令相关的行为或事件。

第 7.47 条　费用

（1）法院可以签发任何它认为合适的与本节签发的命令相关的费用命令。

（2）不限于第（1）款的一般规定，费用命令包含被搜查令影响的任何人的费用的命令。

第 8 部分　启动程序

第 8.1 节　原初申请

第 8.01 条　启动程序——申请

（1）想要在法院的原初管辖中启动程序的个人必须提交原初申请，与表格 15 一致。

(2) 原初申请必须包括：

(a) 申请者的姓名和地址；以及

(b) 申请者的送达地址；以及

(c) 如果申请者以代理人资格起诉——上述事实的陈述。

注释：原初申请必须注明申请者的送达地址——见第 11.01 条。

(3) 如果原初申请陈述申请人由律师代表：

(a) 如果被告人书面要求，该律师必须书面宣告其是否递交原初申请；以及

(b) 如果该律师书面宣告该律师没有递交原初申请，被告人可以向法院申请中止程序。

注释："提交"在词典中界定为提交和送达。

第 8.02 条　申请者的真实陈述

(1) 如果《民事争端解决法》第 2 部分适用于程序，该申请者必须在提交原初申请时，提交申请者的真实陈述，与表格 16 一致。

(2) 申请者真实的陈述必须遵守《民事争端解决法》第 6 条。

(3) 申请者真实陈述不超过 2 页。

注释 1："民事争端解决法"在词典中界定。

注释 2：希望启动程序的一方当事人，在启动上述程序前必须考虑《民事争端争议法》，裁定《民事争端解决法》是否适用于当事人想要启动的程序。

注释 3：如果上述法律适用于程序，律师必须遵守《民事争端解决法》第 9 条。

第 8.03 条　陈述获得法律救济主张的申请

(1) 原初申请必须陈述：

(a) 救济主张；以及

(b) 如果该救济根据法律的条文被主张——主张救济的法律和条文。

(2) 主张在以下表格第 2 列提及的救济种类的原初申请，必须陈述在表格第 3 列提及的细节。

条文	寻求的法律救济	细节
1	诉讼中间救济	寻求的诉讼中间命令
2	禁令	寻求的命令
3	起诉状	寻求的起诉状
4	惩戒性损害赔款金	诉求惩戒性损害赔款金

(3) 原初申请不需要包含费用的诉求。

第8.04条 申请启动移民诉讼包含证明

(1) 因《移民法（1958）》第486I条，律师可以提交启动移民诉讼的原初申请，仅当该申请包含由律师签署的，与表格15包含的证明书一致的证明书。

注释1：见《移民法（1958）》第486I条。

注释2：法院将拒绝接受原初申请，除非提供与本款一致的证明书。

(2) 在本规则：

律师的含义由《移民法（1958）》第5条作出。

注释："移民诉讼"在词典中界定。

第8.05条 原初申请的伴随文件

(1) 寻求包含损害赔偿救济的原初申请，必须伴随：

(a) 除非（b）项和（c）项适用——起诉书；或

(b) 如果首席大法官签发的诉讼实务告示要求原初申请提交时伴随有另一选择性伴随文件——该选择性伴随文件；或

(c) 如果首席大法官签发的诉讼实务告示中允许原初申请伴随有另一选择性伴随文件——该选择性伴随文件或起诉书。

(2) 寻求不包含赔偿救济的原初申请，必须伴随：

(a) 除非（b）项和（c）项适用——起诉书或宣誓书；或

(b) 如果首席大法官签发的诉讼实务告示要求原初申请提交时伴随有另一选择性伴随文件——该选择性伴随文件；或

(c) 如果首席大法官签发的诉讼实务告示中允许原初申请伴随有另一选择性伴随文件——该选择性伴随文件、起诉书或宣誓书。

注释1：首席大法官签发的诉讼实务告示可以要求或允许伴随原初申

请的另一选择性伴随文件，基于

（a）明确要求或允许另一选择性伴随文件伴随原初申请；或

（b）提及另一份文件，要求或允许该选择性伴随文件伴随原初申请。

注释2：当原初申请和伴随文件提交，登记官应当确定审理的出庭日和地点，以及在申请中签注上述细节。

注释3：如果法院已经签发命令缩短该申请的送达时间，登记官将在申请中签注命令的细节。

（3）在本条中提及起诉书必须与表格17一致。

（4）在第（2）款提及的宣誓书，必须陈述申请者依赖的，在针对被告人案件的审判中，有必要给被告人通知的重要事实。

注释1：关于起诉书的内容，见第16.1节。

注释2：关于另一选择性伴随文件的内容，见第16.13条。

（5）本条根据法院的其他任何规则生效。

注释1：关于特殊群体的程序，必须伴随原初申请的文件要求，可在第三章中查找。

注释2：本条不适用于根据《海事法（1988）》的程序启动的诉讼——见《海事法（1988）》。

第8.06条　原初文件的送达

申请者必须尽快，且必须在原初申请确定的出庭日的5日前，亲自向在原初申请中涉及的每个被告人送达如下文件的副本：

（a）原初申请；

（b）根据第8.05条或其他任何法院规则，要求伴随申请的每份文件。

注释1：法院可以延长或缩短送达时间——见第1.39条。

注释2：第10.1节处理亲自送达。

注释3：送达通常情况下应当在提交后尽快生效（可能即时）。这可以为在出庭日前，采取首席大法官签发的诉讼实务告示中要求的行为提供时间。

第8.07条　变更出庭日

（1）如果原初申请尚未送达，一方当事人可以向登记官申请变更原初申请中确定的出庭日。

（1A）可以通过第2.23条规定将修改后的原初申请通过电子通信方式发送到登记官处备案，以申请变更出庭日。

注释1：如果根据本条款提出变更出庭日的申请，且登记官更改了出庭日，则登记官将插入一份备案和聆讯通知，将变更后的出庭日显示为经修改的原初申请的首页（参见第2.24条）。

注释2："提交"在词典中界定为提交和送达。

（2）如果：

（a）提出变更出庭日的申请不是通过电子通信方式将修改后的原初申请发送到登记官处备案；且

（b）登记官变更了出庭日；

申请人必须更改将被送达的申请书副本上所注明的出庭日。

（3）本规则不适用于公司规则适用的诉讼，如果根据上述规则或根据在程序中法官签发的命令，需要公开通知或告示。

第8.08条—第8.10条空白

第8.2节 宪法事项的通知

第8.11条 宪法事项的通知

（1）在本节中：

宪法事项是指在《司法法（1903）》第78B条的含义内，根据宪法产生或涉及其解释的事项。

（2）如果在法院中的程序涉及宪法事项，已经提出该事项的一方当事人必须向合适的登记局提交通知，与表格18一致：

（a）简要明确陈述宪法特定事项的性质；及

（b）陈述显示该事项是本规则适用的事实。

第8.12条 通知的送达

（1）提交通知的一方当事人必须：

（a）送达通知的副本给：（i）根据《司法法（1903）》第78B条要求的每一个人；及（ii）任何其他当事人；及

（b）在送达通知之后尽快提交送达的宣誓书；及

（c）在介入的通知给一方当事人之后，尽快向任何已经介入的总检察官提供在程序中提交的与宪法事项相关的文件副本（不管是在通知前或通知后提交）。

（2）通知必须被送达：

（a）如果该事项在任何原初申请中产生——在该申请被提交之后的7日内；或

（b）如果该事项在任何诉辩状中产生——在该诉辩状被提交之后的7日内；或

（c）如果该事项产生在审理程序被确定的日期之前以及（a）项或（b）项不适用——不得晚于确定的审理日期的14日；或

（d）在任何其他情况下——在法院指示的时间内。

注释：关于宪法事项产生时法院的权力，见《司法法（1903）》第78B条第（2）款和第（5）款。

第8.13条—第8.20条空白

第8.3节　原初申请的修正

第8.21条　一般修正

（1）申请者可以因任何原因向法院申请修正原初申请，包括：

（a）若不进行修正将使法院裁定程序中相关问题的真实性产生缺陷或错误；或

（b）避免程序的多样性；或

（c）修正程序中一方当事人名义的错误；或

（d）修正程序中一方当事人的身份；或

（e）变更一方当事人在程序中起诉的能力，如果被变更的能力是当事人在程序启动时拥有，或自从那个时间已经获得的；或

（f）替代个人作为程序中的一方当事人；或

（g）增加或替换新的救济主张，或救济主张新的法律基础，产生于：（i）与那些已由申请者抗辩支持现存救济主张相同的事实或实质相同的事实；（ii）全部或部分，产生于从程序启动时已经发生或开始的事实或事项。

注释：关于第（1）款（b）项和程序多样化的避免，见本法第22条。

（2）申请者可以向法院申请许可修正与第（1）款（c）、（d）、（e）项以及（g）项（i）一致的原初申请，即使该申请在程序启动后适用的任何限制期限结束后提出。

（3）严禁申请者申请修正与第（1）款（g）项（ii）一致的原初申请，若任何成文法限制程序可以启动的期间已终结。

注释1："申请者""主张"和"原初申请"在词典中界定。

注释2：关于法院作出修正文件的规则的权力，见本法第59（2B）条。

注释3：第9.05条规定了通过法院命令的当事人的合并。

第8.22条　修正生效的日期

如果修正原初申请使另一个人替代成为程序的一方当事人，在原初申请被修正的当日，该程序被视为已经对该人开始生效。

第8.23条　作出修正的程序

（1）如果可行，被许可作出修正原初申请的申请者必须：

（a）根据原初申请作出变更；以及

（b）在原初申请上写明以下信息：（i）修正被作出的日期；（ii）许可修正的命令被签发的日期。

（2）如果针对原初申请的修正数目众多或冗长致其难以阅读，或原初申请通过电子通信方式提出，申请者必须提交修正的原初申请：

（a）体现以及区别修正；以及

（b）标有第（1）款提到的信息。

第8.24条　根据法院命令修正原初申请的时间

申请者被许可修正原初申请的命令失效，除非申请者修正原初申请与命令一致，在以下特定的期间：

（a）在命令规定特定的期间；或

（b）如果命令中没有规定期间——在许可修正的命令被签发后的14日。

注释：如果法院许可申请者修正原初申请，法院也可以签发关于修正原初申请和提交原初申请的程序的命令。

第8.25条　修正的原初申请的送达

如果原初申请在它已被送达后修正，作出修正的申请者必须在修正被作出后尽快把已修正原初申请的副本送达给当事人。

注释：法院可以免除已修正文件的送达。

第9部分　当事人和程序

第9.1节　当事人、参与人和诉因

第9.01条　多种诉因

申请者可以在针对同一被告人的程序中基于多种诉因主张获得法律救济，不管该申请者是否以相同的行为能力提出主张。

第9.02条　当事人的合并——一般规定

申请可以由两人或多人提出，可以针对两人或多人，如果：

（a）在分开的程序中，可能会涉及相同的法律或事实问题；以及

（b）所有主张获得救济的权利（无论是合并、独立或选择性）处于在同一个交易或事件中（或一系列的交易或事件中）。

第9.03条　有共同资格的申请人的合并程序

当一个申请人主张获得救济，其他任何人有资格加入其诉讼主张时：

（a）每个有资格的人必须合并成为程序中的一方当事人；以及

（b）不同意被合并成为一方当事人的申请者必须作为程序中的被告人。

注释：关于与共同合同有关的诉讼，其中之一的订约人破产，见《破产法（1996）》第62条。

第9.04条　承担共同责任的人员合并

（1）如果被告与另一人不仅承担共同责任还分别各自承担责任，那么另一人不必成为程序的被告。

（2）如果两人或多人可能共同承担责任，但不是各自承担责任，提出的主张针对一些人，但不是所有的个人，则被告人可以向法院提出申请，命令程序中止直到共同有责的每一个人作为程序中的被告人。

第9.05条　通过法院命令的当事人的合并

（1）一方当事人可以向法院申请个人被合并为程序的一方当事人的

命令，如果该人：

（a）本应当已经被合并为程序的一方当事人；或

（b）是以下的个人：（i）该人的合作可能是执行判决需要的；或（ii）该人的合并是必要的，以确保每一个在程序中有争议的事项能够被审理和最终被裁定；或（iii）应当被合并作为一方当事人，使得能够裁定相关的事项，以及因此避免程序的多样性。

（2）没有个人的同意，严禁将个人添加为申请者。

（3）如果个人根据本规则被合并为当事人，针对该人的程序开始日期是命令被签发之日。

（4）根据第（1）款的申请，不需要被送达给没有被送达原初申请的副本的任何人。

注释：法院可以签发命令，针对以下的任何事项：

（a）命令以及程序中的任何其他文件的送达；

（b）程序中文件的修正；

（c）一方当事人的送达地址的提交。

第9.06条　申请分开审理——诉因或当事人不方便合并

一方当事人可以向法院申请进行单独审判的命令，如果依据程序中的当事人的合并，或诉因合并可能：

（a）复杂化或延迟程序的审判；或

（b）引起其他不便。

第9.07条　当事人合并程序的错误

程序不会仅因下列事项而有缺陷：

（a）一方当事人已经不合适或不必要地被合并为一方当事人；或

（b）本应该被合并为合适或必要的一方当事人的个人还没有被合并。

第9.08条　通过法院命令移除当事人

一方当事人可以向法院申请命令，要求已经被不合理地或不必要地合并为一方当事人，或已经停止作为合适或必要的一方当事人，停止作为当事人。

注释：法院可以签发程序将执行的命令。

第9.09条　死亡、破产或权益的转移

（1）如果一方当事人在程序中死亡或破产，但是在程序中的诉因仍然存在，该程序不会仅因为该当事人的死亡或破产而被撤销。

（2）如果一方当事人的权益或义务在程序中通过命令、传递、转移或通过任何其他方式传递给另一个人，当事人或该人可以向法院申请该人被合并为一方当事人或移除一方当事人的命令。

（3）如果个人根据本规则被合并为一方当事人，针对该人程序的开始日期就是命令被签发之日。

注释：法院可以签发程序将执行的命令。

第9.10条　当事人死亡后没有合并或替代程序

个人可以向法院申请命令，除非在特定的时间内替代的命令被签发，该程序根据它与诉求相关的救济范围被撤销，如果：

（a）一方当事人在程序中死亡以及诉因仍存于当事人死亡之后；以及

（b）在死亡之后的3个月内，没有代替死亡当事人的另一方当事人的命令被签发。

注释：法院可以签发命令，送达该命令给对继续程序有权益的任何人。

第9.11条　当事人的替代

如果一方当事人（新当事人）替代另一方当事人（旧当事人）：

（a）在替代之前的程序中做的任何事情或采取的行为，对新当事人有相同的效力，正如它对旧当事人的效力；以及

（b）新当事人必须提交送达地址的通知。

第9.12条　参与人

（1）个人可以向法院申请许可介入可能由法院裁定的程序，获得权利、特权和义务（包括费用的义务）。

（2）法院可以考虑：

（a）参与人的分摊是否有用和是否不同于程序的当事人的分摊；以及

（b）该参与是否可能不合理地影响当事人原本执行程序的能力；

以及

(c) 任何其他法院认为相关的事项。

(3) 当作出许可时，法院可以规定由参与人作出帮助的形式，以及参与者参与的方式，包括：

(a) 参与人可能提及的事项；以及

(b) 参与者的论点是否是口头的、书面的，或两者兼有。

注释1：法院可以根据情况作出许可——见第1.33条。

注释2：法院可以聘请法庭之友。

第9.13条—第9.20条空白

第9.2节 代表程序

第9.21条 代表当事人——一般规定

(1) 程序可由有相同权益的一人或多人开始和继续（或针对有相同权益的一人或多人），代表所有或部分在程序中有利益且可能作为程序的当事人的个人。

(2) 申请者可以向法院申请命令，聘任一个或多个被告人或其他人代表所有或部分程序中针对的个人。

(3) 如果法院签发命令聘任不是被告人的个人，该命令有合并该人作为程序被告人的效力。

(4) 本规则不适用属于信托或包含在死者资产中的财产的程序。

注释：关于处理属于信托或包含在死者资产中财产的程序的受益人的代表，见第9.23条。

第9.22条 支持或反对代表当事人的命令的执行

(1) 在程序中签发的支持或反对代表当事人的命令，约束代表当事人代表的每一个人。

(2) 但是，仅当法院许可时，该命令可以针对不是当事人的个人实施。

(3) 根据第（2）款申请的许可必须亲自送达给寻求实施该命令针对的个人。

(4) 根据第（3）款收到通知的个人，可以提出异议，若命令是针对该人作出的，则根据该人特定的事实和事项可免除该人的责任。

第9.23条　代表当事人——受益人

（1）处理属于信托或包含在死者资产中的财产的程序，可由信托人或个人代表启动或针对其启动，对信托或财产有权益的个人（受益人）无须被合并成为程序的一方当事人。

（2）个人可以向法院申请命令，要求受益人被合并作为程序的一方当事人。

第9.24条　死者

（1）如果：

（a）死者个人或死者的财产，对程序中的任何事项或争议有利益；以及

（b）死者没有个人代表人；

一方当事人在下列情况下可以向法院申请命令：

（c）死者的代表人缺席时，程序继续；或

（d）为程序目的，已经书面同意的个人在程序中代理死者的财产。

（2）根据第（1）款的命令以及任何后续的在程序中签发的命令会约束死者的资产，该约束如同死者的代表人是程序的当事人时资产会受到的限制。

注释：在根据本条签发命令前，如果法院认为合适，法院可以要求申请被送达给对资产有权益的个人。

第9.25条　特定当事人程序的执行

个人可以向法院申请程序的整体或任何部分由该人或特定当事人实施的命令。

第9.26条—第9.30条空白

第9.3节　根据本法第4A部分的集团程序

第9.31条　对第9.3节的解释

在本节和本法的第4A部分使用的措辞或表达，在本节中和在该部分中含义相同。

注释：群体成员、代表当事人和代表人程序在本法第4A部分的第33条定义。本法的第4A部分规定在代表人程序中必须采取的程序。

第 9.32 条　启动代表人程序

想要根据本法第 4A 部分启动代表人程序的个人，必须提交原初申请，与表格 19 一致。

注释：关于启动代表人程序申请的内容，或提交支持上述申请的文件，见本法第 33H 条。

第 9.33 条　个人可以经同意成为团体成员

本法第 33E 条第（2）款提及的个人可以作出同意成为团体成员，与表格 20 一致。

第 9.34 条　选择不参加通知

根据本法第 33J 条第（2）款的选择不参加通知，必须与表格 21 一致。

注释：团体成员可以选择不参加，与本法第 33J 条一致。

第 9.35 条　代表人程序中遵循程序的命令的申请

（1）一方当事人可以根据本法第 33K、33W、33X 或 33ZA 条的规定向法院申请命令，与表格 22 一致。

（2）根据第（1）款对命令的申请，必须附随宣誓书，陈述：

（a）群体成员的身份；以及

（b）群体成员的下落；以及

（c）通知最有可能吸引群体成员注意的方式。

第 9.36 条—第 9.40 条空白

第 9.4 节　合伙关系

第 9.41 条　以合伙名义由合伙人提起或针对合伙人的程序

（1）两个或多个主张作为合伙人的个人可以合伙人的名义启动程序。

（2）程序可以发起，针对两个或多个以合伙人名义作为合伙人被主张有责的个人。

（3）合伙人名义必须是诉因产生时的合伙人的名义。

（4）程序必须以合伙人集体的名义而非个人合伙人的名义进行。

注释 1："合伙人名义"在词典中界定。

注释 2：关于针对以合伙人名义的合伙人的程序的送达，见第 10.05 条。

注释3：如果针对合伙人名义的程序被提起，送达地址必须被登记——见第10.05条。

第9.42条 披露合伙人姓名

（1）一方当事人可以通过书面通知，要求作为程序一方当事人的合伙人，披露在主张的诉因产生之时，已经是合伙关系中合伙人的个人的描述。

（2）如果合伙关系在被要求后，未尽快给出当事人要求的信息，当事人可以向法院申请：

（a）要求合伙人给出特定的当事人相关信息的命令；以及

（b）如果合伙人是程序中的申请者或交叉诉讼主张人——中止该程序直到信息被作出的命令。

注释1："描述"在词典中界定。

注释2：关于送达，见第10部分。

第9.43条 合伙关系成员间的程序

（1）如果一个或多个合伙关系在澳大利亚从事商业活动，本节适用于：

（a）在合伙关系及一个或多个成员之间的程序；以及

（b）在有一个或多个共同成员的合伙关系之间的程序。

（2）没有法院的许可，命令不可以在适用第（1）款的程序中被执行。

注释：第41.2节规定了包含合伙关系的执行程序。

第9.44条 作为合伙人个人的否认

（1）如果针对作为合伙人的个人（被告人）的程序被提出，被告人可以否认作为合伙人：

（a）在原初申请中特定的日期作为诉因产生的日期；或

（b）当程序启动时。

（2）如果被告人根据第（1）款作出否认，被告人必须在提交其送达地址的通知时，提交宣誓书陈述该否认依据的事实。

（3）被告人也可以在程序的后续阶段作出否认。

第 9.45 条　以合伙名义的辩护

（1）尽管存在第 9.44 条的规定，如果已经提出针对合伙关系的程序，合伙人不得以合伙人名义提交辩护。

（2）然而，该合伙人可以合伙名义提交辩护。

（3）根据第（2）款，如果两个或两个以上合伙人提交辩护，且其辩护的依据不同，在没有依据能够对申请者的主张进行有效辩护的情况下，申请者仅对针对合伙关系的命令有请求权。

注释：关于辩护，见本规则第 16.32 条。

第 9.46 条　登记命令

支持或反对合伙关系的命令必须以合伙人的名义并且不是以个人合伙人的名义被登记。

注释：关于针对合伙关系的判决的执行，见第 41.21 条；关于针对个人合伙人的判决的执行，见第 41.22 条。

第 9.47 条—第 9.50 条空白

第 9.5 节　商号程序

第 9.51 条　针对以商号执行商业任务的法人的程序

如果出现下列情况，则针对以法人名义或根据第 9.4 节的规定针对法人的程序必须启动：

（a）针对法人的程序启动，涉及法人以商号名义在澳大利亚从事商业活动有关的作为、不作为或其他事项；以及

（b）该商号在从事商业活动的州或地区的登记局登记，且披露法人的名称和居住地址。

注释 1："商号"和"描述"在词典中界定。

注释 2：在针对法人以法人商号的程序中，法人必须以法人名义提交送达地址的通知——见第 11.03 条。

第 9.52 条　针对商号的程序

（1）针对商号的程序可以启动，如果：

（a）程序涉及法人以商号从事商业活动有关的任何已经作为、不作为或与其他事项；以及

（b）法人的名称没有在第 9.51 条第（1）款（b）项提及的登记局

登记。

(2) 如果根据第（1）款提起程序，则在任何程序中商号足以指示法人。

(3) 在程序中被签发的判决或命令可以针对法人实施。

第9.53条　根据本节或第9.4节的程序

程序的一方当事人可以根据本节或第9.4节进行程序，如果：

(a) 针对法人的以法人商号的程序被提起；且

(b) 法人根据第11.03条提交送达地址的通知；且

(c) 与送达地址通知提交的陈述中规定了至少另一与法人根据商号从事商业活动的法人名称：(i) 在原初申请中特定的日期作为诉因产生之日；或 (ii) 当程序启动时。

注释：第11.03条规定，如果针对商号的原初申请被提出，被送达的法人必须以法人名义提交送达地址。

第9.54条　当事人的修正

(1) 在提交针对法人商号的法人的原初申请后，申请者必须尽快：

(a) 采取所有合理的步骤找出法人的描述；以及

(b) 向法院申请许可修正申请，以及任何其他在程序中提交的文件，使得针对法人以法人名义的程序能够继续。

注释1："描述"在词典中界定。

注释2：原初申请的修正在第8.3节规定，对抗辩的修正在第16.5节规定。

(2) 申请者可以在程序中采取步骤［第（1）款（a）项提及的事项，以及根据第（1）款（b）项准备申请副本的送达除外］，仅当根据第（1）款（b）项要求的修正被作出或法院作出许可。

注释：关于无民事行为能力人的送达，见第10.09条。

(3) 本规则不阻却一方当事人适用第16.51条或第16.53条修正文件。

第9.55条　命令的变更

(1) 尽管存在第41.31条的规定，个人可以向法院申请变更针对法人以法人商号签发的命令，以使签发的命令针对法人。

（2）根据第（1）款变更命令的申请必须被亲自送达给命令的签发所针对的法人。

（3）根据第（1）款变更的命令可以对命令的签发所针对的法人当面实施。

注释：第41.31条规定了针对商号的执行。

第9.56条 证据开示的命令——针对个人商号的法人的程序

（1）申请者可以根据第（2）款向法院申请命令，如果该申请者：

(a) 启动针对被告商号的法人（被告）的程序；以及

(b) 使得法院确信，另一法人：（i）知道或很有可能知道被告的描述；或（ii）已经或有可能已经掌握将会帮助确定被告人描述的文件。

（2）如果法院确信在第（1）款（b）项提及的事项，法院可以命令另一法人：

(a) 出庭就有关被告人的描述作出口头询问的回答；以及

(b) 在询问时向法庭出示任何与被告的描述有关的在该人控制下的文件或物品；以及

(c) 向申请者开示在或已经在另一个人控制下的与被告人的描述相关的所有文件；

注释："描述"在词典中界定。

（3）申请者必须向法人提供充分的证人出庭补助费以保障法人出庭。

注释："证人出庭补助费"在词典中界定。

第9.57条—第9.60条空白

第9.6节 无民事行为能力人

第9.61条 通过或针对无民事行为能力人的程序

无民事行为能力人仅可以通过该人的诉讼代表人启动程序或在程序中辩护。

注释："诉讼代表人"和"无民事行为能力人"在词典中界定。

第9.62条 可以是诉讼代表人的个人

（1）除以下人员，经个人同意该人可以被聘为诉讼代表人：

(a) 无民事行为能力人；

(b) 在无民事行为能力人的程序中有不同权益的个人；

（c）公司或组织。

（2）下列公司或组织可以作为诉讼代表人：

（a）新南威尔士州公共信托人和托管人；

（b）维多利亚州信托人；

（c）昆士兰州公共信托人；

（d）西澳大利亚公共信托人；

（e）南澳大利亚公共信托人；

（f）塔斯马尼亚公共信托人；

（g）澳大利亚首都辖区公共信托人；

（h）北部领地公共信托人；

（i）根据州或地区法律，被授权作为信托人、执行者或管理者的信托公司。

第9.63条　法院对诉讼代表人的聘任

（1）一方当事人或利益相关者可以向法院申请命令，聘任个人作为诉讼代表人。

注释：与无民事行为能力人相关的"利益相关者"，在词典中界定。

（2）申请的副本必须送达给无民事行为能力人。

（3）申请必须附随宣誓书陈述：

（a）聘任针对的个人是无民事行为能力人以及认定为无民事行为能力的性质的细节；以及

（b）可能的诉讼代表人：（i）已经书面同意该聘任；以及（ii）根据第9.62条，该人是可以被聘为诉讼代表人的个人。

注释：关于无民事行为能力人的送达，见第10.09条。

第9.64条　同意提交

严禁诉讼代表人在程序中采取行动，除非下列文件已经被提交：

（a）诉讼代表人的同意书；

（b）包含诉讼代表人在程序中没有与无民事行为能力人的利益相反的利益的陈述说明书，由以下人员签署：（i）如果诉讼代表人是律师——诉讼代表人；以及（ii）如果诉讼代表人不是律师——诉讼代表人的律师。

第9.65条　法院对诉讼代表人的解除

（1）以下个人可以向法院申请解除诉讼代表人的命令：

（a）程序的一方当事人；

（b）诉讼代表人；

（c）被代表的人，如果该人不再是无民事行为能力人；

（d）与无民事行为能力人有关的利益相关者。

（2）第（1）款（a）、（b）或（d）项提及的个人，可以向法院申请命令中止该程序，直到聘任新的诉讼代表人。

第9.66条　程序的执行

（1）在程序中，任何被本规则要求或授权由该人为无民事行为能力人做的事情，仅能由该人的诉讼代表人完成。

注释：为程序中的无民事行为能力人辩护的诉讼代表人，可以根据第15部分提起交叉诉讼主张。

（2）如果诉讼代表人（第一个代表人）已经被无民事行为能力人聘任，则其他的诉讼代表人不可以再被该人聘任，除非第一个代表人死亡或被解除聘任。

（3）非律师的诉讼代表人必须有律师代表。

第9.67条　不视为自认

第16.07条不适用于无民事行为能力人。

注释：关于自认的认定，见第16.07条。

第9.68条　证据开示和询问

第20部分和第21部分适用于无民事行为能力人以及该人的诉讼代表人。

注释：第20部分规定证据开示以及第21部分规定询问。

第9.69条　向法院支付

严禁诉讼代表人：

（a）在程序中向法院支付金钱；或

（b）除协定由法院同意的情况下——同意对在程序中有争议的任何事项的和解或调解。

注释：法院可以免除遵守本条——见第1.34条。

第9.70条　程序中事项的和解或调解

（1）如果诉讼代表人同意在程序中有争议的任何事项的和解或调解，该诉讼代表人必须向法院申请协议的批准。

（2）如果法院批准该协议，该协议约束制定它的个人或它所针对的个人，如果：

(a) 该人不是无民事行为能力人；且

(b) 诉讼代表人已经作为该人的代理人制定该协议。

（3）作为批准的条件，法院可以要求为无民事行为能力人的利益支付的任何金钱或其他财产，通过调解的方式，或以任何其他法院认为合适的方式加以处理。

注释：法院可以根据条件作出批准——见第1.33条。

（4）如果法院不同意该协议，该协议不约束无民事行为能力人。

第9.71条　诉讼代表人对批准协议的申请

（1）诉讼代表人要求批准协议的申请必须通过提交诉讼中间申请。

（2）诉讼中间申请必须附随以下：

(a) 陈述该申请依赖的材料事实的宣誓书；

(b) 寻求被批准的协议；

(c) 独立律师的观点，该协议是为了无民事行为能力人的最佳利益。

第10部分　送达

第10.1节　亲自送达

第10.01条　对个人的送达

要求亲自送达给个人的文件，必须将文件交付于个人。

第10.02条　对公司的送达

要求亲自送达给公司，或公司的清算人或管理人的文件，必须遵循《公司法（2001）》第109X条第（1）款的规定。

注释：《公司法（2001）》第109X条第（1）款规定：

（1）为任何法律的目的，文件可以通过以下方式送达给公司：

(a) 留置于，或投递给该公司的登记办公室；或

(b) 亲自投递该文件的副本给居住在澳大利亚或外部领地的公司的

负责人；或

（c）如果该公司的清算人已经被聘任——留置于或投递给清算人的办公地址，基于向澳大利亚证券投资委员会提交的上述最近地址的通知；或

（d）如果该公司的管理者已经被聘任——留置于或投递给管理者的办公地址，基于向澳大利亚证券投资委员会提交的上述最近地址的通知。

第10.03条　对非法人商事社团的送达

要求亲自送达给非法人商事社团的文件，必须在该社团的主要办公场地或主要的办公室被送达，通过给如下特定个人留下该文件：

（a）明显是成年人；且

（b）显示参与到该社团的文件送达中。

第10.04条　对组织的送达

要求亲自送达给组织的文件，必须在与《劳务纠纷（注册机构）法案（2009）》第233条一致的，向澳大利亚劳务纠纷提交的组织记录中显示的该组织的办公室被送达，通过留下文件给如下特定个人：

（a）明显是成年人；且

（b）显示参与到该组织的文件送达中。

注释："组织"在词典中界定。

第10.05条　对合伙关系的送达

（1）要求亲自送达给合伙关系的文件必须被送达：

（a）给任何一个或多个合伙人；或

（b）在合伙关系从事商业活动的地方，通过给以下个人留下该文件的复印本：（i）明显是成年人；以及（ii）显示参与到该合伙关系的文件送达中。

（2）该文件的送达被视为对合伙关系的每个合伙人的送达，包括在程序启动时不在澳大利亚的任何合伙人。

（3）如果该申请者意识到合伙关系在程序启动前已经结束，文件必须被送达给以下的任何人：

（a）在程序中提出的主张针对的个人；以及

（b）申请者在诉因产生时意识到是合伙关系中的合伙人的个人。

第10.06条 提起的针对法人商号的法人程序的送达

在针对以个人名义提起的诉讼中，要求亲自送达的文件必须送达从事商业活动的地方，并将文件留给：

（a）法人；或

（b）另一个人：（i）明显是成年人；以及（ii）显示参与到该商业的文件送达中。

第10.07条 根据《专利法（1990）》的程序的送达

在针对专利人（被告人）根据《专利法（1990）》诉因提起的程序中，要求送达给被告人的文件可以如下方式被送达：

（a）如果被告人根据《专利法（1990）》第221条有送达地址，送达上述地址；

（b）通过给明显是成年人的个人留下该文件。

第10.08条 根据《商标法（1995）》的程序的送达

在针对注册商标所有人（被告人）根据《商标法（1995）》诉因提起的程序中，送达给被告人的文件可以如下方式被送达：

（a）如果被告人根据《商标法（1995）》第215条有送达地址，送达上述地址；

（b）通过给明显是成年人的个人留下该文件。

第10.09条 对无民事行为能力人的送达

（1）如果无民事行为能力人有诉讼代表人，必须亲自送达给该人的文件必须被送达给其诉讼代表人。

（2）如果无民事行为能力人未到法定年龄且没有诉讼代表人，该文件必须被送达给：

（a）如果该未成年人已至少16岁且不是脑力残疾的个人：（i）该未成年人；以及（ii）该未成年人的父母或监护人；或

（b）如果该未成年人没有父母或监护人：（i）给与未成年人一起居住的个人；或（ii）给有责任照顾未成年人的个人。

（3）如果无民事行为能力人是智力残疾人且没有诉讼代表人，该文件必须被送达给：

（a）该智力残疾人的监护人；或

(b) 如果智力残疾人没有监护人：(i) 给与该智力残疾人一起居住的个人；或 (ii) 给有责任照顾该智力残疾人的个人。

(4) 如果该无民事行为能力人的文件无法以任何在第（2）款或第（3）款提及的方式被送达，一方当事人可以向法院申请命令，要求该文件以特定的其他方式被送达或送达给特定其他人。

(5) 在该文件已经被送达其他特定人之前或之后，该申请均可以被提出。

第10.10条　对无民事行为能力人的亲自送达

(1) 尽管第10.09条，以下文件必须被亲自送达给无民事行为能力人：

(a) 如果该人是原始申请的被告人，以及要求该人做或不做行为或事件的命令已经被签发——该申请或命令；

(b) 传票要求该人出席法庭。

(2) 但是，第（1）款不适用于以下命令：

(a) 回答询问；或

(b) 证据开示；或

(c) 出示文件查阅。

注释："智力残疾人""未成年人"和"无民事行为能力人"在词典中界定。

第10.11条　视为原初申请的送达

除非根据第13.01条的申请已经被提出，如果被告人提交送达地址、辩护或宣誓书的通知，或出庭以回应原初申请，该原初申请被视为已经被亲自送达给该被告人：

(a) 在上述事项之一最先发生的日期；或

(b) 如果对被告人的亲自送达被证明在更早的日期——则更早的日期。

第10.12条　拒绝接受亲自送达的文件

(1) 如果个人拒绝接受需要亲自送达给该人的文件，该文件被视为已经被亲自送达，如果送达文件的个人：

(a) 在个人在场时将它放下；且

(b) 告诉该人文件是什么。

(2) 没有必要将该文件的原件展示给被送达的个人。

第10.13条—第10.20条空白

第10.2节 除亲自送达外的送达

第10.21条 被送达的个人的身份

为证明送达的目的，个人有关该人的身份或该人拥有特定官职或职位的陈述，是该人的身份或该人拥有特定官职或职位的证据。

第10.22条 由律师接收送达

(1) 律师可以接收被告人原初申请的送达，如果：

(a) 该律师有权接收对被告人原初申请的送达；以及

(b) 律师在该文件的副本中签注注释，该律师接收对被告人文件的送达。

(2) 由律师根据第（1）款（b）项签注的文件被视为已经被亲自送达：

(a) 在签注被作出的日期；或

(b) 如果对被告人的亲自送达被证明在更早的日期——则更早的日期。

第10.23条 视为送达

如果出现下列情况，一方当事人可以在没有通知的情况下，向法院申请命令，文件在命令中提及的日期被视为已经传达给个人：

(a) 以上述规则要求的方式送达文件给该人是不切实际的；且

(b) 当事人提供证据证明该文件已经传达至该个人应当知晓的范围之内。

注释："没有通知"在词典中界定。

第10.24条 替代送达方式

如果按照上述规则要求无法给个人送达文件，一方当事人可以在没有通知的情况下，向法院申请命令：

(a) 用另一种送达的方式代替；或

(b) 除被送达外，规定采取特定的步骤使得该文件传达至该个人应当知晓的范围；或

(c) 在下列情况下，该文件被视为已送达：(i) 在特定事项发生时；或 (ii) 在特定时间结束。

注释："没有通知"在词典中界定。

第10.25条 通过提交文件的方式送达

文件的提交具有对被送达的个人该文件已经送达的效力，如果：

(a) 该文件不需要亲自送达；以及

(b) 被送达的该人：(i) 还未提交送达地址；或 (ii) 没有现有的送达地址；以及

(c) 该文件被发送至该人的合适地址且有该文件无法投递的证据。

注释：被送达个人的"合适地址"在词典中界定。

第10.26条 法院的送达

需要由法院或法院的工作人员送达给个人的命令、通知或其他程序文件，可以第10.31条许可的任何方式送达。

第10.27条 诉讼中间禁令的送达

如果法院授予诉讼中间禁令，一方当事人可以送达法院命令的副本，通过传真或电子通信发送副本给命令将被送达的每一方当事人。

第10.28条 根据协议的送达

（1）如果程序中的被告人已经同意程序中的原初申请或其他文件可以在协定中规定的方式和地点，送达给被告人或支持被告人的其他人，该文件可以根据协议送达。

（2）如果程序中的申请者已经同意程序中的文件可以在协议中规定的方式和地点，送达给申请者或支持申请者的其他人，该文件可以根据协议送达。

第10.29条—第10.30条空白

第10.3节 普通送达

第10.31条 普通送达

无须亲自送达的文件可以采用以下的任何一种方式送达：

(a) 遵循第10.1节，亲自送达文件；

(b) 通过预付邮资发送该文件至该人的合适地址；

(c) 如果该人已经提交授权通过传真送达的通知——通过发送该文

件到传真号码；

（d）如果该人已经提交授权电子通信送达的通知——通过发送该文件到电子邮件；

（e）发送至一方当事人律师的邮箱，如果：（i）该方当事人由律师代理；且（ii）该律师已经提交符合第 11.01 条的送达地址的通知。

注释：被送达个人的"合适地址"在词典中界定。

第 10.32 条　送达的时间

根据第 10.31 条被送达给个人的文件被视为已送达给该人：

（a）如果该文件通过预付邮资被发送——在该文件被发送后的第 4 个工作日；或

（b）如果该文件通过传真发送——在该文件被发送后的第 2 个工作日；或

（c）如果该文件通过电子通信被发送——在该文件被发送后的第 2 个工作日。

第 10.33 条—第 10.40 条空白

第 10.4 节　澳大利亚之外的送达

第 10.41 条　第 10.4 节的定义

在本节中：

公约，是指国王以联邦的名义或在适当的情况下以州的名义同外国签订的有关司法文件国外送达的（《海牙公约》除外）协定、协议或条约。

外国，是指除澳大利亚之外的国家。

《海牙公约》，是指 1965 年 11 月 15 日在海牙签订的《关于向国外送达民事或商事司法文书和司法外文书公约》。

注释 1："原初申请"在词典中界定。

注释 2：《跨塔斯曼程序法》规定了在澳大利亚法院启动的民事程序中的原初文件在新西兰的送达。原初文件包括在澳大利亚法院启动的民事程序的文件。澳大利亚法院包括联邦法院。《跨塔斯曼程序法》第 2 部分第 2 节规定了初始文件送达的方式。在新西兰法院的程序的申请者可以根据上述法律而不是本节进行相关程序。

第10.42条 当原初申请可能在澳大利亚境外送达

根据第10.43条，原初申请，或根据规则第7部分的申请，可能被送达给外国程序中的个人，程序包含在以下表格中提及的一个或多个程序种类。

条文	原初申请可能被送达给澳大利亚之外的个人的程序的种类
1	根据在澳大利亚产生的诉因的程序
2	根据在澳大利亚合同的分支的程序
3	程序与下列合同相关： （a）在澳大利亚签订；或 （b）由在澳大利亚从事商业活动，或在澳大利亚居住的代理人代表被送达的个人签订；或 （c）受联邦或州或地区的法律管理； 申请者在上述合同中寻求： （d）实施、撤销、解除、调整或终止该合同的命令；或 （e）影响该合同效力的命令；或 （f）有关违反该合同造成的损害或其他救济的命令
4	根据在澳大利亚实施的侵权程序
5	依据或寻求追缴，因侵权行为或不作为（无论何处发生）引发的全部或部分在澳大利亚遭受损害的程序
6	在澳大利亚的程序寻求解释、调整、宣布无效或实施如下事项，以致影响在澳大利亚的财产： （a）契约、遗嘱或其他文据；或 （b）合同、义务或责任
7	寻求联邦、州或地区的法律管理的信托的执行，或联合救济的程序
8	影响被送达的个人作为在澳大利亚从事商业活动的会员，或在州或地区登记的作为外国公司的会员的程序
9	与在澳大利亚实施的仲裁有关的程序
10	根据第28.5节的命令与《国际仲裁法（1974）》的仲裁有关的程序
11	法院对程序有管辖权，该程序寻求与监护、保护或照顾低于18岁的个人的福利和发展相关（不管该人是否在澳大利亚）的救济
12	根据在澳大利亚实施的违反法律的程序
13	根据违反法律（不管何处发生），寻求完全或部分在澳大利亚遭受损害的救济有关的程序
14	根据本法，与法律、条例或任何其他文据有或预期有效力的解释、生效或实施有关的程序
15	根据法律寻求任何救济或补偿的程序，包括《司法法（1903）》
16	根据法律或根据法律已经生效或预期生效的条例或任何其他文据，与已经作出或预期作出的执行、管理或行政行为的效力或实施有关的程序
17	寻求在法院的程序中能够实施的与义务有关的分摊或补偿的程序

续表

条文	原初申请可能被送达给澳大利亚之外的个人的程序的种类
18	符合如下条件的程序： (a) 被送达的个人是国内的或经常居住在澳大利亚；或 (b) 如果被送达的个人是公司——公司是在澳大利亚成立，在澳大利亚从事业务或在州或地区注册为外国公司
19	接受通知的个人已经向具有管辖权的法院呈交的程序
20	正确提起的针对在澳大利亚被送达，或将被送达的个人的程序，如果被送达的该人已被正确地合并为一方当事人
21	诉讼标的涉及被送达的个人在澳大利亚境内的财产
22	寻求与澳大利亚财产有关的证言永久保存的程序
23	寻求禁令或限制在澳大利亚境内做任何事的程序（不管是否寻求损害）
24	程序影响被送达的个人如下事项： (a) 在澳大利亚成立或开展业务的公司中该人的成员资格或职位；或 (b) 在澳大利亚成立或开展业务的协会或组织中该人的成员资格或职位；或 (c) 该人作为上述公司、协会或组织的成员或负责人的行为

第10.43条 在澳大利亚之外许可送达原初申请的申请

（1）在外国对个人原初申请的送达对程序的目的是有效的，仅当：

（a）在该申请被送达之前，法院已根据第（2）款作出许可；或

（b）法院根据第（6）款确认该送达；或

（c）被送达的个人放弃任何对该送达的异议，通过提交送达地址的通知，且不根据第13.01条提出申请。

注释：被告人可以申请宣告原初申请或上述申请的送达无效——见第13.01条。

（2）一方当事人可以向法院申请许可，与公约、《海牙公约》或外国法一致，向在外国的个人送达原初申请。

（3）根据第（2）款的申请必须附随宣誓书，陈述：

（a）被送达或很有可能被送达的个人所在国的名字；以及

（b）预期送达的方式；以及

（c）预期送达的方式被以下规定许可：（i）如果公约适用——该公约；以及（ii）如果《海牙公约》适用——《海牙公约》；或（iii）在任何其他情况——外国法。

（4）关于第（2）款，一方当事人必须使法院确信：

（a）该法院在程序中有司法管辖权；以及

（b）该程序是在第10.42条中提及的种类；以及

（c）当事人对在程序中的全部或部分救济主张有初步证据。

注释1：外国法律可以许可送达通过外交渠道或个人代理人的送达——见第10.5节。

注释2：第10.63条至第10.68条规定了除澳大利亚外，《海牙公约》的缔约方当地司法文件的送达。

注释3：法院可以根据第（4）款，视情况作出许可——见第1.33条。

（5）如果送达通知替代原初申请，一方当事人可以向法院申请许可在外国对本法院的程序作出通知。

（6）如果原初申请没有法院许可送达给国外的个人，一方当事人可以向法院申请命令确认该送达。

（7）关于第（6）款，一方当事人必须使法院确信：

（a）第（4）款的（a）项到（c）项适用于该程序；以及

（b）送达被以下方式许可：（i）如果公约适用——该公约；或（ii）如果《海牙公约》适用——《海牙公约》；或（iii）在任何其他情况下——外国的法律；以及

（c）无法申请许可，应有充分的解释。

第10.44条　其他文件的送达

（1）一方当事人可以向法院申请许可，送达在法院提交或由法院签发的除原初申请外的文件给在外国的个人，与公约、《海牙公约》或外国法律一致。

注释1：外国法律可以许可送达，通过外交渠道或私人代理人的送达——见第10.5节。

注释2：第10.63条至第10.68条规定了除澳大利亚外，《海牙公约》缔约方当地司法文件的送达。

注释3：法院可以根据第（4）款，视情况作出许可——见第1.33条。

（2）根据第（1）款的申请必须附随宣誓书，包括在第 10.43 条第（3）款（a）项到（c）项提及的信息。

（3）除原初申请外，如果文件没有法院的许可被送达给在国外的个人，一方当事人可以向法院申请命令确认该送达。

（4）关于第（3）款，一方当事人必须使得法院确信：

（a）送达被以下方式许可：（i）如果公约适用——该公约；或（ii）如果《海牙公约》适用——《海牙公约》；或（iii）在任何其他情况下——外国的法律；以及

（b）无法申请许可，应有充分的解释。

第 10.45 条　其他规则的适用

第 10 部分的其他条文适用于对在外国的个人的文件的送达，与适用于在澳大利亚的个人的送达方式一致，根据它们与以下事项有关的范围：

（a）与本节相关和一致；且

（b）一致于：（i）如果公约适用——该公约；或（ii）如果《海牙公约》适用——《海牙公约》；或（iii）在任何其他情况——外国法律。

第 10.46 条　送达的方式

送达给外国个人的文件不需要亲自送达给该人，如果其是根据外国法律被送达。

第 10.47 条　送达的证明

(1) 本规则不适用于根据《海牙公约》送达的文件。

注释：第 10.63 条至第 10.68 条规定了除澳大利亚外，《海牙公约》缔约方的司法文件的送达。

（2）陈述文件已经被亲自送达给在外国的个人，或以与外国法律一致的另一种方式送达给个人的官方证明书或宣言（不管是否通过宣誓或其他方式作出），是该文件送达的充分证据。

（3）一旦被提交，在第（2）款提及的证明书或宣言：

（a）被视为该文件送达的记录；以及

（b）有等同于它是该送达的宣誓书的效力。

第 10.48 条　视为送达

一方当事人可以没有通知向法院申请命令，文件在命令中提及的日期被视为已经送达给个人，如果：

（a）与公约、《海牙公约》或外国法律一致，向在外国的个人送达文件是不切实际的；以及

（b）一方当事人提供证据，该人已有合理的机会知悉该文件。

注释："通知"在词典中界定。

第10.49条　替代的送达

如果对在外国的个人的送达没有成功，与公约、《海牙公约》或外国法律一致，一方当事人可以没有通知向法院申请命令：

（a）替代送达的另一种方式；或

（b）代替被送达，采取特定的方式将文件传达至该人应当知晓的范围内；或

（c）规定文件被视为已经被送达：（i）在特定事件发生时；或（ii）在特定事件的结尾。

注释："没有通知"在词典中界定。

第10.50条空白

第10.5节　通过外交渠道或传送给外国政府的送达

第10.51条　向法院提呈的文件

如果一方当事人已被作出许可送达文件给在外国的个人：

（a）通过外交渠道；或

（b）通过传送给外国政府，与公约一致（相关的公约）；

一方当事人必须向地区登记局提交：

（c）送达的请求，与表格23一致；以及

（d）传送的请求，与表格24一致；以及

（e）当事人或当事人律师的书面承诺，向登记官支付因使当事人要求生效由法院产生的费用；以及

（f）被相关的公约要求送达的每个文件的副本的数量；以及

（g）如果必要，将以下事项翻译成外国的官方语言（包括翻译人员证明翻译正确性的陈述）：（i）在（d）项提及的交易请求；（ii）被送达的每一个文件。

注释：本规则不适用，如果个人已经被作出许可送达文件给是《海

牙公约》一方当事人的外国的个人。《海牙公约》一方当事人的外国的送达依据第 10.6 节。

第 10.52 条　对费用支付的命令

如果一方当事人，或一方当事人的律师，根据第 10.51 条（e）项作出保证，以及没有在被发送与请求有关的费用起诉书的 14 日内，向登记官支付费用，法院可以没有通知签发如下命令：

（a）费用在特定的时间内被支付给登记官；以及

（b）程序被中止，根据其涉及一方当事人救济主张的整体或任何部分的范围，直到费用被支付。

注释："没有通知"在词典中界定。

第 10.53 条—第 10.60 条空白

第 10.6 节　根据《海牙公约》的送达

注释 1：本节形成了实施澳大利亚根据《海牙公约》关于国外民事或商事送达司法和非司法文件的义务的计划表。根据公约，联邦总检察长部门被指定为中央机关（根据《海牙公约》第 2 条），以及特定的法院和政府部门，为特定的目的，被指定为其他或附加的机构（根据《海牙公约》第 18 条）。

注释 2：本条规定（从第 10.63 条至第 10.68 条）海外公约国家或地区当地司法文件的送达（与法院的程序相关的文件）和（从第 10.69 条至第 10.72 条）法院程序中的缺席审判。从第 10.74 条至第 10.76 条，在另一方面，规定了由法院提供或安排的在其职能内，作为其他或附加的机构，从国外公约国家产生的司法文件的送达。

注释 3：联邦总检察长部门维护公约的副本、所有公约方的清单、上述各方根据公约制定的宣言和反对的细节，以及上述各方的中央和其他机构的名称和地址。公约的副本可以参见 http://www.hcch.net。

第 10.61 条　第 10.6 节的定义

在本节中：

公约国家的附加机构，是指：

（a）在被国家根据《海牙公约》第 18 条指定之时，是该国的机构（中央机构除外）；以及

（b）能够接收从澳大利亚发出的国外送达请求。

申请者，就国外送达的请求或在司法管辖区送达的请求而言，是指作出请求代表的个人。

注释：术语"申请者"可能在本规则的其他条文中有不同含义。

公约国家的"中央机构"，是指机构在被该国根据《海牙公约》第2条指定之时，是该国家的中央机构。

送达的证明是指为《海牙公约》第6条的目的已经完成的送达的证明书。

公约国家的"验证机构"，是指一个国家的中央机构或根据《海牙公约》第6条，临时性地被该国指定完成《海牙公约》附录中送达证明与其他机构。

民事程序是指与民事或商业事项相关的任何司法程序。

公约国家是指除澳大利亚外，是《海牙公约》一方当事人的国家。

关于请求原始文书的外国送达的"被告人"，是指原始文书将被要求送达的个人。

外国司法文件是指在公约国家产生以及与该国法院的民事程序相关的司法文件。

寄发机构是指：

（a）关于在本司法管辖权中外国司法文件的送达的请求——在文件起始的公约国家寄发该请求的机构或司法行政官员（基于该国的法律能根据《海牙公约》第3条寄发送达请求的机构或司法行政官）；或

（b）关于在公约国家的当地司法文件的送达的请求——登记官。

《海牙公约》是指在1965年11月15日在海牙制定的关于国外民事或商事送达司法和非司法文件的公约。

原始文书是指程序（包括任何交叉诉讼主张或第三方通知的程序）启动的任何文件。

当地司法文件是指与法院的民事程序相关的司法文件。

请求国外送达是指请求在公约国家送达在第10.64条第（1）款提及的当地司法文件。

请求在本司法管辖区的送达是指请求在本司法管辖区送达在第10.73

条第（1）款提及的外国司法文件。

本司法管辖区是指澳大利亚。

第 10.62 条　本节条款的适用

本节的条款适用于与任何上述条文或任何上述规则的其他条文不一致的情况。

第 10.63 条　当地司法文件的国外送达——第 10.64 条至第 10.68 条的适用

（1）根据第（2）款，第 10.64 条至第 10.68 条适用于当地司法文件在公约国家的送达。

（2）第 10.64 条至第 10.68 条不适用，如果文件的送达由在《海牙公约》第 18 条提及的澳大利亚外交或咨询代理人完成，没有任何强制的申请。

第 10.64 条　请求国外送达的申请

（1）个人可以向登记官申请，在登记官作为寄发机构的能力范围内，在公约国家送达当地司法文件的请求。

（2）申请必须附随以下各文件的 3 个副本：

（a）起草的国外送达的请求，必须与表格 25 的第 1 部分一致；

（b）被送达的文件；

（c）被送达的文件的摘要，必须与表格 26 一致；

（d）如果根据《海牙公约》第 5 条，请求被发送的中央机构或这个国家的任何附加机构，要求送达的文件以该国的官方语言或官方语言中的一种写作或翻译成上述语言，被送达的文件和被送达的文件的摘要应当翻译成上述语言。

（3）申请必须包含对法院的书面保证，由当地司法文件程序中有记录的申请者的律师签署，或如果在程序中关于申请者的记录显示其没有律师，由申请者签署：

（a）个人对所有发生的费用负责：（i）雇用个人送达需要被送达的文件，该人根据文件被送达的公约国家的法律有资格这样做；或（ii）使用文件送达的申请者要求的特定送达方式；以及

（b）支付上述费用给登记官，在收到登记官根据第 10.66 条第

(3)款规定上述费用种类的通知后的28日内；以及

（c）给登记官可能要求的上述费用的保证金。

（4）起草国外送达的请求，与表格25一致：

（a）必须由申请者完成（签名除外）；以及

（b）必须陈述申请者是否（如果与当地司法文件相关的程序中确定的出庭时间，在送达生效前期满）希望送达在上述时间结束前被完成；以及

（c）必须向被送达的个人所在的公约国家的中央机构，或附加机构发送；以及

（d）可以陈述申请者需要由附加机构完成的，由中央机构共同签署的送达的证明。

（5）任何根据第（2）款（d）项要求的翻译必须提供由翻译者签名的证明书（英语和翻译用语），陈述：

（a）该翻译是对将被送达的文件的正确翻译；以及

（b）翻译者的全名、地址和翻译者作出翻译的资格。

第10.65条　如何处理申请

（1）如果确信申请及其附随的文件遵守了第10.64条的相关规定，该登记官：

（a）必须签署国外送达的请求；以及

（b）必须寄发相关文件的2个副本：（i）如果申请者已要求该请求被寄发给文件送达生效的公约国家指定的附加机构——指定的附加机构；或（ii）在任何其他情况下——文件送达生效的公约国家的中央机构。

（2）在第（1）款（b）项提到相关的文件是指以下文件：

（a）国外送达的请求（正当签署）；

（b）将被送达的文件；

（c）将被送达的文件的摘要；

（d）根据第10.64条第（2）款（d）项的要求，将每个文件翻译成在（b）项和（c）项提及的相关语言。

（3）如果确信该申请或任何其附随的文件未遵循第10.64条的相关规定，登记官必须就该申请或文件未遵循规定的方面通知该申请者。

第 10.66 条　接收送达证明书的程序

（1）根据第（5）款，接收涉及外国送达请求的与当地司法文件相关的正确形式的送达证明书时，该登记官：

（a）必须安排与该文件相关的原始证明书在程序中被提交；以及

（b）必须发送证明书的副本至如下个人：（i）在程序中申请者记录显示的律师；或（ii）如果在程序中的申请者的记录显示没有律师——该申请者。

（2）为第（1）款的目的，送达的证明书形式正确，如果：

（a）其与表格25第2部分一致；以及

（b）其已被要求送达的公约国家的验证机构完成；以及

（c）如果申请者请求由附加机构完成，且由中央机构共同签署的送达证明书，它已经被共同签署。

（3）接收到与第（1）款提及的当地司法文件送达相关的且形式正确的费用陈述时，登记官必须就该费用通知申请者或其律师，上述人员已经在根据第10.64条第（3）款规定费用总额的通知中作出承诺。

（4）为第（3）款的目的，费用的陈述是正确的形式，如果：

（a）它仅与第10.64条第（3）款（a）项提及的费用相关；以及

（b）它已被请求送达的公约国家的验证机构完成。

（5）第（1）款不适用，除非：

（a）根据第10.64条第（3）款（c）项，支付第（3）款提及费用的充分保证已被作出；或

（b）根据作出的保证不足以覆盖上述费用的范围，超过保证金的部分已被支付给登记官。

第 10.67 条　费用的支付

（1）根据第10.66条第（3）款接收与送达费用有关的通知时，申请者或申请者的律师，视情况而定，必须向登记官支付通知中的数额作为费用。

（2）如果申请者或申请者的律师在接收该通知后的28日内，无法支付上述数额：

（a）除非法院许可，申请者不可以在与当地司法文件相关的程序中

采取进一步的措施，直到该费用被支付给登记官；以及

(b) 该登记官可以采取合适的步骤来保证费用支付的实施。

第 10.68 条　送达证明

如果没有任何相反证据，与当地司法文件［在第 10.66 条第（2）款的含义内，以适当形式作出的证明书］相关的验证文件的送达证明可证明文件送达在特定日期生效，即能够充分证明如下事项：

(a) 当日以证明书中特定的方法完成文件的送达；以及

(b) 如果该送达的方法由申请者要求，该方法与送达生效的公约国家现行法律兼容。

第 10.69 条　在原始文书的国外送达后的缺席审判——第 10.70 条至第 10.72 条的适用

第 10.70 条至第 10.72 条适用于在向公约国家的中央机构（或对附加机构）请求国外送达后，已被寄发的原始文件的民事程序。

第 10.70 条　如果送达证明书被提交，限制行使缺席审判的权力

（1）本条适用，如果：

(a) 原始文书的送达证明已经在程序中［以合适的形式的证明书，在第 10.66 条第（2）款的含义内］被提交，陈述该送达已经依法生效；以及

(b) 被告人没有出庭或提交送达地址的通知。

（2）在本条适用的情况下，不可以作出针对被告人的缺席审判，除非法院确信：

(a) 原始文书被送达给被告人：(i) 通过在公约国家国内法规定的，其国民在国内程序中文件的送达方式；或 (ii) 如果申请人要求特定送达的方式（文件实际发送给被告人或被告人居所的方式），且该方式与该国家现行法律兼容，通过该方式；或 (iii) 如果该申请者未请求特定的送达方法，在该被告人自愿接收文件的情况下；以及

(b) 原始文书的送达给被告人留有充足的时间，使被告人能够在程序中出庭。

（3）在第（2）款（b）项中，充足的时间是指：

(a) 在送达证明书中规定的日期 42 天，该日期是指原始文件送达生

效之日；或

（b）法院认为更少的时间，如在特定情况下，该时间足以使被告人出庭。

第10.71条　如果送达证明书未提交，限制行使缺席审判的权力

（1）本条适用，如果：

（a）原始文书的送达证明没有在程序中被提交；或

（b）原始文书的送达证明已经在程序中被提交［以合适的形式的证明书，在第10.66条第（2）款的含义内］，陈述该送达尚未生效，且被告人尚未出庭或提交送达地址的通知。

（2）如果本条适用，针对被告人的缺席审判将不会作出，除非法院确信：

（a）原始文书被寄发给原始文书要求送达的公约国家中央机构，或附加机构；以及

（b）在特定情况下充足的期间（不少于6个月的期间）已届满，自原始文书被寄发之日；以及

（c）已尽努力采用一切合适的方式：（i）从相关验证机构获得送达的证明书；或（ii）使得原始文书的送达生效；

视情况而定。

第10.72条　缺席出庭时，宣告判决无效

（1）本条适用，如果在本节适用的程序中，针对被告人的缺席审判已经开始。

（2）如果本条适用，法院可以根据被告人申请，宣告判决无效，如果法院确信被告人：

（a）自身没有错误，但没有充足的时间了解原始文书以参与辩护程序；以及

（b）对程序有简单但合理的辩护。

（3）根据本条宣告无效判决的申请可以被提交：

（a）在判决作出之日起12个月内的任何时间；或

（b）在12个月期满后，在被告人获知判决后法院认为特定情况下合理的时间。

(4) 本条不影响法院宣告判决无效或变更判决的其他权力。

第10.73条 外国司法文件的当地送达——第10.74条至第10.76条的适用

(1) 第10.74条至第10.76条适用于正确送达通知的要求已经通过以下方式提交给法院的外国司法文件在本辖区内的送达：

(a) 通过总检察长部门，不管是初次提交或根据第10.74条的提交；或

(b) 通过寄发机构。

(2) 根据第（3）款，本管辖区送达请求的形式正确，如果它与表格27一致以及附随以下文件：

(a) 被送达的文件；

(b) 被送达文件的摘要，必须与表格26一致；

(c) 请求及在（a）项和（b）项提及的每个文件的副本；

(d) 如果在（a）项和（b）项的文件非英文，该文件的英文翻译。

(3) 根据第（2）款（d）项要求的翻译必须有由翻译者签署的证明书（英文），陈述：

(a) 该翻译是对文件的正确翻译；以及

(b) 该翻译者的全名、地址以及翻译者作出翻译的资格。

第10.74条 向检察长部门提交的特定文件

在本管辖区收到送达的请求后，如果该登记官的观点是：

(a) 该请求未遵守第10.73条；或

(b) 请求有关的文件不是外国司法文件；或

(c) 遵守该请求可能损害澳大利亚的主权或安全；

该登记官必须向检察长部门提交该请求，同时附上登记官的观点陈述。

注释：检察长部门将处理错误指示或不合规的请求，安排司法外文件的送达，以及评估和决定有关澳大利亚主权和安全的问题。

第10.75条 送达

(1) 根据第10.73条，本司法管辖区接收到送达的请求时，法院必须安排与请求一致的相关文件的送达。

（2）在第（1）款提及的相关文件包括以下文件：

（a）将被送达的文件；

（b）将被送达的文件的摘要；

（c）在本管辖区送达请求的副本；

（d）如果在（a）项和（b）项提及的文件非英文，文件的英文翻译。

（3）相关文件的送达可以生效，通过以下任何送达方式：

（a）通过在本管辖区生效的法律规定的送达方法：（i）被送达的文件符合法定送达文件的；或（ii）如果没有相应种类的文件——法院程序中原始文书的送达；

（b）如果申请者已经请求特定种类的送达且该方法与在本管辖区生效的法律兼容——通过该方法；

（c）如果申请者没有请求特定送达方法且需要被送达文件的个人自愿地接收文件——通过递交文件给需要被送达的个人。

第10.76条 送达的宣誓书

（1）如果根据本管辖区的送达请求文件的送达已完成，完成送达的个人必须向法院提呈送达的宣誓书，陈述：

（a）文件被送达的时间、星期和日期；以及

（b）文件被送达的地点；以及

（c）送达的方式；以及

（d）被送达文件的个人；以及

（e）确认该人的方式。

（2）如果根据本司法管辖区送达请求送达文件失败，意图送达的个人必须向法院提交宣誓书，陈述：

（a）送达文件的努力；以及

（b）送达失败的理由。

（3）当关于文件送达的宣誓书已根据本规则提交时，该登记官：

（a）必须完成送达的证明书，将法院的印章印于本管辖区送达的请求的反面或附于其上；以及

（b）必须寄发送达的证明书，附随与文件的送达或意图送达引发费

用的陈述，直接寄给从其处收到请求的寄发机构。

（4）送达的证明书必须：

（a）与表格 25 第 2 部分一致；或

（b）如果实质上与表格 25 第 2 部分一致的表格或证明书附随送达请求，则以上述附随的形式。

第 11 部分　送达地址

第 11.01 条　送达地址——一般规定

（1）当事人的送达地址必须包括在澳大利亚内的地址，在日常的营业时间，程序中的文件可以被留下给一方当事人且可以被投递给一方当事人。

（2）如果一方当事人由律师代理，该律师有代理当事人的一般权限，该当事人的送达地址必须是该律师的地址。

（3）送达地址必须包括第 2.16 条提及的信息。

（4）如果一方当事人由律师代理，该方当事人同意律师在其邮箱地址接收文件。

（5）如果一方当事人没有律师代理，但是提供了邮箱地址，该方当事人同意在该邮箱地址接收文件。

注释：当事人可以约定送达如何实现。比如，当事人可以同意通过传真送达。

第 11.02 条　送达地址——公司

公司送达地址的通知必须由律师提交。

注释 1：第 4.1 节规定了"律师"的含义。

注释 2：除非通过律师，严禁公司在法院进行诉讼。——见第 4.01 条第（2）款。

注释 3：法院可以免除遵守规则——见第 1.34 条。

第 11.03 条　送达地址——针对法人商号的法人程序

（1）如果原初申请是针对商号提出，被送达的法人必须以法人名义提交送达地址。

（2）送达地址的通知必须附随陈述，规定在程序启动或在诉因产生时在原初申请中特定的日期（如果有），以商号从事商业活动的法人的名称和居住地址。

第11.04条 送达地址——合伙关系

（1）如果原初申请主张两人或多人作为合伙人有责，被送达原初申请的个人必须以个人名义提交送达地址的通知。

（2）然而，程序仍以合伙关系名义继续。

注释：关于针对合伙关系诉讼中辩护的提交，见第9.45条。

第11.05条 接收者

被聘为接收者的个人必须在被聘任之后的7日内，提交送达地址的通知。

注释：第7.1节和第14.3节与接收者相关。

第11.06条 送达地址的通知必须被提交的时间

在诉讼中被要求提交送达地址通知的个人，必须在原初申请确定的出庭日之前和在诉讼中提交任何其他文件之前提交。

第11.07条 如何提交送达地址的通知

被要求提交送达地址通知的个人必须与表格10一致。

第11.08条 送达地址通知的送达

在个人提交送达地址通知后，该人必须尽快提交盖章通知的副本给程序中的每一个其他当事人。

注释：地区登记局的印章必须附于送达地址的通知——见第2.01条第（2）款（a）项。

第11.09条 变更送达地址

个人可以通过以下方式变更在诉讼程序中该人的送达地址：

(a) 提交显示送达地址的新通知的变更通知应与表格28一致；且

(b) 尽快送达新通知的副本给程序中的每一个当事人。

第12部分 服从通知

第12.01条 服从通知

（1）已经被送达原初申请或上诉通知，且不想对原初申请或上诉通知中寻求的救济辩驳的一方当事人，可以递交服从通知，与表格29一致。

注释:"服从通知"在词典中界定。

(2) 服从通知必须:

(a) 陈述该方当事人服从法院可以签发的任何命令;以及

(b) 陈述该方当事人是否想要就费用问题被审理;以及

(c) 包括送达地址;以及

(d) 在如下日期前提交:(i) 给被送达原初申请的一方当事人——在出庭日前;或 (ii) 给被送达上诉通知的一方当事人——在被送达上诉通知的 14 日内。

(3) 已经提交服从通知的一方当事人可以向法院申请许可撤回该通知。

(4) 根据第 (3) 款的申请必须附随宣誓书,陈述:

(a) 该方当事人想要撤回服从通知的理由;以及

(b) 该方当事人对程序进一步执行的意图。

第 13 部分　管辖权——宣告原初申请无效

第 13.01 条　宣告原初申请无效等

(1) 被告人可以向法院申请命令:

(a) 宣告原初申请无效;或

(b) 宣告对被告人送达的原初申请无效;或

(c) 宣告原初申请没有被依法送达给被告人;或

(d) 撤销任何许可在澳大利亚之外送达原初申请或在澳大利亚之外确认原初申请送达的命令。

注释:第 10.43 条规定了在澳大利亚之外送达原初申请的程序。

(2) 如果寻求根据第 (1) 款 (b) 项或 (c) 项的命令,该申请必须附随宣誓书,陈述:

(a) 原初申请被送达给被告人的日期;以及

(b) 送达的细节。

(3) 根据第 (1) 款申请命令的被告人,必须在提交送达地址通知的同时提交诉讼中间申请和宣誓书。

第14部分 保存权利和财产的诉讼中间命令

第14.1节 对财产的查阅

第14.01条 财产查阅等的命令

(1) 一方当事人可以向法院申请命令：

(a) 关于以下事项：(i) 对财产查阅；(ii) 对财产取样；(iii) 对财产观察；(iv) 对财产进行实验；(v) 对文书观察；(vi) 文件或其他材料、数据或信息（不管如何储存或记录）的复印、誊写或出示；或

(b) 为获取接近财产的目的，授权个人进入不动产或做其他行为或事件。

(2) 根据第（1）款的申请必须附随宣誓书，陈述以下内容：

(a) 查阅、取样、观察或实验的财产；

(b) 被观察的文书；

(c) 被复制或誊写的文件、材料、数据或信息；

(d) 命令的必要性；

(e) 进入不动产或做其他行为或事件需要的接近权。

(3) 在本条中：

财产包括土地、文件或任何其他物品，不管该土地、文件或其他物品是否由诉讼一方当事人控制、监管或所有。

第14.02条 申请的送达

根据第14.01条对命令的申请必须被亲自送达给每一个当事人。

注释：第10.1节规定了亲自送达。

第14.03条 法院的现场查验

一方当事人可以向法院申请，由法院查阅与争议事项相关的任何地方、文书或者其他物品。

第14.04条—第14.10条空白

第14.2节 财产的保存等

第14.11条 财产的保存

(1) 一方当事人可以向法院申请命令：

(a) 关于财产的扣押、监管、保存或查阅；或

(b) 为使命令生效，授权个人去做某行为或事件。

注释：一方当事人可以在有关财产的程序中或关于财产可能产生的任何问题的程序中提出申请。

(2) 在关于当事人对基金权利的程序中，一方当事人可以申请命令，将该基金支付给法院或者以其他方式担保。

注释：第14.1节规定了财产的查阅。

第14.12条 个人财产的处分

一方当事人可以向法院申请出售或处分个人财产或该财产的任何部分的命令，如果：

(a) 诉讼涉及个人财产；且

(b) 该财产是易坏的或是在诉讼前需要被出售或处理的种类。

第14.13条 财产或财产收入的临时分配

如果诉讼涉及财产，一方当事人可以向法院申请命令：

(a) 该财产被运输、转移或寄送给对该财产有权益的个人；或

(b) 在特定的期间，从财产中获得的全部或部分收入支付给对该收入有权益的个人。

注释：在考虑是否根据第14.13条签发命令时，法院将考虑命令是否会使得一方当事人的诉求或辩护无效。

第14.14条 裁定所有利益相关者前的支付

如果两人或多人有权分享基金份额，任何人可以向法院申请命令，直接支付该人所占份额。

第14.15条—第14.20条空白

第14.3节 接收者

第14.21条 聘任接收者的申请

一方当事人可以向法院申请命令：

(a) 聘任有接收和管理的权力的接收者；以及

(b) 要求被聘任为接收者的该人提交保证；以及

(c) 规定该人的聘任不生效直到保证被提交。

第 14.22 条　保证

在第 14.21 条中提及的保证必须：

(a) 与表格 30 一致；且

(b) 经法院同意。

注释 1：法院可以命令任何根据这一条提交的保证被撤销。

注释 2：接收者必须提交送达地址的通知——见第 11.05 条。

第 14.23 条　权力

接收者可以向法院申请，在程序中以接收者的名义或另一方当事人的名义，做任何行为或事件的权限。

第 14.24 条　酬劳

接收者可以向法院申请，由法院确定接收者的酬劳。

第 14.25 条　账目

(1) 接收者必须在被法院命令时提交账目。

(2) 在接收者提交账目之日还必须送达该账目的副本（签注检验账目的时间和出庭日）给以下人员：

(a) 每一位在程序中有送达地址的当事人；以及

(b) 任何利益相关者。

注释：登记官确定审理账目的出庭日和地点。

(3) 账目检验时，接收者必须在场。

第 14.26 条　缺席

(1) 如果接收者无法向法院支付应当由其支付的费用，一方当事人或利益相关者可以向法院申请如下命令：

(a) 接收者的撤销；以及

(b) 聘任另一个人作为接收者；以及

(c) 费用的支付。

(2) 如果接收者无法向法院支付应当由其支付的数额，一方当事人或利益相关者可以向法院申请接收者就其未支付部分付息。

(3) 关于第（2）款，利益的费率是澳大利亚储蓄银行在接收者无法支付期间设定的利益的现金费率加上 4%。

注释 1："利益相关者"在词典中界定。

注释 2：本条是法院对藐视法庭罪的补充规定。

第 14.27 条　接收者的死亡

（1）如果接收者死亡，受接收者死亡影响的一方当事人或利益相关者可以就如下事项向法院申请命令：

（a）由死亡的接收者的代理人准备账目的提交和检验；或

（b）向法院支付应由该接收者支付的数额；或

（c）交付任何属于接收关系所有的财产。

（2）该申请必须亲自送达给死亡的接收者的代理人。

注释：关于送达规则，见第 10 部分。

第 15 部分　交叉诉讼主张和第三方主张

第 15.1 节　提出交叉诉讼主张

第 15.01 条　被告人的交叉诉讼主张

被告人可以在程序中提出交叉诉讼主张：

（a）针对申请者——针对单独程序中的申请者，被告人有权主张任何救济；或

（b）针对任何其他被告人或个人——任何救济，包括与诉讼标的相关的分摊或补偿。

注释："交叉诉讼主张""交叉诉讼主张者"和"交叉程序被告人"在词典中界定。

第 15.02 条　启动交叉诉讼主张

（1）寻求启动针对任何当事人或个人的交叉诉讼主张的被告人，必须提交交叉诉讼主张的通知，与表格 31 一致。

（2）交叉诉讼主张的通知包括以下内容：

（a）交叉诉讼主张者的姓名和地址；

（b）与在主要程序中一致的交叉诉讼主张者的送达地址；

（c）如果交叉诉讼主张者以代理人资格起诉——该事实的陈述。

注释 1："主要程序"在词典中界定。

注释 2：启动交叉诉讼主张的被告人是交叉诉讼主张者。交叉诉讼主张的提起针对的当事人或个人是交叉程序被告人。

注释3：登记官将确定审理的出庭日和地点，且在交叉诉讼主张的通知上签注上述细节。

第15.03条 交叉诉讼主张的名称和随后的文件

所有在交叉诉讼主张中提交的文件，必须有与启动交叉诉讼主张的交叉诉讼主张通知一样的名称。

第15.04条 提起交叉诉讼主张的时间

交叉诉讼主张的通知必须在提交以下文件的同时提交：

（a）被告人的辩护；或

（b）被告人在主要程序中回复申请人的宣誓书。

第15.05条 延长提起交叉诉讼时间的申请

（1）意图提交交叉诉讼主张的被告人，未遵守第15.04条的规定，必须向法院申请许可提交交叉诉讼主张的通知。

（2）根据第（1）款的申请必须附随下列文件：

（a）宣誓书：（i）简要但明确地说明交叉诉讼主张的性质及其与诉讼标的关系；以及（ii）说明主张交叉诉讼的通知未根据第15.04条提交的理由；以及

（b）遵守第15.02条的交叉诉讼主张的草拟通知。

第15.06条 附随交叉诉讼起诉书或宣誓书的交叉诉讼主张

（1）交叉诉讼主张的通知必须附随：

（a）如果原初申请附随起诉书——交叉诉讼起诉书；或

（b）如果原初申请附随宣誓书——宣誓书；或

（c）如果在主要程序中，关于主要程序根据抗辩继续的命令已被签发——交叉诉讼主张陈述。

注释1：在第三章的某些情况下，规则规定了必须附随原初申请的文件。

注释2：交叉诉讼主张者的交叉诉讼主张陈述必须遵守第16.02条。

（2）在第（1）款（b）项中提及的宣誓书必须陈述：交叉诉讼主张者依赖的，有必要在针对交叉诉讼被告人案件的审判中给予交叉诉讼被告人案件公平通知的重要事实。

注释：第16.1节规定了起诉书的内容。

第15.07条　陈述救济主张的交叉诉讼主张

（1）交叉诉讼主张的通知必须陈述：

（a）救济主张；以及

（b）如果救济主张根据法律条文——主张救济的法律和条文。

（2）在以下表格第2列提及的主张救济的交叉诉讼主张通知，必须陈述在表格第3列提及的细节。

条目	寻求的救济	细节
1	诉讼中间救济	寻求的诉讼中间救济
2	禁令	寻求的命令
3	诉状	寻求的诉状
4	惩戒性损害赔偿金	惩戒性损害赔偿金的诉求

（3）交叉诉讼主张的通知不需要包括费用的主张。

第15.08条　对交叉诉讼中的被告人送达交叉诉讼主张的通知

（1）交叉诉讼主张者必须，尽快送达交叉诉讼主张的通知副本给有送达地址的每个交叉诉讼中的被告人。

（2）如果交叉诉讼中的被告人尚未提交送达地址的通知，交叉诉讼主张的通知必须被亲自送达。

（3）第10.25条不适用于交叉询问通知的送达。

注释：第10.25条规定在特定情况下提交有送达的效力。

第15.09条　诉辩状和文件的送达

（1）如果个人通过提交交叉诉讼主张的通知已被作为交叉诉讼中的被告人，该人：

（a）必须提交送达地址的通知；以及

（b）可以提交通知，与表格32一致，要求交叉询问者送达在交叉诉讼主张提交前，在程序中提交的所有诉辩状或文件。

（2）已经根据第（1）款被送达通知的交叉询问者，必须在对交叉诉讼主张者的通知送达的3日内，向签发通知的交叉诉讼中的被告人送达在通知中提及的诉辩状和文件。

第15.10条 在提起交叉诉讼主张后程序的执行

（1）根据可行度以及不与本部分一致的范围：

（a）当事人必须以与主要程序一样的方式执行交叉诉讼主张；以及

（b）上述规则与他们适用于主要程序一样的方式适用于交叉诉讼主张；以及

（c）与交叉诉讼主张相关的审判、审理或任何其他步骤将与原初申请相关的审判、审理或其他任何步骤同时实施。

（2）为使本条生效：

（a）交叉诉讼主张者被视为申请人；以及

（b）交叉诉讼中的被告人被视为被告人。

第15.11条 与交叉诉讼主张相关的单独程序

交叉诉讼主张可以进行，即便：

（a）命令已经被签发，已经进入主要程序或程序中的任何交叉诉讼主张；或

（b）主要程序或其他交叉诉讼主张已经被中止、撤销或停止。

第15.12条 分摊或补偿的交叉诉讼主张

如果交叉诉讼主张者针对另一方当事人或个人提出关于分摊或补偿的交叉诉讼主张，且关于分摊的命令被签发，严禁实施该命令，直到针对该交叉诉讼主张者的申请者的任何命令被满足。

第15.13条 与交叉诉讼主张有关的审理

交叉诉讼主张的一方当事人可以向法院申请命令：

（a）在交叉诉讼主张中产生的任何诉求、问题或争议，根据法院命令审理；或

（b）许可交叉诉讼中的被告人辩护在主要程序中制定的主张或在程序中的其他交叉诉讼主张，不管单独或与另一方当事人一起；或

（c）许可交叉诉讼中的被告人在主要程序或在程序的交叉诉讼主张审理中出庭，以及参与法院认为合适的审理；或

（d）裁定交叉诉讼主张者以及交叉诉讼中的被告人，受限于主要程序中制定的命令、决定或程序中的其他交叉诉讼主张之间的范围；或

（e）主要程序和交叉诉讼主张的审理和裁定；或

（f）撤销交叉诉讼主张。

第 15.14 条　共同的交叉诉讼中的被告人

如果交叉诉讼主张者针对两个或更多的交叉诉讼中的被告人主张救助，以及要求任何交叉诉讼中的被告人在第 20 部分作出出示，该交叉诉讼中的被告人必须向交叉诉讼主张者和已经提交辩护的交叉诉讼中的每个其他被告人送达交叉诉讼中的被告人文件和宣誓书的清单。

第 15.2 节　交叉诉讼主张的修正

第 15.15 条　一般的修正

（1）提出交叉诉讼主张的人可以向法院提出申请，要求修正出于任何原因的交叉诉讼主张，包括：

（a）那些法院正确裁决交叉诉求主张所必须校正的缺陷或错误；或

（b）避免程序的多样性；或

（c）修正以程序中一方当事人的名义的错误；或

（d）修正程序中一方当事人的身份；或

（e）变更一方当事人在程序中起诉的资格，如果变更的资格是该当事人在程序启动时拥有的，或自从该时起已经拥有的；或

（f）替换程序中的一方当事人；或

（g）增加或替换新的救济主张，或新的救济主张的法律基础，上述救济主张产生于：（i）与上述已由申请者提出抗辩以支持现存救济主张的相同事实或实质相同的事实；或（ii）整体或部分地，产生于在该程序启动时已经发生或产生的事实或事项。

注释：关于第（1）款（b）项以及程序多样性的避免，见本法第 22 条。

（2）交叉诉讼主张者可以向法院申请许可修正交叉诉讼主张的通知，与第（1）款（c）、（d）或（e）项或（g）项（i）一致，即便该申请在程序启动之后适用的任何相关限制期间届满后提出。

（3）然而，在任何成文法限制程序可以启动的期间届满后，根据第（1）款（g）项（ii），严禁交叉诉讼主张者申请修正交叉诉讼主张的通知。

注释 1："交叉诉讼主张"和"交叉诉讼主张者"在词典中界定。

注释 2：关于法院制定规则修正文件的权力，见本法第 59（2B）条。

注释 3：第 9.05 条规定了通过法院命令的当事人合并。

第 15.16 条　修正生效的日期

如果修正后交叉诉讼主张的通知具有另一人被代替为程序一方当事人的效力，交叉诉讼主张的通知修正之日，该交叉诉讼主张被视为已对该人启动。

第 15.17 条　作出修正的程序

（1）作出许可修正交叉诉讼主张的交叉诉讼主张者，必须：

（a）作出交叉诉讼主张变更通知；以及

（b）在交叉诉讼主张的通知上写明以下信息：（i）修正签发的日期；（ii）许可修正的命令被签发的日期。

（2）如果对交叉诉讼主张的通知的修正数量太多或太长，致其难以阅读，或者交叉诉讼主张是通过电子通信方式发出的，该交叉诉讼主张者必须提交交叉诉讼主张的修正通知：

（a）体现以及区别该修正；以及

（b）标有第（1）款提及的信息。

第 15.18 条　根据法院命令修正交叉诉讼主张的通知的时间

许可交叉诉讼主张者修正交叉诉讼主张的通知的命令失效，除非在以下期间，交叉诉讼主张者遵循该命令修正交叉诉讼主张的通知：

（a）在命令规定的期间；或

（b）如果在命令中没有规定期间——在许可修正的命令被签发之后的 14 日。

注释：如果法院许可交叉诉讼主张者修正交叉诉讼主张的通知，法院也可以签发关于修正交叉诉讼主张和送达交叉诉讼主张通知的程序的命令。

第 15.19 条　修正交叉诉讼主张的通知的送达

如果交叉诉讼主张的通知在其送达后修正，作出修正的交叉询问者必须在该修正作出后尽快送达交叉诉讼主张的修正通知的副本给交叉诉讼主张被送达的当事人。

注释：法院可以免除修正文件的送达。

第 16 部分　诉辩状

第 16.1 节　一般规定

第 16.01A　第 16.1 节的适用　根据第 16.13 条的规定，本节不适用于与在第 8.05 条提及的选择性伴随文件有关的诉辩状。

第 16.01 条　诉辩状包括准备人的姓名

诉辩状必须：

（a）陈述准备诉辩状的个人姓名；以及

（b）包括个人关于准备诉辩状的陈述；以及

（c）如果诉辩状由律师准备，（d）项提及的诉辩状除外——包含由律师签署的，能够被律师所得的为以下事项提供合适依据的事实性和法律性材料的证明书：（i）诉辩状中的主张；以及（ii）诉辩状中的否认；以及（iii）诉辩状中的不自认。

（d）在第 8.05 条提及的选择性伴随文件由律师准备——包含由律师签署的，能够由律师所得的为在诉辩状中的事项提供合适依据的事实性和法律性材料的证明书。

第 16.02 条　诉辩状的内容——一般规定

（1）诉辩状必须：

（a）被划分为连续编号的段落，每一段尽可能地处理单独的事项；以及

（b）如果案件的性质许可，尽可能简洁；以及

（c）指明一方当事人想要法院解决的事项；以及

（d）陈述一方当事人依赖的重要事项，该事项对于另一方当事人在审判中公平地了解案件是必要的，但其并非证实事实的证据；以及

（e）陈述依据的成文法的条文；以及

（f）陈述寻求或主张的特定救济。

（2）诉辩状严禁：

（a）包含任何诽谤的材料；或

（b）包含任何无意义的或无根据的材料；或

（c）含糊其辞或模棱两可；或

（d）很有可能在程序中引起偏见、纠纷或延误；或

（e）无法披露合理的诉因或辩护或其他对诉辩状性质合适的情况；或

（f）可能成为法院程序的滥用。

（3）诉辩状可以提出法律观点。

（4）当事人无权对在原初申请中救济主张寻求附加的救济。

（5）当事人可以抗辩自程序启动时已发生或产生的事实或事项。

第16.03条 事实的抗辩

（1）一方当事人必须对事实进行抗辩，如果：

（a）抗辩该事实对满足另一方当事人抗辩对事实的清晰否认是必要的；或

（b）不对事实抗辩会使得另一方当事人措手不及。

（2）如果证明责任不属于该方当事人，一方当事人没必要对事实进行抗辩。

第16.04条 对文件或口语的提及

（1）提及文件或口语的诉辩状仅需要陈述该文件或文字的效果，不需要包括该文件的术语或文字本身。

（2）然而，如果该文字对诉辩状是实质性的，诉辩状必须包含该文字。

第16.05条 先决条件

（1）当事人起诉权利的先决条件已满足，一方当事人不需要在诉辩状中陈述。

（2）然而，想要否认先决条件已满足的一方当事人必须清晰地抗辩该否认。

第16.06条 不一致的事实陈述或主张

一方当事人严禁抗辩不一致的事实陈述或不一致的依据或主张，除非仅作为选择。

第16.07条 自认、否认以及视为自认

（1）对另一方当事人诉辩状中的事实陈述进行抗辩的一方当事人，必须具体地自认或否认在诉辩状中的每个事实陈述。

（2）没有被特别否认的事实陈述视为被采纳。

（3）但是，一方当事人可以陈述该方当事人不知道以及因此不能承认特定的事实。

（4）如果一方当事人作出第（3）款提及的陈述，特定的事实被视为否认。

注释：本条要求一方当事人阐述在反对方当事人的诉辩状中抗辩的事实性材料。一般的否认或模糊的回答不充分。

第16.08条 必须明示抗辩的事项

在起诉书之后的诉辩状中，一方当事人必须清晰地提出抗辩事实或法律的观点：

（a）提出的争议不是产生于先前诉辩状；或

（b）如果没有清晰地抗辩，可能使得另一方当事人在抗辩中措手不及；或

（c）一方当事人的陈述使得另一方当事人的主张或辩护无法持续。

第16.09条 程序启动前提出清偿的答辩

被告人不能在程序开始前提出清偿的答辩，除非被告人已根据第25部分的规定提议支付费用。

第16.10条 主张抵销的辩护

基于金钱对申请人全部或部分诉讼的内容进行辩护的被告人，可以在其辩护中包含抵销申请人诉求的主张，无论被告人是否已就费用提出交叉诉讼。

第16.11条 争点的确定

（1）如果对辩护的回复没有被提交，争点的确定与辩护中任何宣称的事实有关，且任一事实主张视为被否认。

（2）在回复中，如果一方当事人承认，或明确地对事实主张加以抗辩，争点的确定基于对诉辩状中任何其他事实主张的否认。

注释：争点的确定是指在诉辩状中主张的事实被否认。争点的确定仅与附随于辩护的任何诉辩状相关。

第16.12条 诉辩状的结束

（1）申请者和被告人之间的抗辩，在规则确定的提交辩护或回复，

或其他当事人的其他辩护状提交的最晚时间结束。

（2）诉辩状根据第（1）款结束，即使对细节的请求或命令没有被遵守。

第16.13条 选择性伴随文件

（1）如下条文适用于在第8.05条提及的选择性伴随文件：

（a）第16.01条（a）、（b）和（d）项；

（b）第16.02条第（2）款。

（2）上述选择性伴随文件的内容必须符合首席大法官签发的任何诉讼实务告示。

第16.14条—第16.20条空白

第16.2节 剔除诉辩状

第16.21条 剔除诉辩状的申请

（1）基于以下理由，一方当事人可以向法院申请命令剔除诉辩状的全部或部分内容，该诉辩状：

（a）包含诽谤的材料；或

（b）包含无意义或无根据的材料；或

（c）含糊其辞或模棱两可；或

（d）很有可能在程序中引起偏见、纠纷或延误；或

（e）无法披露合理的诉因或抗辩或与诉辩状性质符合的其他情况；或

（f）是法院程序的滥用。

（2）一方当事人可以申请命令，该诉辩状从法院档案中移除，如果该诉辩状包含第（1）款（a）、（b）或（c）项提及的材料，或是对法院程序的滥用。

第16.22条—第16.30条空白

第16.3节 诉辩状的进度

第16.31条 第16.3节的适用

如果程序启动通过由起诉书支持的原初申请或法院命令程序根据诉辩状继续，则本节适用。

第16.32条　对申请的辩护

在起诉书送达的28日内，被告人必须提交辩护，与表格33一致。

第16.33条　回复

如果被告人提交辩护以及申请者想抗辩在第16.08条提及的事实或法律观点的事项，申请者必须在被送达辩护后的14日内，根据表格34提交回复。

第16.34条—第16.40条空白

第16.4节　详细信息

第16.41A条　第16.4节的适用

本条不适用于与在第8.05条提及的选择性附随文件有关的诉辩状。

第16.41条　一般规定

（1）一方当事人必须在诉辩状中，或与诉辩状提交和送达的文件中陈述一方当事人抗辩的每个主张、辩护或其他事项的必要细节。

注释：见第16.45条。

（2）第16.42条—第16.45条无条文意图限制第（1）款。

注释1：细节的目的是限制诉辩状的一般性，通过：

（a）通知反对方当事人其必须面对的案件的性质；以及

（b）预防反对方当事人在庭审时措手不及；以及

（c）使得反对方当事人能够收集必要和可得的证据。

注释2：细节的功能不是通过提供诉辩状必须包含的重要事实去填补诉辩状的空缺。

注释3：一方当事人不得对另一方当事人的细节进行抗辩。

注释4：必要细节应当包含在诉辩状中，但是如果是基于另一方当事人的请求或法院的命令，则可单独陈述。

第16.42条　欺诈、错误表述等

对欺诈、错误表述、不合理的行为、背信、故意失职或受不正当影响进行抗辩的一方当事人必须在诉辩状中陈述该方当事人依赖的事实的细节。

第16.43条　精神状态

（1）如果进行抗辩的一方当事人就精神状态提出质疑，必须在诉辩

状中陈述该方当事人基于事实的细节。

（2）如果一方当事人抗辩另一方当事人本应当已经知道某些事，该方当事人必须给出该事实和另一方当事人应该获知情况的细节。

（3）在本条：一方当事人的"精神状态"，是指：

（a）知识；以及

（b）该方当事人头脑的任何失序或残疾；以及

（c）该方当事人的任何欺诈意图。

第16.44条 损害赔偿和惩戒性损害赔偿金

（1）主张包含一方当事人已经支付的，或有义务支付的金钱损害的当事人，必须在诉辩状中陈述支付的或有义务支付的金钱数额。

（2）如果一方当事人主张惩戒性损害赔偿金，该诉辩状必须陈述该主张依据的事实的细节。

第16.45条 对细节命令的申请

（1）如果诉辩状不给出针对对方当事人审判的案件的合理通知，且因此，该方当事人在另一方当事人案件的执行中可能遭受偏见，该方当事人可以向法院申请命令，提交诉辩状的一方当事人向该方当事人送达：

（a）主张、辩护或在诉辩状中陈述的其他事项的细节；或

（b）依赖的案件性质的陈述；或

（c）如果有损害赔偿的主张，需被主张的损害赔偿的细节。

（2）根据第（1）款的申请可以被提出，仅当：

（a）诉辩状中的细节不充分；以及

（b）寻求命令的一方当事人，没有进一步的细节，无法执行该方当事人的案件。

（3）在提交被告人的辩护之前，根据第（1）款向法院申请命令的被告人，必须使得法院确信，该命令使得被告人的抗辩是必要的。

注释：诉辩状规则的意图是一方当事人在其最初提交的诉辩状中应当包含所有的事实性材料，以致不会由于特定细节的缺乏导致对另一方当事人的不公平。如果一方当事人没有这么做，法院可以在审判时拒绝许可该方当事人展示在他们的诉辩状条文之外的情况。

第16.46条—第16.50条空白

第16.5节 诉辩状的修正

第16.51条 不需要法院许可的修正

（1）一方当事人可以修正诉辩状，在诉辩状结束前的任何时间，无须法院的许可。

（2）然而，一方当事人不可修正诉辩状，如果该诉辩状先前已经由法院同意被修正。

（3）如果每个其他当事人同意该修正，一方当事人可以进一步修正诉辩状，在诉辩状结束前的任何时间。

（4）可以作出修正辩诉在程序启动时已经产生的事实或事项。

注释1：本条的目的是确保所有必要的修正可以作出，使得当事人之间的实际问题被决定以及避免程序的多样性。

注释2：关于何时诉辩状结束，见第16.12条。

第16.52条 抗辩修正的不许可

（1）如果一方当事人根据第16.51条第（1）款修正抗辩，另一方当事人可以向法院申请不许可修正的命令。

（2）如果一方当事人意图根据第16.51条第（3）款修正申请，且未获得另一方当事人的同意，任何其他当事人可以向法院申请不许可该修正的命令。

（3）根据第（1）款或第（2）款申请命令的一方当事人，必须通过诉讼中间申请，且在修正的诉辩状送达给当事人之日起的14日内提出申请。

注释：如果法院确信在修正作出之日，其将不会作出许可，法院将不许可修正。

第16.53条 许可修正的申请

除非第16.51条适用，一方当事人必须申请法院对修正诉辩状的许可。

第16.54条 修正生效的日期

根据第16.51条作出的诉辩状的修正，在修正作出之日生效。

第16.55条 辩护的相应修正

（1）被告人可以修正辩护，如果：

（a）申请人修正起诉书；以及

（b）被告人已经提交了辩护，在被送达修正的起诉书副本之前。

（2）修正的辩护必须确认与它相关的起诉书。

（3）根据第（1）款修正辩护的权利，是补充根据第16.51条修正诉辩状的权利。

（4）被告人必须在其被送达修正的起诉书副本后的28日内提交修正的辩护。

第16.56条 回复的相应修正

（1）申请者可以修正回复，如果：

（a）申请人修正辩护；以及

（b）在修正的辩护的副本送达前，申请者已经提交回复。

（2）修正的回复必须确认与它相关的辩护。

（3）根据第（1）款修正回复的权利，是补充根据第16.51条修正诉辩状的权利。

（4）申请人必须在其被送达修正的辩护的14日内提交修正的回复。

注释：关于修正的回复何时必须被提交，见第16.58条。

第16.57条 在修正后默示的争点的确定

（1）如果一方当事人在根据第16.55条或第16.56条，有权这样做时没有修正辩护或回复，该方当事人现存的辩护与回复，将作为以回复另一方当事人修正的诉辩状。

（2）第16.11条不适用于诉辩状，但是如果没有进一步的在当事人之间的诉辩状被提交，在诉辩状结束时，将被视为有与第二个诉辩状相关的默示的争点的确定。

第16.58条 根据法院命令修正诉辩状的时间

一方当事人被允许修正诉辩状的命令失效，除非一方当事人根据命令修正诉辩状，在以下期间：

（a）在命令中特定的期间；或

（b）如果在命令中没有特定的期间——在命令之后的14日。

注释：如果法院许可一方当事人修正诉辩状，法院也可以签发修正诉辩状以及送达修正诉辩状的程序的命令。

第16.59条 对诉辩状作出修正的程序

(1) 有权未经法院许可修正诉辩状的一方当事人,或已经被作出许可修正诉辩状的一方当事人,如果可能,必须:

(a) 在诉辩状作出变更;以及

(b) 诉辩状中标注以下信息:(i)修正作出的日期;(ii)许可修正的命令被签发的日期。

(2) 如果对诉辩状的修正数量过多或过长致其难以阅读,或诉辩状通过电子通信方式提交,申请者必须提交修正的申请:

(a) 体现以及区别修正;以及

(b) 标有在第(1)款提及的信息。

第16.60条 修正的送达

如果诉辩状在送达后被修正,只要可行,作出修正的一方当事人必须送达修正的诉辩状的副本至先前诉辩状送达的当事人。

第17部分 诉讼中间申请

第17.01条 诉讼中间申请

(1) 在已经启动的程序中申请命令的一方当事人,必须提交诉讼中间申请,与表格35一致,必须:

(a) 简要但明确地陈述被寻求的每个命令;以及

(b) 如果合适,附随宣誓书。

(2) 提交上述中间申请的一方当事人必须送达诉讼中间申请以及附随宣誓书给其他当事人,至少在被确定的审理日期的3日前。

(3) 一方当事人可以在审理中作出口头的对诉讼中间命令的申请。

示例:如果一方当事人寻求撤销没有诉因的程序,该申请应当通过诉讼中间申请被提出。

注释1:"诉讼中间申请"在词典中界定。

注释2:"提交"在词典中界定为提交和送达。

注释3:在提交诉讼中间申请时,登记官将会确定审理的出庭日和地点,以及在送达的诉讼中间申请中签注上述细节。

第 17.02 条　对一致或无争议的文件的依赖

（1）如果一方当事人（第一方当事人）想要依赖于真实性没有争议的信件或其他文件，诉讼中间申请不需要附随宣誓书。

（2）但是：

（a）第一方当事人必须提供信件或其他文件的列表给其他当事人；以及

（b）其他当事人必须通知第一方当事人应当进一步被加入该列表的文件；以及

（c）第一方当事人必须提交在（a）项和（b）项提及的文件；以及

（d）如果在（a）项和（b）项提及的文件的数量超过6个，该文件必须被索引和分页。

第 17.03 条　对其他人的送达

一方当事人可以向法院申请命令，诉讼中间申请被送达给：

（a）尚未提交送达地址通知的一方当事人；以及

（b）当时不是一方当事人的个人。

第 17.04 条　审理和裁定诉讼中间申请——当事人缺席

诉讼中间申请可以在一方当事人缺席时被审理和裁定，如果：

（a）不需要对该方当事人送达诉讼中间申请；或

（b）送达已经完成但是当事人没有出庭；或

（c）法院已经免除该送达。

第 18 部分　确认适格原告之诉

第 18.1 节　利益相关者的确认适格原告之诉

第 18.01 条　通过确认适格原告之诉申请救济

个人（利益相关者）可以通过确定适格原造之诉的方式向法院寻求救济，如果：

（a）利益相关者财产（有争议的财产）中的债务或个人财产有责；以及

（b）利益相关者：（i）不知道争议财产归属人的身份；或（ii）已收到有关争议的财产的竞争性主张；或（iii）可能被两个或多个对该有争

议的财产有相反主张的个人在法院起诉。

注释：确认适格原告之诉是个人面临两个或多个就相同的债务或个人财产提出主张时适用的特殊诉讼。该诉讼允许利益相悖的主张者对簿公堂，利益相关者遵守该结果。

第 18.02 条　如何提出申请

（1）通过确认适格原告之诉的方式提出救济的申请必须以下列方式被提出：

（a）如果针对争议利益相关者的程序已经启动——在该程序中提交诉讼中间申请；或

（b）如果（a）项不适用——通过提交原初申请，合并主张者作为被告人。

（2）如果根据第（1）款（a）项申请被提出，诉讼中间申请必须被送达给：

（a）对有争议的财产主张任何权益的程序一方当事人；以及

（b）不是程序一方当事人的每个主张者。

第 18.03 条　可以被寻求的命令

（1）利益相关者可以在通过确认适格原告之诉的方式的救济申请中，申请：

（a）如果针对利益相关人的与有争议的财产相关的程序已经启动——任何主张者被加为在该程序中的被告人，补充或代替该利益相关者的命令；或

（b）该利益相关者支付或转移部分或全部有争议的财产给法院，或以其他方式处分部分或全部有争议的财产的命令；或

（c）争议的部分或全部财产的出售和使用收益的命令。

（2）一方当事人可以向法院申请裁定在该申请中产生的，一方当事人有权益的任何或所有的事实或法律问题的命令。

第 18.04 条　原告缺席

（1）在下列情况下，利益相关者可以向法院申请命令，禁止针对利益相关者的原告启动或继续程序：

（a）原告已经通过确定确认适格原告之诉的方式申请诉讼救济，且

未在审理中出庭；或

（b） 原告没有遵守基于申请签发的命令。

（2） 根据第（1）款的命令不影响不同原告之间的权利。

第 18.05 条 利益相关者的中立性

如果利益相关者通过确认适格原告之诉的方式申请救济，法院将会撤销该申请，除非法院确信该利益相关者：

（a） 除了报酬或费用，对争议的财产不主张权益；以及

（b） 未与任何原告同谋。

注释：本条不影响法院因其他原因撤销该申请或发布针对该利益相关者的判决的权力。

第 18.06 条 在几个程序中的命令

（1） 利益相关者可以在任何或所有程序中向法院申请命令，如果：

（a） 通过确认适格原告之诉救济的申请被提出；以及

（b） 两个或更多的与部分或全部有争议的财产有关的程序在法院悬置。

（2） 根据第（1）款的命令约束自其签发时程序中的每一方当事人。

第 18.07 条—第 18.10 条空白

第 18.2 节 司法行政官提出的确认适格原告之诉

注释：司法行政官对指派给其的送达和法院所有文书的执行负责——见本法第 18P 条。

第 18.11 条 索赔通知

（1） 如果司法行政官在执行程序时获取或将要获取个人财产，对该财产或财产的收益或财产的价值作出主张的个人，可以根据表格 36 向司法行政官提出索赔通知。

（2） 在本条被作出的索赔通知必须：

（a） 陈述原告的描述；以及

（b） 限定该索赔；以及

（c） 陈述送达地址。

注释："描述"在词典中界定。

（3） 根据第（1）款有权给出索赔通知的个人必须在了解该事实后尽

快这样做。

（4）司法行政官可以向法院申请命令，限制个人在任何法院启动或继续针对该司法行政官在其执行文书中做出的行为或事件的程序。

（5）根据第（4）款的申请必须被提出：

（a）如果针对司法行政官的程序已经在法院启动——在程序中提交诉讼中间申请；或

（b）如果（a）项不适用——通过在有争议的文书程序中提交诉讼中间申请。

（6）司法行政官必须亲自送达该申请的副本给寻求的命令针对的个人。

第18.12条 向执行债权人送达索赔通知

如果司法行政官被给予索赔通知，该司法行政官必须向执行债权人送达该通知的副本。

第18.13条 执行债权人索赔的允许

（1）被送达索赔通知且想要允许该索赔的执行债权人必须向司法行政官送达允许的通知，与表格37一致（允许的通知）。

（2）如果执行债权人送达允许的通知，执行债权人不对司法行政官在通知被送达之后由司法行政官因文书产生的任何费用或花费负责。

（3）被送达允许的通知时，该司法行政官必须结束对索赔的财产的占有。

（4）然而，该司法行政官可以向法院申请命令，要求索赔被允许的个人限制在任何法院启动或禁止对司法行政官的程序，基于司法行政官在执行文书中的行为或事件。

（5）根据第（4）款的申请必须被提出：

（a）如果针对司法行政官的程序已经在法院启动——在程序中提交诉讼中间申请；或

（b）如果（a）项不适用——通过在有争议的文书的程序中提交诉讼中间申请。

第18.14条 司法行政官申请确认适格原告之诉

（1）司法行政官可以通过确认适格原告之诉方式向法院申请救济，

如果：

（a）司法行政官已经向执行债权人送达索赔通知的副本；以及

（b）在收到通知送达的 4 日内，执行债权人尚未向司法行政官提供允许的通知；以及

（c）该主张尚未被撤回。

（2）司法行政官根据本规则送达的申请必须在程序中提交诉讼中间申请。

（3）司法行政官必须向在程序中主张对有争议的财产有利益的每一方当事人和每一个原告送达诉讼中间申请。

注释：司法行政官需要使法院确信：

（a）除了费用或花费，司法行政官对有争议的财产没有主张任何权益；

（b）司法行政官没有与任何原告共谋。

第 19 节 费用的担保

第 19.01 条 费用的担保命令的申请

（1）被告人可以向法院申请命令：

（a）申请者担保费用，以及作出担保的方式、时间和期限；以及

（b）申请者的程序被中止直到担保被作出；以及

（c）如果申请者无法遵守命令，在命令中特定的时间内提供担保，程序被中止或撤销。

（2）根据第（1）款的申请必须附随宣誓书，陈述寻求费用担保的命令的事实。

（3）被告人的宣誓书必须陈述以下事项：

（a）是否有理由相信如果被要求，申请者将无法支付被告人的费用；

（b）申请者是否平时居住在澳大利亚之外；

（c）申请者是否为其他人的利益起诉；

（d）申请者是否身无分文；

（e）其他任何相关事项。

注释：本法第 56 条规定了费用的担保。

（4）在本条中：

申请者包括交叉诉讼原告。

被告包括交叉诉讼被告。

第20部分 文件的开示和查阅

第20.1节 一般规定

第20.01条 基于公共利益保留文件

本部分不影响基于文件的披露会损害公众利益的任何保留文件法律条文的效力。

第20.02条 特权

根据本部分签发的命令不需要命令签发针对的个人出示任何有特权的文件。

第20.03条 适用于文件的保证或命令

(1) 如果文件在公开的法庭以披露其内容的方式被阅读或提及,在特定程序外不使用该文件的任何明确的命令或暗示的保证不再适用。

(2) 然而,文件所属的一方当事人或个人,可以向法院申请命令,要求命令或保证继续适用于该文件。

第20.4条—第20.10条空白

第20.2节 证据开示

注释:一方当事人应当参照关于证据开示的诉讼事务告示。

第20.11条 证据开示必须是为了公正解决程序中的争议

严禁一方当事人申请证据开示的命令,除非寻求命令的签发将有利于程序尽快、便宜和有效地正当进行。

第20.12条 无法院命令则无证据开示

(1) 严禁一方当事人证据开示,除非法院已经签发证据开示的命令。

(2) 如果一方当事人没有被法院命令证据开示,该方当事人无权要求证据开示的任何费用或开支。

注释:"当事人"在词典中界定。

第20.13条 对证据开示的申请

(1) 一方当事人可以向法院申请命令,要求程序的另一方当事人进行证据开示。

（2）该申请必须陈述：

（a）一方当事人是否在寻求标准的证据开示；或

（b）申请的证据开示的范围。

（3）申请可以直到所有被告人已经提交以下文件之后的 14 日后提出：

（a）辩护；或

（b）附随于原初申请宣誓书之宣誓书。

（4）法院可以命令通过电子方式作出证据开示。

（5）如果被要求证据开示的一方当事人想要根据本法第 43 条第（3）款（h）项申请命令，该方当事人必须提交宣誓书陈述以下事项：

（a）寻求的命令；及

（b）当事人对证据开示费用的计算；及

（c）命令签发的理由。

注释：本法第 43 条规定法院或法官从事与开示有关的如下事项：

（i）要求证据开示的一方当事人提前支付全部或部分的预估开示费用；

（ii）要求证据开示的一方当事人保证对开示费用的支付；

（iii）签发命令规定因开示或查阅产生的最大费用的追缴。

第 20.14 条　标准的证据开示

（1）如果法院命令一方当事人作出标准的证据开示，一方当事人必须作出以下文件的证据开示：

（a）与在诉辩状或在宣誓书中产生的争议事项直接相关；以及

（b）在合理的搜索后，一方当事人意识到的文件；以及

（c）是，或已经在一方当事人的控制中。

（2）关于第（1）款（a）项，该文件必须满足至少以下的标准之一：

（a）该文件是当事人计划依赖的；

（b）该文件负面地影响了当事人自己的案件；

（c）该文件支持另一方当事人的案件；

（d）该文件负面地影响另一方当事人的案件。

（3）关于第（1）款（b）项，在作出合理的搜查时，一方当事人可以考虑以下因素：

（a）程序的性质和复杂性；

（b）涉及文件的数量；

（c）撤回文件的容易性和费用；

（d）有可能找到的文件的重要性；

（e）其他任何相关事项。

（4）在本条中提及的宣誓书是指：

（a）附随原初申请的宣誓书；以及

（b）回复附随原初申请宣誓书的宣誓书。

注释："控制"在词典中界定。

第 20.15 条　不标准的以及更广泛的证据开示

（1）寻求证据开示命令（标准证据开示除外）的一方当事人必须确定以下事项：

（a）任何在第 20.14 条第（1）款和第（2）款中提及的标准不应当适用；

（b）其他应当适用的标准；

（c）一方当事人是否寻求使用在文件清单中的文件目录；

（d）证据开示是否应当以电子形式被作出；

（e）证据开示是否应当与证据开示计划一致被作出。

（2）一方当事人根据第（1）款的申请必须附随以下材料：

（a）如果文件的目录被寻求——申请的目录清单；以及

（b）如果证据开示通过电子形式被寻求——提交的形式；以及

（c）如果证据开示计划被寻求使用——证据开示计划的草案。

（3）当事人寻求比第 20.14 条规定更广泛证据开示的申请，必须附随宣誓书，陈述命令应当被签发的理由。

（4）关于本节：

"文件的目录"包含文件，或由相同、类似特点组成的一类文件。

注释：证据开示计划是考虑有争议的事项或与上述争议相关的可开示的文件可能的数量、性质和重要性——见法院诉讼实务告示 CM6 "诉讼中的电子技术"。

第 20.16 条　作出证据开示

(1) 一方当事人通过给程序的所有当事人送达文件的清单作出证据开示,与第 20.17 条一致。

(2) 该清单必须指明所有没有搜查的文件并说明未进行搜查的原因。

注释 1:严禁在法院中提交文件的清单。

注释 2:法院将在它的命令中,规定遵守的时间。

第 20.17 条　文件的清单

(1) 文件的清单必须与表格 38 一致。

(2) 该清单必须描述:

(a) 在一方当事人控制下,足以辨认文件类别,但不必是特定的文件的每个文件种类;以及

(b) 曾经是,但已经不再由一方当事人控制的文件,关于该文件何时最后由一方当事人控制以及它变成何物的陈述;以及

(c) 每个在一方当事人控制下出示特权被主张和特权依据的文件。

(3) 在文件的清单被送达之前或之后,一方当事人可以向法院申请命令:

(a) 关于清单中目录的使用;或

(b) 更具体的文件的清单被提供;或

(c) 在目录中的每一个文件被单独描述。

(4) 文件的清单必须经由宣誓的宣誓书核实,与第 20.22 条一致。

注释:"控制"在词典中界定。

第 20.18 条　文件的副本

如果一方当事人被要求证据开示,以及该方当事人有或已经有特定文件的一个或多个复印件,该方当事人不需要对副本进行证据开示,仅因为原件或其他副本是可以发现的。

第 20.19 条　特权的主张

一方当事人不可以主张对文件出示有特权,基于如下事实:

(a) 它仅仅与一方当事人的案件相关,且不倾向于破坏当事人自己的案件;以及

(b) 它与另一方当事人的案件不相关，或不倾向于支持另一方当事人的案件。

第20.20条　补充性证据开示

(1) 已经被命令作出证据开示的一方当事人，有持续地开示任何文件的义务：

(a) 先前没有被开示；以及

(b) 有必要为遵守命令而开示。

(2) 然而，一方当事人无义务开示程序启动前已创制的文件，如果该当事人有权主张文件开示的特免权。

第20.21条　特定证据开示的命令

(1) 如果一方当事人（第一方当事人）主张文件或文件的类别可能已经在另一方当事人（第二方当事人）的控制下，第一方当事人可以向法院申请命令，要求第二方当事人提交宣誓书陈述：

(a) 文件或该类别的文件是否在，或者已经在第二方当事人的控制下；以及

(b) 如果文件或文件的类别曾经是，但已经不再由第二方当事人控制——它最后由第二方当事人控制的时间以及它成为何物。

(2) 根据第（1）款寻求命令的第一方当事人必须尽可能精确地辨认该文件和文件的类别。

第20.22条　证据开示宣誓书的证人

(1) 验证一方当事人文件清单的宣誓书，或一方当事人根据第20.21条的命令提交的宣誓书，必须由下列人员之一制作：

(a) 一方当事人；

(b) 如果一方当事人是无民事行为能力人——该方当事人的诉讼代表人；

(c) 如果一方当事人是公司或组织——该公司或组织的职位担当人；

(d) 如果一方当事人是以团体的名义或任何官员或他人的名义合法地起诉或被起诉的团体或群体——该团体的成员或职位担当人；

(e) 如果一方当事人是以一方当事人的官方资格起诉或被起诉的政府或政府官员——政府官员。

(2) 如果一方当事人是在第（1）款（b）、（c）、（d）或（e）项提及的个人，证据开示针对的一方当事人可以向法院申请命令，规定：

(a) 通过姓名或其他方式——作出宣誓书的个人；或

(b) 通过提及职位担当人或职位——一方当事人可以从中选择作出宣誓书的个人的群体。

(3) 根据第（1）款（c）、（d）、（e）项作出宣誓书的个人必须知道作出宣誓书的事实。

第 20.23 条　非当事人的证据开示

(1) 如果一方当事人确信非当事人的个人已经，或有可能已经，或已经有，或有可能已经有，在该人的控制下，直接与从诉辩状或宣誓书中产生的争议相关的文件，该方当事人可以向法院申请命令，该人向当事人作出文件的证据开示。

(2) 根据本条的申请必须：

(a) 被亲自送达给个人；以及

(b) 附随宣誓书：(i) 陈述申请者依赖的事实；以及 (ii) 尽可能精确地辨认与该申请相关的文件或文件的类别。

(3) 申请附随的宣誓书的副本必须被送达给申请被送达的每个人。

(4) 第（1）款中提及的宣誓书是指：

(a) 附随原初申请的宣誓书；以及

(b) 回应附随原初申请的宣誓书的宣誓书。

第 20.24 条　非当事人的义务

如果法院命令非当事人的个人作出证据开示，该人必须提交文件列表，与第 20.17 条一致。

注释：关于非当事人的出示，见第 20.33 条。

第 20.25 条　非当事人的费用和支出

根据第 20.23 条，被寻求或签发的命令针对的个人可以向法院申请命令：

(a) 申请证据开示的一方当事人担保该人的费用和支出；以及

(b) 申请证据开示的一方当事人支付该人的费用和支出，包括：

(i) 支付证据开示和出示的费用和支出；以及 (ii) 遵守根据第 20.23 条

签发的命令的支出。

第 20.26 条—第 20.30 条空白

第 20.3 节 为查阅而出示

第 20.31 条 在诉辩状或宣誓书中出示文件的通知

(1) 一方当事人（第一方当事人）可以向另一方当事人（第二方当事人）送达出示的通知，与表格 39 一致，为查阅第二方当事人提交的诉辩状或宣誓书中提到的任何文件。

(2) 第二方当事人必须，在被送达出示通知后的 4 日内，向第一方当事人送达通知：

(a) 陈述：(i) 在通知送达的 7 日内，文件可被查阅的时间；以及 (ii) 文件可被查阅的地点；或

(b) 陈述：(i) 文件不在第二方当事人的控制下；以及 (ii) 据第二方当事人所知——文件所处的位置及其处于何者控制下；或

(c) 主张文件具有特权并陈述其特权的依据。

(3) 如果第二方当事人不遵守第 (2) 款 (a) 项或 (b) 项，或主张该文件有特权，第一方当事人可以向法院申请出示查阅该文件的命令。

注释："控制"在词典中界定。

第 20.32 条 当事人方出示的命令

(1) 一方当事人（第一方当事人）可以向法院申请命令，另一方当事人（第二方当事人）出示任何包含在第二方当事人的文件清单和在该方当事人控制下的文件的查阅。

(2) 法院可以命令查阅通过电子方式作出。

第 20.33 条 从非当事人方出示的命令

如果非当事人方被要求根据第 20.23 条作出证据开示，但是拒绝或因疏忽而未许可对文件的查阅，申请证据开示的一方当事人可以向法院申请命令，非当事人方出示任何在非当事人方文件的列表和在该方当事人控制下的文件的查阅。

第 20.34 条 为查阅而出示的文件副本

在本节中，如果文件的出示是供一方当事人查阅，基于文件出示方任何合理的条件，则该当事人可以自费复印或扫描该文件。

第20.35条 向法院出示

(1) 一方当事人可以向法院申请命令，另一方当事人向法院出示与程序中的争议相关的，在该方当事人控制下的文件。

(2) 法院可以查阅文件决定出示异议的有效性，包括文件在出示中是否有特权的主张。

第21部分 讯问

第21.01条 讯问的命令

(1) 一方当事人可以向法院申请另一方当事人提供关于讯问的书面回复之命令。

(2) 该申请必须附随附计划讯问内容的宣誓书。

第21.02条 申请可以何时提出

严禁一方当事人根据第21.01条提出申请，直到诉辩状结束的14日后，且如果根据第20.2节命令已被签发，该当事人已经送达文件的清单。

第21.03条 讯问的回复

(1) 被命令回答讯问的一方当事人必须这样做，通过提交：

(a) 与以下一致的书面回复：(i) 表格40；以及 (ii) 第 (3) 款和第 (4) 款；以及

(b) 与第21.04条一致验证回复的宣誓书。

(2) 一方当事人必须送达第 (1) 款提及的文件给已提交送达地址通知的每一方当事人。

(3) 该回复必须阐述每个讯问：

(a) 通过直接回答讯问的实质；或

(b) 通过反对回答基于第 (4) 款提及的讯问且简要地陈述该异议依据的事实。

(4) 一方当事人可以拒绝回答讯问，仅基于以下的一个或多个理由：

(a) 讯问与诉辩状中产生的争议无关；

(b) 讯问是无意义或强制的；

(c) 特权。

注释：法院将在它的命令中规定遵守的时间。

第 21.04 条　验证讯问的书面回复的宣誓书

（1）验证一方当事人对讯问的书面回复的宣誓书必须由以下之一作出：

（a）一方当事人；

（b）如果一方当事人是无民事行为能力人——该人的诉讼代表人；

（c）如果一方当事人是公司或组织——该公司或组织的职位担当人；

（d）如果一方当事人是以团体的名义或任何职位担当人或其他人的名义，合法地起诉或被起诉的团体或群体——团体的成员或职位担当人；

（e）如果一方当事人是以该方当事人的官方资格，起诉或被起诉的政府或政府官员——政府官员。

（2）如果一方当事人是在第（1）款（b）、（c）、（d）或（e）项提及的个人，申请书面回复的一方当事人可以向法院申请命令，规定：

（a）作出宣誓书的个人，通过姓名或其他方式；或

（b）通过提及职位担当人或职位——一方当事人可以从中选择作出宣誓书的个人的群体。

（3）根据第（1）款（b）、（c）、（d）或（e）项作出宣誓书的个人必须知道作出宣誓书的事实。

第 21.05 条　规定了不充分回复的命令

如果一方当事人无法充分回答讯问，申请书面回复的一方当事人可以向法院申请命令：

（a）另一方当事人给出与第 21.04 条一致的由宣誓书验证的充分回复；或

（b）该方当事人，或在第 21.04 条第（1）款（b）、（c）、（d）或（e）项提及的个人，在法庭或登记官面前被口头讯问。

第 21.06 条　作为证据提出的回复

（1）除作出回复的一方当事人外，一方当事人可以提出以下事项作为证据：

（a）讯问的回复，且无须提供其他讯问的回复；或

（b）讯问的部分回复，且无须提供整体回复。

（2）如果一方当事人申请提供：

（a）回复，且非对所有其他讯问的回复；或

（b）讯问回复的部分，且非整体回复；

寻求讯问提交针对的一方当事人可以要求法院：

（c）考虑所有的其他回复或整体回复；以及

（d）拒绝该项提交，除非所有其他回复，或整体回复也被提交。

第21.07条 公共利益

本部分不影响授权或要求拒绝公开基于其披露将会对公共利益造成损害的任何事项的法律的规则。

第22部分 自认

第22.01条 确认事实或文件的通知

一方当事人（第一方当事人）可以向另一方当事人（第二方当事人）送达通知，与表格41一致（确认通知），要求第二方当事人，仅为程序的目的，确认任何事实的真相和在确认通知中规定的任何文件的真实性。

注释："文件的鉴真"在词典中界定。

第22.02条 争议的事实或文件的通知

第二方当事人可以在确认通知送达的14日内，向第一方当事人送达争议的通知，与表格42一致，争议在确认通知规定的任何事实的真相或任何文件的真实性。

第22.03条 如果文件被证明等，争议的当事人支付费用

如果一方当事人根据第22.02条送达争议通知，且在通知中有争议的任何事实的真相或任何文件的真实性被验证，送达争议通知的一方当事人必须支付证明该事实的真相或该文件真实性的费用。

第22.04条 若无争议将视为接受事实或文件

如果第二方当事人未遵循第22.02条送达争议通知，第二方当事人被视为已接受确认通知中规定的事实真相或文件的真实性。

注释：法院可以免除遵守本条——见第1.34条。

第22.05条 视为自认

一方当事人（第一方当事人）被视为已承认任何在另一方当事人的

文件列表中特定的已经被许可查阅的文件的真实性，除非：

（a）该真实性已在第一方当事人的诉辩状或宣誓书中被否认；或

（b）第一方当事人在查阅被许可的 14 日内，已给另一方当事人通知，文件的真实性被否认。

注释：法院可以免除遵守本条——见第 1.34 条。

第 22.06 条　自认的撤回

一方当事人可以向法院申请撤回根据本部分作出的自认。

第 22.07 条　对自认的判决

如果一方当事人作出自认，另一方当事人可以向法院申请任何该方当事人有权自认的判决或命令。

第 23 部分　专家

第 23.1 节　法庭专家

第 23.01 条　法庭专家的聘任

（1）一方当事人可以向法院申请命令：

（a）聘任专家（法庭专家）调查和报告与诉讼中产生的任何问题相关的问题或事实；以及

（b）确定法庭专家的报酬，包括准备专家报告的费用；以及

（c）法庭专家出庭；以及

（d）终止支付法庭专家酬劳的义务。

注释 1："专家"在词典中界定。

注释 2：法院可以作出有关调查和包括执行实验或测试的报告的指示。

注释 3：法院可以根据自身动议签发命令——见第 1.40 条。

（2）如果法院根据第（1）款（b）项签发命令，专家的酬金由当事人共同支付或分别支付。

第 23.02 条　法庭专家的报告

（1）法庭专家必须在被法院确定的时间内向法院提供报告。

注释：登记官应当提供报告的副本给与该问题有利益关系的当事人。

（2）法庭专家的报告必须：

（a）由法庭专家签名；以及

（b）包含法庭专家已经获得专门知识的训练、学习或经历的细节；以及

（c）确认法庭专家被要求阐述的问题；以及

（d）单独列明法庭专家的观点所依据的每个事实性调查结果或假设；以及

（e）单独列明从事实性调查结果或假设中每个法庭专家的观点；以及

（f）列明这些观点的原因；

（g）包含观点全部或实质性基于在（b）项提及的专业知识的承诺。

第23.03条 法庭专家的报告——在庭审中使用

（1）遵守第23.02条的报告将在庭审中被采纳为法庭专家的证据。

注释：《证据法（1995）》第177条就专家报告的提出作出了规定。

（2）一方当事人可以向法院申请命令：

（a）在庭审前或庭审时，交叉询问法庭专家；以及

（b）如果交叉询问在庭审前发生——交叉询问在登记官或询问者面前发生。

注释："询问者"在词典中界定。

第23.04条 其他专家针对问题的报告

与第23.2节规定一致，已经将专家报告的副本发送给对该问题有兴趣的另一方当事人的一方，可以向法院申请许可出示另一个专家对该问题的证据。

注释：该问题在第23.02条提及。

第23.05条—第23.10条空白

第23.2节 当事人的专家证人和专家报告

第23.11条 在庭审中传唤专家证人

一方当事人可以传唤证人在庭审中给出专家证据，仅如果该方当事人已经：

（a）遵守第23.13条的规定发送专家报告给所有其他当事人；以及

（b）以其他方式遵守本节。

注释:"专家"和"专家报告"在词典中界定。

第23.12条 专家行为准则的条文

如果一方当事人意图聘请专家给出专家报告或给出专家证据,该方当事人必须首先作出该专家所有的诉讼实务告示。诉讼实务告示是专家在法庭程序中的行为准则。

注释:任何诉讼实务告示的副本可以从地区登记局获得或从法院的网址(http://www.fedcourt.gov.au)下载。

第23.13条 专家报告的内容

(1) 专家报告必须:

(a) 由准备报告的专家签署;以及

(b) 在报告的开始处包含专家已经阅读、理解和遵守诉讼实务告示的承诺;以及

(c) 包含法庭专家已经获得特定知识的训练、学习或经历的细节;以及

(d) 辨别专家被要求阐述的问题;以及

(e) 单独列明法庭专家的观点所依据的每个事实性的调查结果或假设;以及

(f) 从事实性调查结果或假设中单独列明每个法庭专家的观点;以及

(g) 列明每个专家观点的理由;以及

(ga) 包含专家观点全部或实质性基于在(c)项提及的专业知识的承诺;以及

(h) 与诉讼实务告示一致。

(2) 任何随后的相同专家在相同问题上的专家报告不需要包含第(1)款(b)项和(c)项的信息。

第23.14条 专家报告的申请

一方当事人可以向法院申请命令,另一方当事人提供该方当事人专家报告的副本。

第23.15条 专家证据

如果程序中两个或多个当事方意图传唤专家对类似问题作出意见证据,任何上述当事人可以向法院申请以下一个或多个命令:

(a) 专家协商，在出具专家报告之前或之后；

(b) 专家向法院出示显示专家意见一致或区别之处的文件；

(c) 原始的专家证据限于专家报告的内容；

(d) 所有与任何专家意见相关的事实性证据在专家被传唤作证前被提出；

(e) 在完成（d）项提及的事实性证据时，每个专家就以下内容进行宣誓：(i) 该专家是否遵从先前表述的观点；或（ii) 如果该专家持有一个不同的观点，(A) 该观点；以及（B) 该观点依据的事实性证据。

(f) 专家依次作证；

(g) 专家们同时宣誓，交叉询问和再询问被执行，轮流向每个专家陈述与当时的标的或争议相关的每个问题，直至交叉询问或再询问完成；

(h) 每个专家对另一个专家的意见给出证据；

(i) 专家以任何特定的方式或次序被交叉询问或再询问。

注释1：关于法院可在审判前作出的有关专家报告和专家证据的指示，见本规则第5.04条（表格中条文第14~19项）。

注释2：法院可以免除遵守规则及签发与规则不一致的命令——见第1.34条和第1.35条。

第24部分 传票

第24.1节 许可签发传票

第24.01条 许可签发传票

(1) 传票仅可基于法院的许可签发。

(2) 一方当事人可以向法院申请许可签发传票，不通知任何其他当事人。

注释1："不通知"在词典中界定。

注释2：法院可以许可签发传票：

(a) 一般性传票或特定传票；以及

(b) 视情况而定。

注释3：与根据第（2）款作出的许可一致且根据一方当事人的请求，登记官将签发：

（a）出庭提供证据的传票；或

（b）出示传票或传票的副本以及文件或物品的传票；或

（c）去做上述事项的传票。

第 24.02 条—第 24.10 条空白

第 24.2 节　提供证据和出示文件的传票

注释：本节包含已经与首席法官规则协调委员会会议的意见统一的规则。

第 24.11 条　第 24.2 节的定义

（1）在本节中：

"接收者"是指传票中显示的命令客体。

"签发官员"是指有权为法院签发传票的官员。

"签发当事人"是指根据其请求传票被签发的当事人。

"传票"是指书面的命令，要求接收者：

（a）出庭提供证据；或

（b）出示传票或传票的副本以及文件或物品；或

（c）做如上所有的事情。

（2）要求接收者出庭提供证据的传票被称为"出庭提供证据的传票"。

（3）要求接收者出示传票或传票的副本以及文件或物品的传票被称为"出示传票"。

第 24.12 条　签发传票

（1）法院可以在任何程序中，通过传票命令接收者：

（a）根据传票的指示出庭提供证据；或

（b）根据传票的指示，出示传票或传票的副本以及文件或物品；或

（c）去做上述所有事情。

（2）严禁签发官员签发传票：

（a）如果法院已经签发命令，或有法院规则要求申请的传票：（i）不被签发；或（ii）仅有法院的许可被签发且该许可尚未被作出；或

（b）要求出示在法院或另一个法院监管下的文件或物品。

对（a）项的注释：第 24.1 节规定了向法院申请许可签发传票。

（3）签发官员必须有法院的印章密封，或以其他的方式验证充分数量的送达传票和送达证明的副本。

（4）当传票已盖章或根据第（3）款以其他方式被验证时，视为该传票已被签发。

第24.13条 传票的形式

（1）传票必须与以下一致：

（a）关于提供证据的传票——表格43A；或

（b）关于出示文件的传票——表格43B；

（c）关于提供证据和出示文件的传票——表格43C。

（2）严禁将传票发送给多人。

（3）必须通过姓名、职责或职位的描述验证传票接收者。

（4）出示传票必须：

（a）确认将被出示的文件或物品；以及

（b）规定出示的日期、时间和地点。

（5）出庭提供证据的传票必须规定出庭的日期、时间和地点。

（6）在传票中规定的日期必须是审判的日期或法院许可的其他日期。

（7）在传票中规定的出示地点可以是法院或法院许可授权在程序中取证的个人的地址。

（8）传票送达的最后日期：

（a）是：（i）接收者被要求遵守传票的最早日期之前的5日；或（ii）由法院确定的更早或更晚的日期；以及

（b）必须在传票中规定。

（9）如果接收者是公司，公司必须通过其适当或适格的职位担当人遵守传票。

第24.14条 出庭或出示的日期的变更

（1）签发当事人可以给予接收者通知，在传票中规定的日期或时间之后的日期或时间，作为出庭或出示或两者的日期或时间。

（2）如果通知根据第（1）款被作出，传票有如下效力，在通知出现的日期或时间替代在传票中出现的日期或时间。

第 24.15 条　宣告无效或其他救济

（1）法院可以根据一方当事人或任何有充分利益的个人的申请，宣告传票完全或部分无效，或授予与此相关的其他救济。

（2）根据第（1）款的申请提出时，必须通知签发当事人。

（3）法院可以命令申请者将申请的通知给其他当事人或其他有充分利益的个人。

第 24.16 条　送达

（1）传票必须被亲自送达给接收者。

（2）签发当事人必须在传票被送达给接收者后尽快送达出示传票的副本给每一方当事人。

第 24.17 条　遵守传票

（1）如果在被要求的出庭日前的合理时间，证人出庭补助费还没有被提交或支付给接收者，接收者不需要遵守传票的要求出庭提供证据。

（2）如果传票没有在传票中规定的作为传票送达的最后日期或之前被送达，接收者不需要遵守传票的要求。

（3）尽管存在第 24.16 条第（1）款的规定，如果该接收者在传票送达的最后期限前，对传票及其要求有足够的了解，即使传票未被亲自送达给接收者，接收者也必须遵守传票的要求。

（4）接收者必须遵守出示传票，通过：

（a）在规定的出示日期、时间和地点出庭，以及出示传票或它的副本以及文件或物品给法院或由法院许可被授权在程序中举证的个人；或

（b）向传票中规定地址（若规定多个地址，则任何上述地址）的登记官邮寄或发送传票或它的副本以及文件或物品，以使其在传票中规定的出庭和出示的日期之前的两个工作日内被接收。

（5）若传票既是出庭作证的传票又是出示的传票，以任何第（4）款许可的方法出示传票或它的副本以及文件或物品，不撤销接收者出庭提供证据的义务。

（6）除非传票特别要求出示原始文件，接收者可以出示任何被传票要求出示的文件的副本。

（7）文件的副本可以是：

（a）影印件；或

（b）以签发当事人指示将被接收的电子形式。

（8）签发当事人必须自费：

（a）制作根据第（7）项出示的文件的电子影印版；

（b）在登记官规定的日期内向登记官提交电子影印版。

注释："证人出庭补助费"在词典中界定。

第 24.18 条　出庭以外的出示

（1）本条适用，如果接收者根据第 24.17 条第（4）款（b）项出示文件或物品。

（2）如果被接收者要求，登记官必须向接收者出具该文件或物品的收据。

（3）如果接收者出示多个文件或物品，若登记官要求，接收者必须提供出示的文件或物品的清单。

（4）如果签发当事人同意，接收者可以出示要求出示的文件的副本，而非原件。

（5）接收者可以在出示的时间书面告诉登记官，出示的文件或文件的副本不需归还且可能被损坏。

第 24.19 条　撤销、归还、查阅、复制和处分文件和物品

法院可以给出指示从法院撤销和返还，以及查阅、复制和处分已向法院出示用于回复传票的文件或物品。

第 24.20 条　庭外以其他方式出示的文件和物品的查阅和处分

（1）本条适用，如果接收者根据第 24.17 条出示文件或物品。

（2）登记官必须告知当事人对传票的出示是否已经发生，且如果已经出示，包括在一般开庭期出示的文件和物品的描述。

（3）根据本条，仅当法院已授予许可且查阅与该许可一致时，个人才可以查阅出示的文件或物品。

（4）登记官可以许可当事人在登记局查阅出示的文件或物品，除非接收者、一方当事人或任何有充分利益的个人根据本规则反对查阅。

（5）如果接收者反对程序中的当事人查阅文件或物品，接收者必须在出示之时，书面告知登记官其反对和反对的依据。

（6）如果一方当事人或有充分利益的个人反对文件或物品在程序中被一方当事人查阅，反对者必须书面告知登记官其反对和反对的理由。

（7）在根据本条接收反对通知时，该登记官：

（a）严禁许可对属于异议客体的文件和物品的查阅或进一步查阅；以及

（b）必须转移该异议至法院审理和裁定。

（8）登记官必须告知签发当事人异议和异议将会被审理的日期、时间和地点。

（9）在被登记官根据第（8）款通知后，签发当事人必须通知接收者、反对者和每一个其他当事人异议将被审理的日期、时间和地点。

（10）登记官可以许可出示的文件或物品从登记局撤销，仅依据一方当事人律师签署的书面申请。

（11）根据第（10）款签署申请和从登记局移除文件或物品的律师被视为向法院承诺：

（a）该文件或物品将处于律师或程序中律师推荐的法庭律师的个人保管下；以及

（b）该文件或物品将会以它被移除时和被登记官指示时的相同情况、顺序和包装被返还给登记局。

（12）登记官可以依据第（10）款根据条件授予申请或拒绝授予申请。

第24.21条　返还出示的文件和物品

（1）登记官可以向接收者返还任何因回应传票而出示的文件或物品。

（2）仅当登记官已给予签发当事人至少14日采取上述行为的通知并且上述期间已经期满，登记官可以根据第（1）款返还任何文件或物品。

（3）签发当事人必须在出示的传票的封面附上被送达的接收者、通知和主张，与表格44一致。

（4）接收者必须完成该通知和宣告，且将其附随于根据传票向法院出示的文件的传票或其副本。

（5）在第（6）款的限制下，登记局在程序结束的4个月期满后可以销毁程序中基于传票出示且由接收人宣称是副本的所有文件。

（6）登记官可以销毁如下文件，接收者宣称是副本，文件在诉讼中曾作为物证使用，且在诉讼中（包括任何上诉）已经不再需要。

第 24.22 条　遵守产生的费用

（1）法院可以命令签发当事人支付为遵守传票引起的合理的损失或费用。

（2）如果根据第（1）款命令被签发，法院必须确定数额或指示其根据法院常规程序中的费用确定数额。

（3）根据本条确定的数额独立于以及附加于：

（a）支付给接收者的证人出庭补助费；以及

（b）支付给接收者的证人费用。

第 24.23 条　未遵守传票——藐视法庭罪

（1）没有法定的理由未遵守传票是对法庭的藐视，并且可以对接收者进行相应的处罚。

（2）尽管存在第 24.16 条第（1）款的规定，如果传票没有亲自送达给接收者，但能够证明接收者至传票送达的最后日期对传票及其要求有充分的认识，则可以定接收者藐视法庭罪，正如接收者已经被送达一样。

（3）第（1）款和第（2）款对法院根据所有法院规则及其他规定（包括规定逮捕根据传票未出庭接收者的任何法院规则）实施遵守传票的权力没有损害。

第 24.24 条　法官监管的文件和物品

（1）寻求出示在本法院或另一个法院监管下的文件或物品的一方当事人，可以书面通知登记官辨认该文件或物品。

（2）如果该文件或物品在法院的监管下，登记官必须出示文件或物品：

（a）在法院，或任何由当事人要求的，在程序中被授权举证的任何人；或

（b）根据法院指示。

（3）如果该文件或物品在另一个法院的控制下，该登记官必须：

（a）要求另一个法院发送文件或物品给该登记官；以及

（b）在接收之后，出示该文件或物品：（i）在法院，或任何由当事

人要求的，在程序中被授权举证的任何人；或（ii）根据法院指示。

第 25 部分　和解的要约

第 25.01 条　和解的要约

（1）一方当事人（要约者）可以作出和解要约，通过与表格 45 一致向另一方当事人（受要约者）送达通知。

（2）严禁通知在法院提交。

第 25.02 条　被签署的通知

通知必须由要约者签署。

注释：律师可以做任何该方当事人被要求做的行为或事件——见第 4.02 条。

第 25.03 条　和解要约——内容

（1）通知必须陈述是否：

（a）该要约包含费用；或

（b）费用在该要约之外。

（2）如果该要约涉及资金问题，则该通知可以分别规定代表人以下事项的总额：

（a）主张的要约；以及

（b）权益（如果有）。

第 25.04 条　要约在 28 日内支付

除非该通知另有规定，支付资金的要约，被视为数额将在接受要约后的 28 日内被支付的要约。

第 25.05 条　要约的时机

（1）要约可以在判决被作出之前的任何时间提出。

（2）一方当事人可以提出不止一个要约。

（3）当要约处于被公开接受的时间内时可以对其进行限制，但是限制时间至少从要约提出后的 14 日之后开始。

（4）除非通知另有规定，要约被视为已经被无偏见地提出。

第 25.06 条　不向法院传达要约

（1）诉辩状或宣誓书不得包含要约已经被提出的陈述。

（2）关于要约的存在或条文，不得向法院传达，直到：

（a）该要约被接收；或

（b）判决被作出；或

（c）根据第25.07条、第25.09条或第25.10条，申请被提出。

（3）第（2）款仅当该要约被无偏见地提出时适用。

第25.07条　撤回要约

要约可在它被提出的14日内撤回，仅当：

（a）法院根据要约人的申请，作出许可；或

（b）要约被更有利于受要约人的条款的要约所取代。

第25.08条　接受要约

（1）要约在通知中陈述的开放的时间内被接受，且不得少于要约提出后的14日。

（2）如果关于接收的时间没有在通知中陈述，受要约者可以在判决被给出之前的任何时间接受该要约。

（3）在任何要约开放的时间内，受要约者可以通过接收受理通知书接受要约，与表格46一致。

第25.09条　撤回接受

（1）已经接受关于金钱总额的要约的受要约人，可以撤回该接受，如果：

（a）金钱总额没有被支付，在要约接受的28日内或在要约规定的时间内；以及

（b）法院根据接受要约的一方当事人的申请，作出许可。

（2）根据第（1）款（b）项寻求法院许可的受要约人，也可以寻求命令：

（a）恢复（使得）当事人尽可能接近接受之时程序中每一方当事人的地位；以及

（b）关于程序的进一步执行。

第25.10条　无法遵守要约

在受要约人接受要约后，如果要约者无法遵守要约的条款，受要约者可以向法院申请命令：

(a) 使得接受的要约生效；或

(b) 如果申请者缺席，中止或撤销程序；或

(c) 如果被告人缺席，剔除被告人的辩护；或

(d) 非要约主体的交叉诉讼进行。

第25.11条 多个被告人

（1）第25.10条不适用，如果：

(a) 两个或多个被告人被主张共同地或单独地，对申请人的债务或损害赔偿有责；且

(b) 在被告人之间存在补偿权或豁免的权利。

（2）第25.10条适用，如果：

(a) 由申请者提出的要约——该要约：（i）针对所有被告人制定；且（ii）是针对他们所有人的主张的和解要约；或

(b) 对申请者提出的要约：（i）该要约是针对所有被告人的主张的和解；且（ii）如果该要约由两个或多个被告人制定——被告人提出共同地或单独地，对申请者就要约的总额负责。

第25.12条 要约接受时核定诉讼费用

如果要约不包括受要约人的诉讼费用且受要约人接受要约，受要约人在要约被提出之后的14日内，可以对针对要约人核定诉讼费用。

注释1："当事人"和"当事人之间的费用"在词典中界定。

注释2：关于核定诉讼费用，见第40.2节。

第25.13条 分摊当事人

（1）如果两个或更多当事人（分摊当事人）对可能从分摊当事人追缴的债务或损害赔偿负有分摊责任，则任何上述分摊当事人可以在没有对其他分摊当事人辩护有偏见的情况下，向另一个分摊当事人提出要约，对债务或损害赔偿数额在特定范围内进行分摊。

（2）如果要约由分摊当事人提出（第一个分摊当事人）且未被另一分摊当事人接受，且第一个分摊当事人获得比要约条款更有利的针对另一个分摊当事人的判决，则第一个分摊当事人有权获得命令，要求不接受该要约的分摊当事人支付因第一个分摊当事人引起的费用：

(a) 在要约送达后的第二个工作日早上11点前——当事人和当事人

依据；以及

(b) 在（a）项提及的时间之后——根据豁免依据。

第 25.14 条　要约未被接受的费用

（1）如果要约由被告人提出且未被申请者接受，且该申请者获得比要约条款更为不利的判决：

(a) 申请者无权对要约送达后的第二个工作日早上 11 点后的任何费用主张权利；以及

(b) 被告人有权获得命令，根据豁免依据，申请者支付在该时间后被告人的费用。

（2）如果要约由被告人提出且申请者不合理地无法接受该要约且申请者的程序被撤销，被告人有权获得命令，要求申请者支付被告人费用：

(a) 在要约被送达后的第二个工作日早上 11 点前——当事人和当事人依据；以及

(b) 在（a）项提及的时间之后——根据豁免依据。

（3）如果要约由申请者提出且未被被告人接受，且申请者获得与要约条款更有利的判决，该申请者有权获得命令，要求被告人支付申请者费用：

(a) 在要约送达后的第二个工作日早上 11 点前——当事人和当事人依据；以及

(b) 在（a）项提及的时间之后——根据豁免依据。

注释 1："豁免依据的费用"在词典中界定。

注释 2：法院可以签发与这些规则不一致的命令——见第 1.35 条。

第 26 部分　尽早结束程序

第 26.1 节　简易判决和中止程序

第 26.01 条　简易判决

（1）一方当事人可以向法院申请命令，作出针对另一方当事人的判决，因为：

(a) 该申请者对成功地指控程序或部分程序没有合理的预期；或

(b) 该程序是无意义的或无根据的；或

（c）没有合理的诉因被披露；或

（d）该程序是对法院程序的滥用；或

（e）被告人对于成功地辩护程序或部分程序没有合理的预期。

（2）申请必须附随宣誓书，陈述：

（a）申请的依据；以及

（b）支持上述依据的事实和情况。

（3）至少在该申请审理之前的14日内，该申请以及附随的宣誓书必须被送达给寻求的命令针对的一方当事人。

（4）如果根据第（1）款撤销部分程序的命令被签发，该程序未被该命令处分的部分可以继续进行。

（5）如果根据第（1）款，针对被告人的支持申请人全部或部分主张的判决的命令被签发，对申请者或其他当事人有交叉诉讼主张的被告人可以：

（a）继续针对该申请者或其他当事人起诉交叉诉讼主张；以及

（b）向法院申请命令，中止执行或判决实施，直到被告人的交叉诉讼主张被裁定。

注释：同样见本法第31A条。

第26.02条—第26.10条空白

第26.2节　撤销和停止程序

第26.11条　撤销辩护等

（1）在任何时间，一方当事人可以通过提交通知撤销在当事人的诉辩状中提出的抗辩，与表格47一致。

（2）一方当事人不得在辩护或随后的诉辩状中撤销自认或任何有利于另一方当事人的其他抗辩，除非：

（a）另一方当事人同意；或

（b）法院作出许可。

（3）撤销的通知必须：

（a）陈述撤销的范围；以及

（b）如果同意撤销——由每一个同意的当事方签署。

第 26.12 条　停止程序

（1）寻求救济的一方当事人可以通过提交通知停止全部或部分程序，与表格 48 一致。

（2）该方当事人可以提交停止程序的通知：

（a）没有法院的许可或其他一方当事人的同意：（i）在原初申请中确定的出庭日前的任何时间；或（ii）如果该程序根据诉辩状继续——在诉辩状结束的任何时间；或

（b）反对方当事人的同意——在程序中的判决作出之前；或

（c）有法院的同意——在任何时间。

注释 1：当诉辩状结束，见第 16.12 条。

注释 2：法院可以视情况作出许可，包括费用——见第 1.33 条。

（3）停止的通知必须：

（a）陈述停止的范围；以及

（b）如果停止被同意——由每一方同意的当事人签署。

（4）没有事先获得法院的同意，严禁诉讼代表人或当事人代表停止当事人的主张。

（5）根据《公司法（2001）》第 459P 条或第 461 条第（1）款（a）项，对休庭命令的申请仅基于法院的许可停止。

（6）由一方当事人提交的停止通知不影响程序中的其他当事人。

（7）除非同意的条款或法院的命令另有规定，根据第（2）款提交停止通知的一方当事人有责任支付停止的程序中与全部或部分主张相关的每一个当事人的费用。

第 26.13 条　通知的送达

在合理的情况下，根据第 26.11 条或第 26.12 条提交通知的一方当事人必须给程序中每一个其他当事人送达通知的副本。

第 26.14 条　停止的效力

根据本节的停止不得作为诉因相同或实质相同的程序的抗辩。

注释：法院可以许可一方当事人停止基于与本规则不一致的条款——见第 1.35 条。

第26.15条　中止程序直到费用支付

反对方当事人可以向法院申请命令，随后的程序中止直到费用被支付，如果：

（a）当事人（第一方当事人）停止程序，不管是与全部或部分的救济主张相关；以及

（b）第一方当事人因此有责任支付程序的反对方当事人的费用；以及

（c）在支付上述费用前，根据与停止程序依据的诉因相同或实质相同的诉因，第一方当事人启动另一个针对反对方当事人的程序。

第27部分　程序的转移

第27.1节　澳大利亚家事法院

第27.01条　转移至澳大利亚家事法院

一方当事人可以向法院申请转移程序至澳大利亚家事法院，根据《行政决定（司法审查）法（1977）》《澳大利亚消费法》《破产法（1996）》或《所得税评估法（1936）》。

注释：如果法院签发转移程序至家事法院的命令，该登记官将发送所有提交的文件和所有在程序中签发的命令给家事法院的合适官员。

第27.02条—第27.10条空白

第27.2节　联邦巡回法院

第27.11条　转移至联邦巡回法院

一方当事人可以向法院申请转移至联邦巡回法院：

（a）除上诉外的程序；或

（b）根据《行政上诉裁判庭法》的上诉。

注释1："《行政上诉裁判庭法》"和"程序"在词典中界定。

注释2：法院可以根据自身动议签发命令——见第1.40条。

注释3：关于一方当事人根据《行政上诉裁判庭法》上诉的权利，见《行政上诉裁判庭法》第44条。

第27.12条　考虑的因素

（1）关于根据《行政上诉裁判庭法》的上诉，当事人必须阐述在该

法第44AA条第（7）款提及的事项。

（2）关于程序，当事人必须阐述在本法第32AB条第（6）款提及的事项。

（3）关于根据《行政上诉裁判庭法》或程序的上诉，当事人应当陈述以下：

（a）该上诉或程序是否有可能包含一般重要性的问题；

（b）如果上诉或程序被转移，对当事人是否会更省时间、更省钱；

（c）如果被转移，上诉或程序是否会被更快地裁定；

（d）当事人的意愿。

注释：如果法院签发转移上诉或程序给联邦巡回法院的命令，该登记官将发送所有提交的文件和所有签发的命令给联邦巡回法院的合适官员。

第27.13条　从联邦巡回法院转移

（1）如果联邦巡回法院签发转移程序至法院的命令，申请命令的当事人，或如果命令由联邦巡回法院主动签发，申请者必须在命令中指定的地区登记局提交该命令的副本，或如果没有指定，在该命令签发的州或地区的地区登记局提交该命令的副本。

（2）登记官将通知附于该命令，与表格49一致。

注释：在接收该命令，以及附上通知之时，登记官将给命令分配序列号，正如命令是在登记局提交的原初申请，且给命令附上通知。

（3）提交命令的一方当事人必须送达命令的盖章副本，及已被登记官附上的通知，给澳大利亚联邦巡回法院程序中的每一方当事人：

（a）在该方当事人的送达地址；或

（b）如果该方当事人没有送达地址——亲自。

（4）在命令被提交和通知被附上之后，上述规则适用于程序，如同它在该法院启动。

第27.14条—第27.20条空白

第27.3节　交叉授权

第27.21条　从法院转移程序

一方当事人可以向法院申请程序被转移至另一个法院的命令。

注释1：申请可以根据《法院管辖（交叉授权）法（1987）》提出。

注释 2：如果法院命令程序被转移给另一个法院，登记官将发送提交的每一个文件和在程序中签发的命令给其他法院的合适官员。

第 27.22 条　检察长申请从法院转移程序

如果从法院转移程序的申请是由总检察长、州或地区的总检察长提出，总检察长不会因为该申请而成为与提出的申请有关的程序的一方当事人。

第 27.23 条　转移程序至法院

（1）如果法院签发向该法院转移程序的命令，申请命令的一方当事人必须提交命令的副本给：

（a）在命令中指定的地区登记局；

（b）如果在命令中没有地区登记局被指定——签发命令的州或地区的地区登记局。

（2）登记局将会将通知附于命令，与表格 49 一致。

（3）提交命令的一方当事人必须提交命令的盖章的副本，及已被登记官附加的通知，给已经签发命令转移程序的法院程序中的每个当事人：

（a）在当事人的送达地址；或

（b）如果该方当事人没有送达地址——亲自。

（4）在命令被提交及通知被附于后，上述规则适用于该程序，如同程序自始在该法院启动。

（5）提交命令的一方当事人必须在命令送达和通知附于命令后，且在程序中采取进一步的步骤前，尽快向法院申请与程序的进一步执行相关的指示。

注释：接到命令及附上通知时，登记官将给命令分配序列号，正如该命令是在登记局提交的原初申请。

第 28 部分　替代性纠纷解决

第 28.1 节　一般规定

第 28.01 条　一般规定

在合理可行的情况下，当事人以及法院必须尽快考虑解决纠纷的替代选择，包括调解。如果合适，法院将会帮助实施这些替代性措施。

第 28.02 条　可以寻求的命令

(1) 一方当事人可以向法院申请如下命令：

(a) 经由替代性纠纷解决程序向仲裁者、调解者或某些合适的个人转移全部或部分程序以寻求解决之道；以及

(b) 推迟或中止程序；以及

(c) 仲裁者、调解者或被聘任的个人，在仲裁、调解或替代性纠纷解决程序中向法院作出替代性纠纷解决程序报告。

(2) 在本部分：

"合适的个人"是指根据第 28.02 条第（1）款（a）项已经被聘用的个人。

注释 1："替代性纠纷解决程序"在词典中界定。

注释 2：法院可以主动转移程序至仲裁程序、调解程序或替代性纠纷解决程序——见本法第 53A 条。法院仅能基于当事人的同意转移至仲裁程序——见本法第 53A 条第（1A）款。

第 28.03 条　仲裁、调解以及替代性纠纷解决程序

如果法院命令全部或部分程序或在程序中产生的事项向仲裁者、协调者或合适的个人转移，仲裁、调解或替代性纠纷解决程序必须与本部分被一致执行。

注释：法院可以签发进一步的命令，包括关于调解必须开始和结束的时间的命令。

第 28.04 条　法院可以终止调解或替代性纠纷解决程序

一方当事人可以向法院申请命令：

(a) 终止调解或替代性纠纷解决程序；或

(b) 终止调解者或合适的个人的聘任。

第 28.05 条　当事人可以转移至调解程序、仲裁程序或替代性纠纷解决程序

(1) 在本节，无条款阻止程序的当事人转移程序至：

(a) 仲裁者，与关于仲裁的仲裁协议一致；或

(b) 调解的调解者；或

(c) 执行替代性纠纷解决程序的个人。

（2）如果当事人根据第（1）款转移程序，申请者必须在转移的14日内，向法院申请关于程序的未来管理和执行的指示。

第28.06条—第28.10条空白

第28.2节 仲裁

第28.11条 仲裁者的任命

（1）如果法院签发转移程序或部分程序至仲裁的命令，一方当事人可以向法院申请以下命令之一：

（a）任命个人作为仲裁者；

（b）规定仲裁执行的方式；

（c）规定仲裁完成的时间；

（d）规定仲裁者的费用和费用支付的方式；

（e）规定仲裁者将程序、部分程序或程序中产生的任何事项的报告向法院报告的方式。

注释：仅有当事人同意，转移程序至仲裁者的命令才可以被签发——见本法第53A条。

（2）根据第（1）款（a）项的任命必须附随仲裁者对聘任的书面同意。

第28.12条 诉讼中间申请的申请

下列申请必须通过程序中的诉讼中间申请被提出，该程序是指提交程序至仲裁的命令被签发的程序：

（a）根据本法第53AA条由仲裁者申请；或

（b）根据本法第53AB条第（2）款由当事人申请。

第28.13条 注册的申请

（1）如果程序已经根据第28.02条转移仲裁且仲裁裁决已经作出，仲裁的一方当事人可以向法院申请仲裁者的仲裁裁决被登记的命令。

（2）该申请必须通过程序中的诉讼中间申请被提出，该程序是指提交程序至仲裁的命令被签发的程序。

（3）该申请必须附随：

（a）仲裁裁决的副本；以及

（b）宣誓书陈述：（i）在申请提出的日期，仲裁裁决尚未被遵守的范围；以及（ii）寻求实施仲裁裁决针对的个人通常或最后已知的居所地址或商业地址，或如果该人是公司，最后已知的公司的登记办公室。

（4）如果命令根据第（1）款被签发，该仲裁裁决：

（a）有法院命令的权力和效力；且

（b）根据第39.06条计算累计利益。

（5）可以在没有通知的情况下提出该申请。

注释："没有通知"在词典中界定。

第28.14条　以仲裁裁决的名义申请命令

（1）一方当事人可以以仲裁裁决的名义向法院申请命令，如果：

（a）该事项还未由法院向仲裁者提交；但是

（b）该事项是法院有原始管辖权的事项。

（2）想要根据第（1）款提出申请的一方当事人必须提交原初申请，与表格50一致。

（3）该申请必须附随：

（a）仲裁协议的副本；以及

（b）仲裁裁决的副本；以及

（c）宣誓书陈述：（i）宣告法院有对仲裁裁决客体事项有原始管辖权的理由的事实材料；以及（ii）在申请被提出之日，仲裁裁决还没有被遵守的范围；以及（iii）寻求实施仲裁裁决针对的个人通常或最后已知的居所或商业地址，或如果该人是公司，最后已知的公司的登记办公室。

（4）申请可以被提出没有通知。

注释："没有通知"在词典中界定。

第28.15条—第28.20条空白

第28.3节　调解

第28.21条　调解者的任命

如果提交至调解程序的命令没有任命调解者，登记官将在调解命令被签发后尽快：

（a）任命登记官或其他人作为调解者；以及

（b）给当事人书面的通知，关于：（i）调解者的姓名和地址；以及（ii）调解的时间、日期和地点；以及（iii）当事人为调解的目的必须给予调解者的进一步的文件。

注释：为确定调解的时间和地点，该登记官将：

(a) 与当事人协商；以及

(b) 考虑法院确定调解必须开始或完成或两者兼顾的时间的命令。

第28.22条 调解的执行

调解必须被执行，与法院签发的命令一致。

第28.23条 就部分程序进行调解进行报告

如果仅部分程序是调解命令的客体，调解者将根据调解的结论，向法院报告当事人之间同意的条款。

第28.24条 调解的终止——调解者倡议

如果调解者认为调解不应当继续，调解者必须：

(a) 终止调解；以及

(b) 向法院报告该调解的结果。

第28.25条 调解协议

如果当事人在调解中达成协议，当事人可以提交同意命令，与第39.11条一致。

第28.26条—第28.30条空白

第28.4节 替代性纠纷解决程序

第28.31条 执行替代性纠纷解决程序的个人的任命

如果提交至替代性纠纷解决程序的未任命合适的个人，该登记官将在替代性纠纷解决程序的命令签发之后尽快：

(a) 任命登记官或其他人执行替代性纠纷解决程序；以及

(b) 给当事人书面的通知，关于：(i) 该人的姓名和地址；以及 (ii) 替代性纠纷解决程序的时间、日期和地点；以及 (iii) 当事人为替代性纠纷解决程序必须给予该人的进一步的文件。

注释1："合适的个人"在第28.02条第（2）款中界定。

注释2：为确定替代性纠纷解决程序的时间和日期，登记官将：

(a) 与当事人协商；以及

(b) 考虑法院确定替代性纠纷解决程序必须开始或结束或两者兼顾的时间的命令。

第 28.32 条　执行替代性纠纷解决程序

替代性纠纷解决程序必须被执行,与法院签发的命令一致。

第 28.33 条　就部分程序进行替代性纠纷解决进行报告

如果仅部分程序是替代性纠纷解决程序命令的客体,执行替代性纠纷解决程序的个人可以根据替代性纠纷解决程序的结论,向法院报告当事人同意的条款。

第 28.34 条　替代性纠纷解决程序的终止

如果执行替代性纠纷解决程序的个人认为替代性纠纷解决程序不应当继续,该人必须,根据法院的命令:

(a) 终止替代性纠纷解决程序;以及

(b) 向法院报告替代性纠纷解决程序的结果。

第 28.35 条　替代性纠纷解决程序的协议

如果当事人在替代性纠纷解决程序中达成协议,当事人必须提交同意命令,与第 39.11 条一致。

第 28.36—28.40 条空白

第 28.5 节　国际仲裁

第 28.41 条　第 28.5 节的定义

(1) 在本节中:

"《国际仲裁法》"是指《国际仲裁法(1974)》。

"《示范法》"是指由联合国国际贸易法委员会在 1985 年 6 月 21 日采纳的《国际商事仲裁示范法》,以及由联合国国际贸易法委员会在 2006 年 7 月 7 日修正,其英文版本在《国际仲裁法》附录 2 被列出。

"仲裁程序当事人"是指《国际仲裁法》适用的国际仲裁程序的当事人。

(2) 除非出现相反的意图,否则在本节使用的表述与《国际仲裁法》中有相同的含义。

第 28.42 条　本节的适用

仲裁程序当事人必须遵守:

(a) 本节;以及

(b) 其他与本节相关的和一致的规则。

第 28.43 条　仲裁中止的申请

（1）想要根据《国际仲裁法》第 7 条中止全部或部分程序的命令的仲裁协议的当事人，必须提交原初申请，与表格 51 一致。

（2）原初申请必须附随：

（a）仲裁协议的副本；以及

（b）陈述救济主张依据的事实性材料的宣誓书。

第 28.44 条　实施外国仲裁裁决

（1）根据《国际仲裁法》第 8 条第（3）款想要实施外国仲裁裁决的个人，必须提交原初申请，与表格 52 一致。

（2）原初申请必须附随：

（a）《国际仲裁法》第 9 条提及的文件；以及

（b）宣誓书陈述：（i）在申请被提出之日，外国仲裁裁决尚未被遵守的范围；以及（ii）关于寻求实施外国仲裁裁决针对的个人通常或最后已知的居住地址或商业地址，或如果该人是公司，最后已知的公司的登记办公室。

（3）可以在没有通知任何人的情况下提出申请。

注释："没有通知"在词典中界定。

第 28.45 条　根据《示范法》申请救济

（1）根据《示范法》第 11 条第（3）款、第 11 条第（4）款、第 13 条第（3）款、第 14 条、第 16 条第（3）款、第 17H 条第（3）款、第 17I 条、第 17J 条、第 27 条或第 34 条想要获得救助的一方当事人，必须提交原初申请，与表格 53 一致。

（2）申请必须附随宣誓书，陈述救济主张依据的重要事实。

第 28.46 条　对第 28.5 节的传票

（1）想要法院根据《国际仲裁法》第 23 条第（3）款签发传票的仲裁程序的一方当事人（签发当事人）必须提交申请，与表格 54 一致。

（2）申请必须附随：

（a）与第（3）款一致的传票；以及

（b）宣誓书陈述以下：（i）仲裁程序的当事人；（ii）执行仲裁程序的仲裁者的姓名；（iii）仲裁程序被执行的地点；（iv）仲裁程序的性质；

(v) 由仲裁裁判庭作出的对申请许可的条款；(vi) 被支付给接收者的证人出庭补助费（如果合适）；(vii) 支付给接收者的证人费用。

(3) 关于第（2）款（a）项，起草的传票必须与下列一致：

(a) 关于在仲裁裁判庭前出庭讯问的传票——表格55A；或

(b) 关于向仲裁裁判庭出示在传票中提及的文件的传票——表格55B；或

(c) 关于出庭询问和出示文件的传票——表格55C。

(4) 法院可以：

(a) 确定接收者为遵守传票要求可能发生的合理的损失和费用的数额；以及

(b) 指示由签发当事人向接收者支付的数额，在接收者遵守传票要求之前或之后。

(5) 根据第（4）款确定的数额，是附加于根据第（2）款（b）项应该支付的证人出庭补助费或证人费用。

第28.47条　根据《国际仲裁法》第23A条的申请

(1) 根据《国际仲裁法》第23A条第（3）款想要申请命令的仲裁程序的当事人，必须提交：

(a) 如果与仲裁程序相关的程序还没有开始——原初申请，与表格56一致；或

(b) 如果与仲裁程序相关的程序已经开始——在该程序中的诉讼中间申请。

(2) 根据第（1）款的申请必须附随宣誓书，陈述以下：

(a) 寻求的命令针对的个人；

(b) 寻求的命令；

(c) 第23A条第（1）款依赖的依据；

(d) 由裁判审判庭作出的申请许可条款；

(e) 签发命令依赖的重要事实。

第28.48条　根据《国际仲裁法》第23F条或第23G条的申请

(1) 根据《国际仲裁法》第23F条或第23G条在仲裁程序中想要申请命令的一方当事人必须提交：

（a）如果与仲裁程序相关的程序尚未开始——原初申请，与表格57一致；

（b）如果与仲裁程序相关的程序已经开始——该程序中的诉讼中间申请。

（2）根据第（1）款的申请必须附随宣誓书，陈述以下：

（a）寻求的命令针对的个人；

（b）寻求的命令；

（c）签发命令所依赖的重要事实；

（d）下列之一：（i）如果申请是针对第23F条提出——仲裁裁判庭许可信息披露的命令的条款和签发命令的日期；或（ii）如果该申请是根据第23G条提出：（A）裁判庭命令终止的日期；以及（B）向裁判庭提出的披露秘密信息请求的条款和提出请求的日期；以及（C）仲裁裁判庭拒绝签发命令的条款和拒绝被提出的日期。

第28.49条　仲裁裁决的认可

（1）想要根据《国际仲裁法》第35条第（4）款实施仲裁裁决的仲裁程序的一方当事人必须提交原初申请，与表格58一致。

注释："仲裁裁决"在《国际仲裁法》第31条第（1）款中界定。

（2）申请必须附随宣誓书，陈述：

（a）在申请被提出的日期，仲裁裁决尚未被遵守的范围；以及

（b）关于寻求实施仲裁裁决针对的个人通常或最后已知的居住或商业地址，或如果该人是公司，最后已知的公司的登记办公室。

（3）申请可以没有通知被提出。

注释："没有通知"在词典中界定。

第28.50条　非英文的文件

本节适用的想要依赖非英文文件的程序的当事人，必须提交经认证的文件的英文翻译给法院和程序中的其他当事人。

注释：《国际仲裁法》第9条也规定了《国际仲裁法》第2部分适用的程序中仲裁裁决和仲裁协议的翻译。

第28.51条—第28.60条空白

第28.6节　由法院提交给仲裁员

第28.61条　提交的命令

（1）一方当事人可以根据本法第54A条向法院申请命令，提交下列事项给一个或多个仲裁员用于询问和报告：

（a）法院中的程序；

（b）在程序中产生的一个或多个问题或争议，不管关于事实或法律或两者兼有，以及不管是由辩诉状、当事人的协议或其他产生。

（2）根据本法第54A条已经被提交事项的仲裁员必须，在报告中给出特定事项中该仲裁员的观点。

（3）如果法院对仲裁员给出观点规定了时间，该仲裁员必须在规定的时间内提出观点。

注释：法院可以针对仲裁员的报酬作出指示。

第28.62条　仲裁员的聘任

法院可以聘任其认为合适的个人作为：

（a）仲裁员；或

（b）高级仲裁员。

第28.63条　两个或多个仲裁员

（1）高级仲裁员的决定将适用，如果：

（a）法院聘任两个仲裁员；以及

（b）两个仲裁员不能在询问中对作出的决定达成一致意见。

（2）如果法院聘任三个或更多的仲裁员：

（a）关于在询问中作出的决定，大多数的决定适用；或

（b）如果没有大多数——高级仲裁员的决定适用。

第28.64条　酬劳的保障

一方当事人可以向法院申请另一方当事人保障仲裁员的酬劳的命令。

第28.65条　进行询问

（1）在询问已经开始之前或之后，一方当事人可以向法院申请：

（a）关于如下事项的指示：(i)该询问应当如何执行；或(ii)在询问中产生的任何事项；或

（b）授权仲裁员为根据第24.2节签发的传票的目的举证。

（2）仲裁员必须执行询问，与法院作出的指示一致。

（3）如果法院还没有作出关于询问应当如何执行的指示，仲裁员可以以仲裁员认为合适的方式执行指示。

（4）仲裁员在询问中不受证据规则的约束，但可以仲裁员认为合适的任何方式被通知。

（5）询问中仲裁员掌握的证据：

（a）可以被口头或书面作出；以及

（b）如果法院要求，必须以如下方式被作出：（i）通过宣誓或郑重声明；或（ii）通过宣誓书。

（6）仲裁员可以促成在询问中举证的证人的宣誓或郑重声明。

（7）询问的每一方当事人必须在执行询问的仲裁员确定的时间前，向如下个人给出事实的调查结果和当事人主张的法律的简短陈述：

（a）仲裁员；以及

（b）询问的其他当事人。

（8）询问的一方当事人必须：

（a）做所有仲裁员要求一方当事人做的使得仲裁员能够形成关于该事项观点的事情；以及

（b）不能有意做任何延迟或阻止仲裁员形成观点的行为。

第 28.66 条　报告

仲裁员必须给法院书面的报告，关于向仲裁员提交的如下事项：

（a）已经将它附于当事人根据第 28.65 条第（7）款作出的陈述；以及

（b）列明仲裁员在该事项上的观点；以及

（c）列明支持仲裁员观点的理由。

注释：法院在收到报告时，应当将报告发送给当事人。

第 28.67 条　报告的程序

（1）在报告被作出后，一方当事人可以根据申请，要求法院做以下事项：

（a）采纳、变更或拒绝报告的整体或部分；

（b）要求仲裁员提供进一步的报告予以解释；

(c) 依据任何理由,通过仲裁员进一步的考虑,免除向仲裁员提交的要求询问和报告的整体或部分事项;

(d) 判断仲裁员所掌握证据的任何事项,无论是否有进一步的证据;

(e) 就程序或问题,作出判决或签发命令。

(2) 一方当事人严禁将询问中的证据在法庭举出。

第29部分　证据

第29.1节　宣誓书

第29.01条　宣誓或声明宣誓书的时间

可以在程序开始之前或之后对宣誓书进行宣誓或声明。

注释1:《证据法(1995)》第21条和第23条许可程序中的证人选择是否宣誓或郑重声明。

注释2:本法第45条规定在其前面可以作出宣誓书的个人。同样见《证据法(1995)》第186条。

第29.02条　宣誓书的形式

(1) 宣誓书必须遵守表格59且以第一人称制定。

(2) 第一个可视页面(第一页、封面页或第一个封面页)必须陈述:

(a) 证人的描述;以及

(b) 宣誓书被宣誓的日期。

注释:"描述"在词典中被界定。

(3) 宣誓书必须被划分为有编号的段落,以及根据可行性的程度,每个段落必须处理单独的主题。

(4) 附随宣誓书的文件必须附于宣誓书,除非文件是:

(a) 原件;或

(b) 不能附加的内容。

(5) 如果第(4)款(a)项或(b)项适用,文件必须被作为物证。

(6) 每个页面,包括每个副本,必须清晰地、连续地从1开始标号。

(7) 宣誓书(但不是任何副本)的每一页必须由证人(除了因为身体残疾无法签署的证人)签名以及在该人面前宣誓。

(8) 每一个副本和物证必须在它第一页通过与宣誓书相同方式命名

的证明书和证名人姓名首字母且附有数字（第一个副本或证据从 1 开始）被辨认。

（9）副本和物证必须被连续标号。

（10）由相同证人宣誓的，在任何之后的宣誓书没有附随的附录和物证，可以复制先前的附录或证据的号码。

（11）宣誓书的每一个物证必须由在面前作出宣誓书的个人在证据的第一页签署。

第 29.03 条　宣誓书的内容

（1）宣誓书不得：

（a）包含诽谤的材料；或

（b）包含无意义或无根据的材料；或

（c）含糊其辞或模棱两可；或

（d）是法院程序的滥用。

（2）如果宣誓书包含第（1）款提及的任何材料，一方当事人可以向法院申请命令，将全部或部分宣誓书从法院的档案中移除。

第 29.04 条　由残疾人宣誓或确认宣誓书

（1）如果证人是文盲，在其面前作出宣誓书的个人，必须在宣誓书结尾验证，宣誓书已向证人阅读，在该人在场时。

（2）如果证人是盲人，在其面前作出宣誓书的个人，必须在宣誓书结尾验证，宣誓书已向证人阅读，在该人在场时。

（3）第（2）款不适用，如果该证人：

（a）已经阅读过宣誓书，通过有屏幕阅读器、文本到语音软件或盲文显示器的电脑；以及

（b）在宣誓书中包含陈述，该证人：（i）是盲人；以及（ii）已经阅读宣誓书；以及（iii）规定它被阅读的方式。

（4）如果该证人是因为身体残疾而无法签署宣誓书，在其面前作出宣誓书的个人，必须在宣誓书结尾验证，该证人签署证人宣誓的宣誓书。

（5）如果宣誓书由下列人员制定：

（a）文盲证人以及不包括与第（1）款一致的证明书；或

（b）盲人证人以及不包括：（i）与第（2）款一致的证明书；或

(ii) 与第（3）款一致的证明书；

宣誓书可以被使用，仅如果寻求使用宣誓书的一方当事人使得法院确信，宣誓书已经向证人阅读。

第29.05条 物证和附件的送达

物证或附加于宣誓书的文件副本必须与宣誓书一起被送达。

第29.06条 违规的形式

可以接受违规形式的宣誓书。

第29.07条 未提交的或违规形式的宣誓书的使用

一方当事人必须向法院申请许可使用还没有被提交或已经被提交但采用违规形式的宣誓书。

第29.08条 宣誓书的送达

在使用它的机会产生之前的至少3日前，意图使用宣誓书的一方当事人必须将它送达给其他每一个有利益关系的当事人。

第29.09条 对证人的交叉询问

（1）一方当事人可以作出通知，要求作出宣誓书的个人出庭接受交叉询问。

（2）根据第（1）款的通知必须送达给提交宣誓书或申请使用它的一方当事人。

（3）如果根据第（1）款被要求出庭的个人无法这样做，该人的宣誓书不得被使用。

注释：法院可以免除遵守规则——见第1.34条。

（4）如果作出宣誓书的个人被交叉询问，使用宣誓书的该方当事人可以再询问该人。

第29.10条空白

第29.2节 在澳大利亚或国外授权获取证据

第29.11条 证人询问的命令

（1）一方当事人可以向法院申请关于如下事项的命令：

（a）在澳大利亚或澳大利亚之外其他任何地方，在法官或由法院聘任作为询问者的个人面前，对作出宣誓或郑重声明的个人进行询问；或

（b）向另一个国家的司法机构发送或签发请求协查证据函，获取个

人的证据。

（2）根据第（1）款寻求命令的一方当事人必须与该申请一起，提交如下命令的请求：

（a）询问；以及

（b）询问者的聘任；以及

（c）请求协查证据函。

注释："询问者"在词典中界定。

第29.12条 请求协查证据函

（1）根据《外国证据法（1994）》第7条第（1）款（b）项或（c）项签发发送或签发请求协查证据函命令时，获得命令的一方当事人必须向登记官提交：

（a）合适的请求协查证据函的形式；以及

（b）附随请求协查证据函的询问（如果有）和交叉询问（如果有）；以及

（c）如果英语不是即将发送的请求协查证据函的司法机构所在国家的官方语言——对在（a）项和（b）项提及的每个文件基于证据获取地国家官方语方的翻译。

（d）获得命令的一方当事人或一方当事人的律师保证：（i）承担由法院，或法院要求下的任何人，因请求协查证据函引起的所有费用；以及（ii）在被给予上述费用数额的通知时——向登记官支付该数额。

注释：如果费用没有被支付，根据第29.22条第（4）款命令可以被签发。

（2）根据第（1）款（c）项提交的翻译必须由作出它的个人证明是正确的翻译，以及该证明书必须陈述该人的全名、地址以及作出翻译的资格。

第29.13条 根据《外国证据法（1994）》第7条第（1）款（a）项或（b）项的命令的程序

如果命令根据《外国证据法（1994）》第7条第（1）款（a）项或（b）项被签发，第29.14条至第29.22条适用，但需有任何必要的变更，且遵从法院依据该法第8条第（1）款作出的任何指示。

第29.14条 向询问者提供的文件

根据《外国证据法（1994）》第7条第（1）款（a）项或（b）项在获得询问命令的一方当事人，必须给予询问者诉讼中的文件副本，上述文件副本对于询问者知晓询问相关的问题是必需的。

第29.15条 询问的指定

（1）询问者必须：

（a）指定询问的地点和时间；以及

（b）将指定的地点和时间的通知给获得命令的一方当事人。

（2）指定询问的时间必须在询问命令签发之后不久。

（3）一方当事人必须不迟于指定时间3日之前，将指定通知给每一个其他当事人。

第29.16条 询问的执行

（1）询问者必须许可每一方当事人和代表当事人的每个律师出席询问。

（2）询问者必须与法院程序一致执行询问。

（3）被询问的个人可以被交叉询问和再询问。

（4）对个人的询问、交叉询问和再询问，必须以与庭审一样的方式被执行。

（5）询问者可以向被询问者提出任何问题，关于：

（a）由该人作出的任何回复的含义；或

（b）在询问过程中产生的任何事项。

（6）无论何时何地，询问者都可以中止询问。

第29.17条 其他个人的询问

（1）经过程序每一方当事人的书面同意，询问者可以询问任何人，除了在询问的命令中指定和规定的人。

（2）如果询问者根据第（1）款询问个人，询问者必须在该人的证言证据书中附上每一方当事人的同意。

第29.18条 异议

如果在询问中，被询问的个人反对回答问题或出示文件或物品：

（a）该询问者必须向当事人陈述该询问者的观点，但是不得决定异

议依据的有效性；以及

（b）以下信息必须在该人的证言证据书中被列明：（i）异议的问题；（ii）异议的理由；（iii）询问者的观点；（iv）该人对问题（如果有）的回复；以及

（c）法院可以决定异议依据的有效性；以及

（d）如果法官决定不支持作出异议的个人和任何当事人，该法院可以命令该人或该当事人支付因异议产生的费用。

第29.19条 获取证言

（1）被询问的个人的证言必须由询问者或参加询问的某些其他人记录。

（2）证言必须包括，尽可能精确的陈述、询问的问题以及被询问的个人回复的记录。

第29.20条 鉴真和提交

（1）被询问的个人的证言必须提供给该人阅读。

（2）如果任何一方当事人要求，询问者必须让被询问的个人签署该人的证言。

（3）询问者必须通过签名确认证言。

（4）询问者必须在证言中作出或附加由在询问时是询问者的签名的注释，以及被询问的询问者接收的费用。

（5）询问者必须发送证言给登记官以备存档。

（6）询问者必须向登记官发送所有物证。

第29.21条 特殊的报告

（1）询问者可以给法院询问的特殊报告，有关询问中缺席的个人，或任何人在询问中的行为。

（2）法院可以根据法院认为合适的报告，指示将被采取的程序，或签发任何命令。

第29.22条 证人的缺席

（1）如果个人已经被传票要求在询问者面前出现，以及该人拒绝根据询问的目的宣誓或回答任何法律问题，或出示任何文件或物品，在任何当事人的请求下，该询问者必须给予该方当事人由询问者签署的拒绝的证明书。

（2）要求证明书的一方当事人必须提交证明书。

（3）已经提交证明书的一方当事人可以向法院申请命令，关于：

（a）该人回答问题或出示文件或物品；以及

（b）该人支付因其拒绝产生的费用。

（4）如果一方当事人或一方当事人的律师，根据第29.12条第（1）款（d）项（ii）给出保证，以及没有在被发送与请求有关产生的费用的账单的14日内，向登记官支付费用的总额，法院可以没有通知发布命令：

（a）在特定的时间内向登记官支付费用的总额；以及

（b）程序被中止，根据它与当事人救助主张整体或部分相关的范围，直到费用的总额被支付。

注释："没有通知"在词典中界定。

第29.23条 未来的权利或主张的证据

（1）如果个人主张在未来事件发生时，对任何财产或职位有权，该人可以向法院申请命令，采纳和保留对确立权利或主张是实质性的证据。

（2）根据第（1）款提及的申请必须通过提交原初申请被提出，与表格60一致。

（3）申请的被告人，是宣称的权利或提出的主张针对的个人。

（4）如果该申请是关于政府可以有权益的任何事项或物品，总检察长可以作为被告人。

（5）如果总检察长根据第（4）款作为被告人，其在程序中作出的证言可以在其他程序中采用，尽管政府不是为未来的权利或主张获得证据的程序的一方当事人。

（6）法院可以在关于未来权利或主张获取证据的程序中采纳证据，或根据第29.11条聘任询问者。

第30部分 听审审理

第30.1节 对多个问题的分开决定

第30.01条 对分开审判的申请

（1）一方当事人可以向法院申请在该程序中产生的某个问题同其他

问题分开审理。

（2）该申请必须在审判程序确定的日期前作出。

注释1：法院可以命令一方当事人陈述要求裁决的案件和问题。

注释2：法院将作出对问题的分开审理必要的任何指示。

第30.02条 分开审理后对程序的处理

如果问题的裁定实质地免除该程序，或导致该程序进一步的审理不必要，一方当事人可以向法院申请，关于：

（a）判决；或

（b）撤销全部或部分程序的命令。

第30.03条—第30.10条空白

第30.2节 合并

第30.11条 在审判前合并程序

如果在法院中有多个程序待决，以及程序：

（a）包含某些法律或事实的共同问题；或

（b）是从同样的事务或系列事务中产生的主张之客体；

任何程序的当事人可以向法院申请命令，该程序：

（c）合并；或

（d）一起审理；或

（e）在一个之后马上审理；或

（f）中止直到其他程序作出决定。

第30.12条—第30.20条空白

第30.3节 审判

第30.21条 审判时一方当事人不在场

（1）在被传唤审判时，如果一方当事人缺席，另一方当事人可以向法院申请命令：

（a）如果缺席当事人是申请者：（i）撤销申请；或（ii）中止申请；或（iii）审判继续进行，仅当特定步骤被采取；或

（b）如果缺席的当事人是被告人：（i）一般性或与该申请的特定部分相关的审理继续；或（ii）中止审理；或（iii）审判继续进行，特定步

骤被采取；或

（2）如果审判在一方当事人缺席的情况下进行，在审判结论的命令被签发时，缺席的一方当事人可以向法院申请命令：

（a）宣告无效或变更命令；以及

（b）程序的进一步执行。

第30.22条 没有任何一方当事人出庭

如果在被传唤审判时没有当事人出庭，法院可以：

（a）中止程序至特定或一般性的日期；或

（b）命令程序被撤销。

第30.23条 审判的限制

一方当事人可以向法院申请命令，在审判之前或审判时：

（a）限制询问、交叉询问或再询问证人的时间；或

（b）限制一方当事人可以传唤的证人的数量（包括专家证人）；或

（c）限制在作出任何口头的提交时可以花费的时间；或

（d）限制在展示一方当事人的案件中可以花费的时间；或

（e）限制审理可以花费的时间；或

（f）限制一方当事人可以提交作为证据的文件的数量；或

（g）所有或提交的任何部分使用书面形式；或

（h）限制书面意见书的长度。

注释：关于其他指示，见第5.04条。

第30.24条 判决前死亡

如果一方当事人在庭审结束前死亡，法院可以继续进行诉讼程序作出判决，以及签发判决开始的命令。

第30.25条 其他程序中的证据

一方当事人可以向法院申请阅读在另一个程序中举出的证据。

注释：证据包括在另一个程序中提交的宣誓书。

第30.26条 计划、照片和模型

如果一方当事人想要在程序中提交计划、照片或模型，该方当事人必须确保在审判或审理开始前至少7日内其他当事人能够查阅该文件并没有反对证据而接受该文件。

第 30.27 条　当事人同意

（1）如果文件就下列事项进行主张，则其是同意证据：

（a）包含以下个人的书面同意：（i）无民事行为能力人的诉讼代表人；或（ii）信托人；或（iii）接收者；或（iv）法院聘任的其他职位人员；以及

（b）根据第（2）款被执行。

（2）根据第（1）款，文件被充分地执行：

（a）如果同意的个人不是公司——文件由同意的个人签署且签名被另一人验证；或

（b）如果同意的个人是公司——文件与《公司法（2001）》第 127 条一致被执行。

注释："诉讼代表人"和"无民事行为能力人"在词典中界定。

第 30.28 条　出示通知

（1）一方当事人可以向另一方当事人送达通知，与表格 61 一致，要求被送达的一方当事人出示在该方当事人控制下的文件或物品：

（a）在程序中的任何审判或审理；或

（b）在登记官或询问者或其他有权在程序中取证的个人的任何审理。

（2）如果根据第（1）款被要求出示的文件或物品没有被出示，送达通知的一方当事人可以出示该文件或物品内容或性质的第二手证据。

（3）如果根据第（1）款的通知规定出示的日期，以及在该日之前 5 日或更多日被送达，被送达通知的一方当事人必须出示与通知一致的文件或物品，不需要出示传票。

注释：无法根据第（1）款遵守通知的一方当事人，对因无法遵守而产生的费用承担责任。

第 30.29 条　意图举出先前陈述证据的通知

意图出示先前陈述的证据的通知，根据《证据法（1995）》第 67 条：

（a）必须与表格 62 一致；以及

（b）可附上列明先前陈述证据的宣誓书。

注释：法院可以免除遵守规则——见第 1.34 条。

第 30.30 条　如果作出者在场，反对举出传闻证据的通知

对举出传闻证据异议的通知，如果作出者在场，根据《证据法（1995）》第 68 条，必须与表格 63 一致。

注释：法院可以免除遵守规则——见第 1.34 条。

第 30.31 条　意图举出倾向证据的通知

意图举出倾向证据的通知，根据《证据法（1995）》第 97 条第（1）款，必须与表格 64 一致。

注释：法院可以免除遵守规则——见第 1.34 条。

第 30.32 条　意图举出巧合证据的通知

意图举出巧合证据的通知，根据《证据法（1995）》第 98 条第（1）款，必须与表格 65 一致。

注释：法院可以免除遵守规则——见第 1.34 条。

第 30.33 条　处于合法监管中的当事人

如果一方当事人或证人处于合法监管中，法院可以签发命令：

(a) 一方当事人或证人出庭；以及

(b) 当事人或证人的持续监管。

第 30.34 条　出庭和出示

(1) 在程序听审中，包括程序审判中，一方当事人可以向法院申请命令，要求任何人在法院出庭，登记官、询问者、裁判者，或其他授权举证的个人：

(a) 接受询问；或

(b) 由该人出示在命令中规定的任何文件或物品。

(2) 根据第（1）款的命令可以被签发，即便因该命令被要求出庭的个人也因传票被要求出庭。

第 30.35 条—第 30.40 条空白

第 30.4 节　损害赔偿的评估

第 30.41 条　由登记官计算损害赔偿数额的命令

(1) 申请者可以向法院申请命令，由登记官计算损害赔偿数额，如果：

(a) 被告人承认申请者主张的责任，但是否认主张的损害赔偿范围；或

(b) 法院裁决当事人有义务支付损害赔偿。

(2) 一方当事人可以向根据第（1）款计算损害赔偿的登记官申请命令，强制证人出庭和通过传票要求出示文件。

(3) 登记官将计算损害赔偿的数额和作出损害赔偿的数额的证明书给每一方当事人。

注释：法院可以根据本条签发命令，如果法院确信损害赔偿的数额本质上是计算问题。

第 30.42 条　对计算异议的通知

想对登记官的证明书作出反对的当事人必须在收到该登记官的证明书的 7 日内：

(a) 给登记官反对该证明书的通知；以及

(b) 给每一个其他当事人送达通知的副本。

注释：如果登记官收到通知，登记官将通知的副本和登记官的证明书一起交至法院并通知当事人。

第 30.43 条　如果通知被作出的程序

根据第 30.42 条已经作出通知的一方当事人，在给出通知后的 21 日内，向法院申请命令，该法院评估支付的损害赔偿的数额。

第 30.44 条　如果通知未被作出的程序

如果根据第 30.42 条没有通知被作出，对登记官计算的损害赔偿的判决有请示权的一方当事人，可以向法院申请：

(a) 对登记官的证明书的判决；以及

(b) 其他任何相应的命令。

注释 1：如果没有通知被接收，登记官将把该登记官的证明书给法院以及通知当事人该证明书已经被提供给法院。

注释 2：一方当事人可以寻求包含在仲裁裁决中的判决前收益——见本法第 51A 条。该方当事人也可以申请费用。

第 30.45 条—第 30.50 条空白

第 30.5 节　账目

第 30.51 条　作出账目的命令

已经主张账目或提出包含账目的主张的当事人，可以向法院申请命令：

(a) 账目已经被作出；以及

(b) 作出账目或证明账目的方式；以及

(c) 相关账目的账册作为包含在其中的事项的证据；以及

(d) 账目中证实的任何应由当事人支付给其他当事人的数额。

第 30.52 条　账目的形式和提交

会计当事人必须：

(a) 连续地在每一个账目标号；以及

(b) 提交被展示的验证账目的宣誓书。

第 30.53 条　账目中另外的费用或错误的通知

(1) 如果一方当事人寻求对会计当事人索要没有在会计当事人的账目中提及的数额，该方当事人必须给会计当事人索要的通知。

(2) 根据当事人能力的范围，该通知必须陈述，一方当事人索要的数额和该数额的简要细节。

(3) 如果一方当事人主张在会计当事人的账目中的条目包含错误，该方当事人必须给会计当事人主张的通知和主张的依据。

第 30.54 条　规定延误的命令

如果对账目的起诉、调查或根据命令的其他事项有延误，一方当事人可以向法院申请命令：

(a) 中止或加速程序；或

(b) 关于程序的未来执行。

第 30.55 条　向登记官提起的账目或询问的命令

(1) 一方当事人可以向法院申请命令，登记官根据本节作出账目或进行询问。

(2) 如果法院根据第（1）款签发命令，登记官将作出账目或进行询问以及给每一方当事人证明书，陈述：

(a) 给任何当事人的费用；以及

(b) 有责任支付该数额的个人。

第 30.56 条　反对证明书的通知

想要反对登记官证明书的一方当事人，必须在收到登记官的证明书之后的 7 日内：

(a) 给登记官反对证明书的通知；以及

(b) 向每一方其他当事人送达通知的副本。

注释：如果登记官收到通知，登记官将通知的副本和登记官的证明书一起交至法院并通知当事人。

第 30.57 条 作出通知情况下的程序

根据第 30.56 条已经给出通知的一方当事人必须在给出通知后的 12 日内向法院申请命令，要求法院作出账目或进行询问。

第 30.58 条 未作出通知情况下的程序

如果根据第 30.56 条没有通知被作出，会计当事人可以向法院申请：

(a) 对登记官证明书的判决；以及

(b) 其他任何相应的命令。

注释 1：如果没有通知被接收，登记官将提供登记官的证明书给法院以及通知当事人证明书已经被提供给法院。

注释 2：一方当事人可以寻求包含在仲裁裁决中的判决前收益——见本法第 51A 条。该方当事人也可以申请费用。

第三章 原初管辖权——程序中的特殊类型

第 31 部分 司法审查

第 31.1 节 《行政决定（司法审查）法（1977）》

第 31.01 条 申请审查命令

(1) 想要根据《行政决定（司法审查）法》第 11 条第（1）款申请命令的个人，必须提交原初申请，与表格 66 一致。

(2) 如果申请的依据包括欺骗或者不善意主张，原初申请必须包括主张的欺骗或不善意的细节。

(3) 根据《行政决定（司法审查）法》的申请可以与在《司法法（1903）》第 39B 条提及的由相同标的产生、相关或有联系的救济种类的申请联合。

注释1:"《行政决定(司法审查)法》"在词典中界定。

注释2:第31.2节规定了根据《司法法(1903)》第39B条的申请。

第31.02条　申请延长时间

(1)想要申请延长时间,提起根据《行政决定(司法审查)法》第11条第(1)款(c)项审查命令申请的个人,必须提交延长时间的申请,与表格67一致。

(2)关于时间延长的申请必须附随:

(a)宣誓书陈述:(i)简要但明确地说明申请所依赖的事实;以及(ii)申请没有在规定时间内提交的理由;以及

(b)根据第31.01条的起草申请。

第31.03条　提交和送达的文件

(1)申请者必须在提交原初申请之时或此后尽快提交以下处于其控制下的文件:

(a)申请主体对决定条款的陈述;或

(b)下列与决定有关的陈述:(i)根据《行政决定(司法审查)法》第13条或《行政上诉裁判庭法》第28条而提供给申请者;或(ii)由作出决定的个人作出或代表该个人作出的陈述,意图列明事实、提出证据或其他作为该事实基础或该证据理由的材料。

(2)每个文件的副本,必须在提交之后的5日内送达给每一个其他当事人。

注释:"《行政上诉裁判庭法》"在词典中界定。

第31.04条　送达

申请的一方当事人可以向法院申请如下事项的命令:

(a)申请向总检察长送达;或

(b)申请以特定方式被送达给特定的个人或群体。

第31.05条　对效力异议的通知

(1)对申请效力质疑的被告人,必须在被送达该申请的14日内,提交效力异议的通知:

(a)与表格68一致;以及

(b)简要但明确地陈述反对的理由。

（2）申请者负有确立申请效力的责任。

（3）被告人可以向法院申请要求在申请审理前，听审和裁决效力问题。

（4）如果被告人根据第（1）款尚未提交通知，以及该申请已被法院因不适格而撤销，该被告人无权主张该申请的任何费用。

（5）如果法院决定该申请不适格，该申请被撤销。

第31.06条—第31.10条空白

第31.2节 《司法法（1903）》

第31.11条 申请的形式

（1）想要根据《司法法（1903）》第39B条提出申请救助的个人，必须提交原初申请，与表格69一致。

（2）在本条中，申请者可以与第31.1节规定条件下的申请者就其来源相同、相关或有联系的诉讼标的进行联合。

注释：第31.1节规定了根据《行政决定（司法审查）法》的申请。

第31.12条 主张获得救济的合并之诉

（1）根据第31.1节提出的救济主张，若与本节申请的事项来源相同、相关或有联系，则二者必须在一个申请中提出。

注释：第31.1节规定了根据《行政决定（司法审查）法》审查的申请。

（2）救济主张，除根据第31.1节的申请，可以根据本节被合并成一个申请，如果救济主张：

(a) 在法院的管辖权内；以及

(b) 申请的事项来源相同、相关或有联系。

第31.13条—第31.20条空白

第31.3节 《移民法（1958）》

第31.21条 第31.3节的定义

在本节中使用的《移民法（1958）》中定义的表述，在本节中的含义，与在该法中的相同。

注释：关于律师和移民决定的定义，见《移民法（1958）》第5条。

关于裁判庭决定的定义，见《移民法（1958）》第486D条。

第31.22条 对移民决定审查的申请

（1）想要提出移民决定审查申请的个人，必须提交原初申请，与表格70一致。

注释1：联邦法院仅有在《移民法（1958）》第476A条中定义的种类的移民决定有关的原初管辖权。

注释2：律师可以提交申请，仅当该申请包括或附随该律师签署的根据《移民法（1958）》第486I条的证明书。

注释3：与裁判庭决定相关的申请必须包含根据《移民法（1958）》第486D条的披露。

注释4：该申请必须在移民决定被作出的35日内提出——见《移民法（1958）》第477A条。

（2）如果该申请的依据包含欺骗或者不善意的主张，该申请必须包括主张的欺骗或不善意的细节。

第31.23条 延长时间的申请

（1）想要申请延长根据《移民法（1958）》第477A条第（2）款提起移民决定审查的申请时间的个人，必须提交延长时间的申请，与表格67一致。

（2）延长时间的申请必须附随：

（a）宣誓书陈述：(i) 简要但明确地说明申请依赖的事实；以及 (ii) 该申请没有在限期内提交的原因；以及

（b）遵守第31.22条提交的起草原初申请。

注释：第31.22条的注释同样适用于延长时间的申请。

第31.24条 对效力异议的通知

（1）对申请效力作出质疑的被告人，必须在被送达该申请的14日内，提交效力异议的通知：

（a）与表格68一致；以及

（b）简要但明确地陈述反对的理由。

（2）申请者负有确立申请效力的责任。

（3）被告人可以向法院申请要求在申请审理前，听审和裁决效力

— 169 —

问题。

（4）如果被告人根据第（1）款尚未提交通知，以及该申请已经被法院因为不适格而撤销，该被告人无权主张该申请的任何费用。

（5）如果法院决定该申请不适格，该申请被撤销。

第31.25条—第31.30条空白

第31.4节 《澳大利亚犯罪实施法（2002）》

第31.31条 根据《澳大利亚犯罪实施法（2002）》第57条的申请

第31.1节适用于根据《澳大利亚犯罪实施法（2002）》第57条产生的事项的审查申请，除非：

（a）根据第31.03条第（2）款被要求送达的文件必须在提交该陈述后1日内被送达；以及

（b）根据第31.05条对效力异议的通知，必须在该申请被送达之后的5日内提交。

第32部分 高等法院的发还和转移

第32.1节 从高等法院发还的事项

第32.01条 发还命令的提交

如果高等法院已经签发命令发还程序至法院，申请必须提交命令给：

（a）在发还命令中规定的地区登记官；或

（b）如果地区登记官没有在发还命令中规定——发还命令开始的程序所在的州或领地地区的登记局。

注释1：在收到发还命令时，登记官将给该命令分配序列号，正如该命令是提交给登记局的原初申请，并在通知中附随命令。

注释2：该通知必须与表格71一致，并说明：

（a）审理的出庭日和地点；以及

（b）在程序中采取任何措施前，一方当事人必须提交送达地址的通知，除非一方当事人已经在高等法院提交送达地址的通知。

第32.02条 命令和通知的送达

（1）申请者必须向高等法院程序中的每一方当事人送达高等法院命

令盖章的副本，该副本已经附有由登记官完成的通知，与表格 71 一致。

（2）申请者可以向高等法院程序中的一方当事人，在该方当事人的送达地址送达通知。

第 32.03 条 送达地址

没有在高等法院提交送达地址通知的一方当事人，必须在被送达第 32.02 条第（1）款提及的文件的 7 日内，提交送达地址的通知。

第 32.04 条 听审申请并展示诉因

如果高等法院发还展示诉因的命令申请，申请者在未先获得展示诉因的命令前，可以向法院申请：

（a）禁令；或

（b）签发如下命令：（i）训令状；或（ii）禁止令；或（iii）移审令状；或（iv）其他任何命令。

第 32.05 条—第 32.10 条空白

第 32.2 节 根据《联邦选举法（1918）》提交的申请书

第 32.11 条 提交申请书或部分申请书的命令

（1）如果高等法院已经签发命令向法院提交根据《联邦选举法（1918）》第 354 条第（1）款的申请书，或根据《联邦选举法（1918）》第 354 条第（3）款的部分申请书，该申请者必须向在命令中规定的地区登记局提交命令。

（2）如果高等法院已经签发在第（1）款中提及的命令，以及该命令未规定地区登记局，该申请者必须提交命令：

（a）如果选举或申请书寻求无效的选举结果报告与参议员有关——即将进行选举的州或地区的地区登记局；或

（b）如果选举或申请书寻求无效的选举结果报告与成员有关——成员被选举或选举结果报告所在选举区域位于的州或地区的地区登记局。

注释 1：在接收提交申请书的命令时，登记官将分配序列号，且该命令与在登记局提交的申请一样，将通知附于命令。

注释 2：该通知必须与表格 72 一致，以及将：

（a）确定审理的出庭日和地点；以及

（b）陈述在程序中采取任何措施前，一方当事人必须提交送达地址的通知，除非一方当事人已经在高等法院开始送达地址的通知。

第32.12条　命令和通知的送达

（1）申请者必须向高等法院程序中的每一方当事人提供高等法院命令盖章的副本，该副本已经附有由登记官完成的通知，与表格72一致。

（2）申请者可以将通知送达高等法院上诉中的一方当事人地址处。

第32.13条　送达地址

没有在高等法院提交送达地址通知的一方当事人，必须在被送达第32.12条第（1）款提及的文件的7日之内，提交送达地址的通知。

第32.14条　主张或反对选票的清单

（1）如果申请书：

（a）主张尚未被选举为参议员或众议员的个人的议会席位；以及

（b）主张该人有大多数的有效选票；

每一方当事人必须，至少在申请书的审判之日前7日，提交意图支持或反对的选票或选票群的清单。

（2）如果该申请书仅主张在选举时计算选票的新数量，则第（1）款不适用。

（3）如果一方当事人的清单包括被反对的选票，该清单必须包含该方当事人意图依赖的反对的依据。

第32.15条　反对指控

（1）如果申请书主张尚未被选举为参议员或众议院的成员的个人的议会席位以及被告人希望主张该人不是合法地被选举，被告人必须提交其意图依赖的理由的陈述：

（a）如果被告人已经向高等法院提交送达地址的通知——在被送达第32.12条第（1）款提及的文件之后的7日内；或

（b）在任何其他情况下——在提交被告人送达地址通知的7日内。

（2）该陈述必须：

（a）基于除被告人有大多数有效选票外的理由；以及

（b）同申请书一样遵守《联邦选举法（1918）》第355（aa）条中其依据的理由。

注释1：《联邦选举法（1918）》第355（aa）条规定，影响选举或选举结果报告的申请书必须，根据该法第358条第（2）款，列明依赖的使得选举或选举结果报告无效的事实，并有申请者主张的正当化救济所依赖的特定事项的充分细节。

注释2：《联邦选举法（1918）》第358条第（2）款规定，法院可以在提交申请书和任何它认为合适的条款后的任何时间，使得申请者免除全部或部分地遵守该法第355（aa）条。

第32.16条 审判的通知

在确定的审判日期至少14日前，申请者必须在州或地区流通的报纸或选举即将被进行的选举条款中告知审判的时间、日期和地点。

第32.17条 撤回申请书以及另一个申请者的替代

（1）一方当事人可以向法院申请许可撤回申请书。

（2）申请者必须，至少在申请被提交之前的14日，在州或地区或即将举行选举的选举地流通的报纸中，刊登该申请者申请许可撤回申请书的意图。

（3）在申请的审理中，若可以提起申请的个人与申请人基于同一事实基础，则其可以向法院申请在审理程序替代申请人。

（4）如果个人被替代，该程序必须继续，正如该人是原初申请者。

第32.18条 申请者的死亡

（1）如果在申请中的单独申请者在申请审判的结论作出前死亡，能够提出和原初申请者提交的申请书中的相同理由的个人，可以向法院申请替代或为申请者。

（2）如果个人替代成为原初申请者，该程序必须继续，正如该人是原初申请者。

第33部分 对除法院外其他机构决定的上诉

第33.1节 税收上诉

第33.01条 对第33.1节的定义

（1）在本节中：

"反对异议决定上诉"是指根据《税收管理法》第14ZZ条向法院提起的针对可审查的异议决定的上诉。

"委员"是指在《税收管理法》的含义内的委员、第二委员或副委员。

"违背禁止令上诉"是指根据《税收管理法》第 14V 条向法院提起的针对违背禁止令的签发的上诉。

"《税收管理法》"是指《税收管理法（1953）》。

（2）关于反对异议决定上诉，在《税收管理法》第 4C 部分或该法附录 1 第 359 节定义的表述，在本节中的含义与它在该部分或该条文的含义一致。

（3）关于违背禁止令上诉，在本节中的含义与在《税收管理法》第 4 部分界定的表述，含义一致。

注释：关于异议决定、可审查的异议决定、税收决定和税收异议的定义，见《税收管理法》第 14ZQ 条。关于违背禁止令的定义，见《税收管理法》第 14Q 条。

第 33.02 条　开始反对异议决定上诉

（1）想要提出反对异议决定上诉的个人必须提交上诉通知，与表格 73 一致。

（2）上诉通知必须：

（a）简要地陈述可审查异议决定的细节；以及

（b）陈述根据《税收管理法》送达给申请者的可审查异议决定的书面通知上显示的澳大利亚税务局办公室的地址。

（3）该申请者必须向州或地区法院的登记局提交上诉通知，给：

（a）第（2）款（b）项提及的澳大利亚税收局办公室；或

（b）如果申请者是个人——该申请者日常居住地；或

（c）如果申请者是公司——该申请者的总部或承担业务的重要部门。

（4）该申请者必须给在上诉通知被提交的州或地区的澳大利亚政府律师办公室委员送达上诉通知盖章的副本。

（5）如果该上诉是有关税务裁决，上诉通知的盖章副本必须在提交之后的 6 日内被送达。

注释：登记官将确定审理的地点和出庭日以及在上诉通知中签注上述细节。出庭日是：

(a) 如果该上诉是有关税务裁决——不迟于该申请被提交后的 21 日或当事人同意的更晚日期；或

(b) 在任何其他情况下——该申请被提交后的至少 5 周。

(6) 送达给委员的文件不需要亲自送达。

第 33.03 条　将由委员提交和送达的文件——除税务裁决外的事项

如果反对异议决定上诉与税务裁决无关，该委员会必须在被送达上诉通知盖章的副本之后的 28 日内：

(a) 提交：(i) 可审查异议决定的通知的副本；以及 (ii) 税收异议的副本；以及 (iii) 委员会拥有或委员会控制的，与审理事项相关的税收异议依据的任何归还文件或其他文件；以及 (iv) 以下之一：(A) 描述委员会的意图和委员会意识到的在上诉中的事实和争议的陈述（上诉陈述）；或 (B) 简要地陈述在第一个指示审理中免除提交上诉陈述的寻求命令的依据，以及委员会意识到的事实和争议的宣誓书（上诉宣誓书）；以及

(b) 向申请者送达：(i) 上诉陈述或上诉宣誓书的副本，不管何者可行；以及 (ii) 在 (a) 项提及的委员会已经提交的其他文件的清单。

第 33.04 条　将由委员提交和送达的文件——税务裁决

如果反对异议决定上诉与税务裁决相关，委员必须在被送达上诉通知盖章的副本之后的 14 日内：

(a) 上交：(i) 税务裁决的副本；以及 (ii) 可审查的异议决定的通知的副本；以及 (iii) 税收异议的副本；以及 (iv) 由申请者为支持根据《税收管理法》附录 1 第 359-10 条的申请给予委员会，或包含申请者根据该法附录 1 第 357-105 条或第 357-115 条的规定向委员会提供的信息的任何文件的副本；以及 (v) 委员会在作出裁决时作出的任何假设的陈述，其未在裁决的通知中陈述；且

(b) 向申请者送达：(i) 根据 (a) 项 (i) 到 (iv) 提交的文件的清单；以及 (ii) 在 (a) 项 (v) 提及的陈述的副本。

第 33.05 条　启动违背禁止令上诉

(1) 想要提出违背禁止令上诉的个人必须提交上诉的通知，与表格 74 一致。

（2）申请者必须送达上诉通知的盖章副本，给位于违背禁止令签发的州或地区的澳大利亚政府律师办公室的委员。

（3）向委员会送达的文件不需要亲自送达。

注释：登记官将确定审理地点和出庭日以及将上述细节在上诉通知中签注。出庭日是：

（a）如果上诉是有关税务裁决——不晚于该申请被提交后的21日或当事人同意的更晚的日期；或

（b）在任何其他情况下——在该申请被提交后的至少5周。

第33.06条 将由委员提交和送达的文件

该委员会必须在被送达与违背禁止令申请相关的上诉通知的盖章副本后的14日内：

（a）提交：（i）委员会在签发违背禁止令时依赖的任何文件；以及（ii）委员会拥有或在委员会控制下的与该申请相关的其他文件；以及

（b）向申请者送达根据（a）项提交的文件的清单。

第33.07条—第33.10条空白

第33.2节 行政上诉法庭

第33.11条 对第33.2节的定义

在本节中：

"裁判庭的登记官"是指：

（a）某人：（i）根据《行政上诉裁判庭法》第24PA条被任命为法庭官员；且（ii）根据《行政上诉裁判庭法》第10A条第（3）款授予权力或职能；或

（b）为实施《行政上诉裁判庭法》的任何条文或任何其他成文法则的目的，根据《行政上诉裁判庭法》第59B条被授权的官员。

"裁判庭"是指行政上诉裁判庭。

第33.12条 启动上诉——上诉通知的提交和送达

（1）想要根据《行政上诉裁判庭法》向法院提起上诉的个人，必须根据表格75提交上诉通知。

注释：上诉通知必须在《行政上诉裁判庭法》第44（2A）条规定的时间内提交，且在该人接收列明决定条款的文件之28日内。

(2) 上诉通知必须陈述：

(a) 申请者上诉或主张应当被变更的决定的部分；以及

(b) 由该上诉产生的具体问题或法律问题；以及

(c) 法院被要求作出的有关任何事实的事实裁决；以及

(d) 寻求的代替上诉决定的救济，或寻求的决定的变化；以及

(e) 简要但明确地说明支持救济或寻求变更所依据的理由。

注释：法院可以仅在有限的情况下作出有关事实的事实裁决——见《行政上诉裁判庭法》第44条第（7）款。

(3) 申请者必须向裁判庭审理事项的州或地区的地区登记官提交上诉通知。

(4) 申请者必须送达上诉通知的副本给：

(a) 程序中的每一方其他当事人；以及

(b) 裁判庭的登记官。

注释1：登记官将确定审理的出庭日和地点以及在上诉通知上签注上述细节。

注释2：律师可以提交启动移民诉讼的上诉通知，仅当上诉通知包括或附随根据《移民法（1958）》第486I条由律师签署的证明书。

注释3：关于移民诉讼，"律师"的含义由《移民法（1958）》第5条规定。

第33.13条 延长启动上诉时间的申请

(1) 想要申请延长在《行政上诉裁判庭法》第44条第2A款提及的启动上诉时间的个人，必须提交申请，与表格67一致。

注释：在《行政上诉裁判庭法》第44条第2A款提及的期间或之后，可以提出申请。

(2) 该申请必须附随以下：

(a) 引起上诉的决定；

(b) 决定的理由，如果公开；

(c) 宣誓书应当陈述：（i）简要但明确地说明申请所依赖的事实；以及(ii) 该申请未在期限内提交的理由；

(d) 根据第33.12条进行的上诉通知。

注释1：登记官将确定审理的出庭日、地点和在申请中签注上述细节。

注释2：律师可以提交启动移民诉讼的上诉通知，仅当上诉通知包括或附随根据《移民法（1958）》第486I条由律师签署的证明书。

注释3：关于移民诉讼，"律师"的含义由《移民法（1958）》第5条规定。

第33.14条　修正没有许可的上诉通知——补充性通知

在程序中的出庭日前，如果未得到法院的许可，申请者可以通过提交补充性文件对上诉通知作出修改。

第33.15条　申请许可提出其他法律问题或其他依据

申请者可以在上诉审理时，向法院申请许可提出在上诉通知中没有陈述的法律问题。

第33.16条　被告人的送达地址

根据第33.12条上诉或根据第33.13条申请的被告人，必须在被送达上诉或申请通知的14日内，以及在程序中采取任何步骤之前，提交送达地址。

第33.17条　申请中止法庭决定的形式

想要根据《行政上诉裁判庭法》第44A条申请中止判庭决定命令的个人：

（a）必须提交诉讼中间申请；以及

（b）在紧急情况下，可以没有通知提出申请。

注释1："没有通知"在词典中界定。

注释2：登记官将确定审理的出庭日、地点以及在诉讼中间申请中签注上述细节。

第33.18条　审判庭的登记官发送文件

（1）裁判庭的登记官必须在被送达上诉通知的21日内，向已经被提交上诉通知的登记局提交以下：

（a）裁判庭决定的副本；

（b）如果裁判庭对所作决定给出书面理由——该理由的副本；

（c）如果裁判庭程序开始前有庭审记录或注释——该庭审记录或

注释；

（d）根据《行政上诉裁判庭法》第46条第（1）款（a）项发送给法院的文件列表。

（2）文件列表必须陈述：

（a）裁判庭掌握的文件；

（b）裁判庭根据《行政上诉裁判庭法》第35条第（3）或第（4）款签发命令的文件（如果有）；

（c）总检察长根据《行政上诉裁判庭法》第28条第（2）款作出证明书的文件（如果有）；

（d）总检察长根据《行政上诉裁判庭法》第36条第（1）款已经作出证明书的文件（如果有）；

（e）关于（d）项提及的每个文件，根据《行政上诉裁判庭法》第36条第（3）款命令是否由裁判庭签发。

注释1：《行政上诉裁判庭法》第46条第（1）款（a）项要求裁判庭向法院发送文件。

注释2：《行政上诉裁判庭法》第35条第（3）款和第（4）款允许裁判庭作出命令，禁止或限制发布或披露与裁判庭诉讼程序有关的信息。

注释3：《行政上诉裁判庭法》第28条第（2）款和第36条第（1）款规定，总检察长可以签发证明书，证明特定事项的披露与公共利益相反。

注释4：《行政上诉裁判庭法》第36条第（3）款规定，如果总检察长根据该法第36条第（1）款签发证明书，但是没有规定理由，裁判庭必须考虑是否向程序中所有或特定的当事人披露信息或事项。

第33.19条 没有书面的决定理由

如果裁判庭没有给出所作决定的书面理由，该申请者必须：

（a）遵循《行政上诉裁判庭法》第43条第2A款，从裁判庭获取书面的所作决定依据理由的陈述；以及

（b）在接受后10日内，向登记官发送陈述的副本。

第33.20条 交叉上诉的通知

（1）本节的规则适用于交叉上诉，将其视为上诉。

（2）想要对申请人已经上诉的决定或部分决定提起上诉的被告人，必须提交交叉上诉通知，与表格76一致。

注释：交叉上诉通知必须在《行政上诉裁判庭法》第44条第2A款提到的时间内被提交。

（3）交叉上诉通知必须陈述以下：

（a）被告人交叉上诉或主张应当变更决定的部分；

（b）在交叉上诉提及的具体问题或法律问题；

（c）法院被要求作出的有关事实的任何事实裁决；

（d）寻求的代替上诉决定的救济，或寻求的决定的变化；

（e）简要但明确地说明支持救济或寻求变更所依据的理由。

注释：法院可以仅在有限的情况下作出有关事实的事实裁决——见《行政上诉裁判庭法》第44条第（7）款。

（4）交叉上诉通知必须在被告人被送达上诉通知后的21日内被提交。

（5）被告人必须送达交叉上诉通知的副本给：

（a）程序的每一方其他当事人；以及

（b）裁判庭的登记官。

第33.21条 主张的通知

如果被告人不想对裁判庭的决定交叉上诉，但是主张该决定应当依据除裁判庭依据的理由以外而被确认，被告人必须在被送达上诉通知后的21日内提交主张的通知，与表格77一致。

第33.22条 审理指示

一方当事人可以向法院申请以下指示：

（a）裁定需要向裁判庭提交何种文件和事项；

（b）根据《行政上诉裁判庭法》第44条第8款（b）项进一步证据的提出；

（c）合并或移除上诉的一方当事人；

（d）作出简易判决；

（e）签发诉讼中间命令，在法院上诉裁定期间或之后；

（f）基于同意签发处理上诉费用的命令；

(g) 撤销要求起诉的上诉；

(h) 签发命令撤销就下列事项向法院提起的上诉：(i) 无法遵守法院的指示；或 (ii) 上诉人无法出庭与上诉有关的审理；

(i) 上诉的执行包括：(i) 上诉状的内容；(ii) 书面意见书的使用；(iii) 限制口头抗辩的时间；

(j) 没有口头审理的上诉执行，根据当事人有权提出书面意见书的条件；

(k) 裁判庭决定的延迟；

(l) 为上诉是否应当由合议庭审理的命令，向首席大法官提交上诉通知和任何其他必要的文件；

(m) 审理的地点、时间和模式；

(n) 为准备上诉审理的目的，裁定任何其他事项。

第33.23条　上诉状

(1) 申请者必须提交：

(a) 如果上诉是提交给独任法官——2份上诉状；或

(b) 如果上诉是提交给合议庭——4份上诉状。

(2) 上诉状必须包含3个部分，标为A、B和C部分。

(3) 上诉状必须：

(a) 对A部分有索引；以及

(b) 包含仅在本节提及的材料。

(4) 如果上诉状包含本节未提及的材料，包含或要求包含材料的一方当事人：

(a) 无权主张与包含材料相关的任何费用；以及

(b) 必须支付上诉的其他当事人因包含材料产生的费用。

(5) 代表第（4）款适用的在上诉状中包含材料的一方当事人的律师，无权对因包括材料引起的任何费用进行追缴。

第33.24条　登记官的援助

(1) 要求登记官帮助其指定上诉状A部分或上诉状B部分的附录的一方当事人，必须在上诉通知被送达的7日之内，向登记官书面申请。

(2) 如果根据第（1）款没有任何当事人的申请，申请者必须在上诉通知送达的 28 日后，向登记官提交：

（a）上诉状 A 部分附录的草案；以及

（b）上诉状 B 部分。

（3）登记官将指定上诉状 A 部分和上诉状 B 部分的附录草案，且告知申请者登记官已同意以规定的形式对 A 部分和 B 部分制作附录。

（4）申请者必须在知悉登记官同意后的 14 日内提交下列材料：

（a）A 部分，包括所有文件，根据标签的索引和排序。

（b）B 部分。

第 33.25 条　上诉状的标题

上诉状的每个部分的标题页必须包含以下：

（a）程序的标题；

（b）构成裁判庭的成员的姓名；

（c）签发决定依据的法律名称；

（d）上诉的每一方当事人律师的姓名和送达地址；

（e）如果一方当事人没有律师代表人——当事人的送达地址。

第 33.26 条　上诉状的内容

上诉状必须包含：

（a）A 部分（标准项目核心系列），以下列顺序被安排：（i）标题页；（ii）A 部分索引；（iii）在裁判庭提出的原初申请，包括任何指示的请求；（iv）裁判庭的正式决定和决定的理由；（v）上诉通知；（vi）交叉上诉的任何通知或主张的通知；（vii）任何提交的通知；（viii）法院许可上诉或提起上诉的时间的延长的任何命令；以及

（b）B 部分（综合参考索引），包含裁判庭中的证据的记录的完全指标，但不是证据，不管是否相关，以下列顺序排列：（i）封面，有以下签注：" 在综合参考索引中提到的物证、宣誓书、附件和副本被视为构成上诉状的部分，但将不会被复制，除非被要求"；（ii）收到作为证据的所有文件的综合清单，不管作为物证还是作为宣誓书的附件，显示日期和每个文件的页码；（iii）宣誓书证据的清单；（iv）物证的清单；（v）在裁判庭中的证据的副本的索引；（vi）任何其他相关副本的索引；以及

（c）C 部分，仅当事人在当事人的意见书中提交的物证和证据，以

与综合参考索引的相同顺序排列，以下材料一起：（i）当事人的意见书；以及（ii）每一方当事人的列表。

注释：法院已经签发诉讼实务告示，对根据本节上诉的当事人及其律师提供帮助。法院期望当事人及其律师遵守诉讼实务告示。

第33.27条 书面意见书、年表和机构的列表

（1）上诉的每一方当事人必须提交以下文件：

（a）该方当事人上诉意见书的纲要；

（b）相关事件的年表；

（c）一方当事人意图提交的机构的列表；

（d）一方当事人意图提交的任何立法机构的列表。

（2）第（1）款（a）项和（b）项提及的文件必须按以下规定提交：

（a）申请者——在上诉的审理前不晚于20个工作日；

（b）被告人——在上诉的审理前不晚于15个工作日；

（c）作出意见书回复的申请人——在上诉的审理前不晚于10个工作日。

（3）一方当事人的书面意见书必须说明根据《行政上诉裁判庭法》第44条第（7）款作出的事实裁决。

（4）第（1）款（c）项和（d）项提及的文件必须按以下规定提交：

（a）申请者——在上诉的审理前不晚于5个工作日；

（b）被告人——在上诉的审理前不晚于4个工作日。

注释：法院已经签发诉讼实务告示，对根据本节上诉的当事人及其律师提供帮助。法院期望当事人及其律师遵守诉讼实务告示。

第33.28条 C部分文件的提交

申请者必须在上诉的审理前不晚于5个工作日，提交上诉状C部分的副本。

第33.29条 上诉的进一步证据

（1）一方当事人可以向法院申请根据上诉接收进一步的证据。

（2）申请必须在上诉的审理至少21日前被提交，以及附随宣誓书陈述以下：

（a）与申请依据相关的事实；

(b) 确立申请依据所必要的证据；

(c) 申请者希望法院接收的证据；

(d) 该证据不在裁判庭中使用的理由。

(3) 该申请以及宣誓书必须被提交以下：

(a) 如果申请是向合议庭提出——4 份副本；

(b) 如果申请是向独任法官提出——2 份副本。

(4) 任何其他想要在申请中举证的上诉当事人，必须在上诉审理前至少 14 日提交宣誓书。

注释：法院为根据《行政上诉裁判庭法》第 44 条第（7）款的相关事实作出事实裁决的目的，可以接收上诉的进一步的证据。

第 33.30 条 对上诉效力的异议通知

(1) 反对上诉效力的被告人必须在被送达上诉通知后的 14 日内，提交对效力的异议通知：

(a) 与表格 68 一致；以及

(b) 简要但明确地陈述反对的依据。

(2) 申请者承担确定上诉效力的证明。

(3) 被告人可以向法院申请，在上诉的审理前审理和裁定上诉效力问题。

(4) 如果被告人还没有根据第（1）款提交通知，以及通知被法院因不适格而撤销，被告人无权主张上诉的任何费用。

(5) 如果法院决定上诉不适格，该上诉被撤销。

第 33.31 条 停止上诉

(1) 申请者可以通过提交申请停止上诉，与表格 78 一致：

(a) 没有法院的许可——在上诉审理前的任何时间；或

(b) 有法院的许可：(i) 在审理时；或（ii）在审理后以及在判决被宣告或命令被签发前。

(2) 停止的通知有与法院撤销申请者上诉的命令相同的效力。

(3) 由申请者提交的停止通知不影响上诉中的任何其他申请者。

(4) 根据第（1）款提交通知的申请者必须支付上诉的每一方当事人的费用，除非当事人以其他方式同意。

第33.32条 撤销上诉的申请

（1）上诉的被告人可以向法院申请命令，要求上诉被撤销，因上诉的申请者无法做以下的任何事项：

（a）遵守法院的指示；

（b）遵守上述规则；

（c）出庭与上诉有关的审理；

（d）指控上诉。

（2）根据第（1）款的申请必须被送达给申请者：

（a）在申请者的送达地址；或

（b）亲自。

注释：法院可以根据情况签发命令——见第1.33条。法院可以确定行为的作出时间，以及在缺席情况下命令该上诉被撤销。

第33.33条 当事人的缺席

（1）如果上诉程序中被传唤审理时，一方当事人缺席，对方当事人可以向法院申请命令：

（a）如果缺席的当事人是上诉的申请者：（i）该上诉被撤销；或（ii）该审理被中止；或（b）如果缺席的当事人是上诉的被告人：（i）该审理整体上，或与上诉中的救济相关的特定诉求继续进行；或（ii）该审理被中止。

（2）如果上诉被撤销因为上诉的申请者缺席，申请者可以向法院申请命令：

（a）宣告该撤销无效；以及

（b）上诉的进一步执行。

注释：法院可以根据自身动议签发命令——见第1.40条。

第33.3节 来自养老金起诉法庭或澳大利亚金融投诉管理局的上诉

第33.34条 根据《养老金（起诉决议）法（1993）》第46条或《公司法（2001）》第1057条提出的上诉

（1）第33.2节适用于对养老金起诉法庭根据《养老金（起诉决议）法（1993）》第46条的裁定或澳大利亚金融投诉管理局根据《公司法（2001）》第1057条的上诉，除了上诉通知必须在申请者日常居住的州或地区的登记局被提交。

（2）就第33.2节适用于养老金起诉法庭或澳大利亚金融投诉管理局的裁定的上诉而言，该节适用范围对仲裁庭的提述似乎包括养老金起诉法庭或澳大利亚金融投诉管理局（视情况而定）。

第33.35条—第33.39条空白

第33.4节　从全国原住民土地权法裁判庭的上诉

第33.40条　根据《原住民土地法（1993）》第169条的上诉

第33.2节适用于对原住民土地权法裁判庭根据《原住民土地权法（1993）》第169条的决定或裁定的上诉。

第34部分　其他程序

第34.1节　劳务纠纷程序

第34.01条　第34.1节的定义

（1）在本节中：

"《劳务纠纷法》"是指《劳务纠纷法（2009）》。

"劳务纠纷检查员"是指根据《劳务纠纷法（2009）》第700条被聘为劳务纠纷检查员的个人以及包括劳务纠纷申诉专员。

"《登记组织条例》"是指《劳务纠纷（登记组织）条例（2009）》。

"《登记组织法》"是指《劳务纠纷（登记组织）法（2009）》。

"显示理由的规则"是指传唤个人或组织，显示根据《登记组织法》第163条、第164条、第164A条或第167条第（2）款，与个人或组织相关的命令不应当被签发的理由的规则。

注释1：根据《登记组织法》第163条，组织的成员或成员的申请者可以向法院申请命令，宣告全部或部分组织的规则违背《登记组织法》（陈述总体的规则要求）第142条，或组织的规则以特定的方式违背《登记组织法》第142条。

注释2：根据《登记组织法》第164条，组织的成员可以向法院申请命令，通过任何有义务实施或观察规则的个人给出组织任何规则的实施和观察的指示。

注释3：根据《登记组织法》第164A条，组织的成员可以向法院申请命令，指示一人或多人（可能是已经违反规则的个人）去做特定的事情，在法院的观点中，其合理可操作，以使组织处于如果规则的违反没有发生其本来的状态。如果确信，有义务实施或观察规则或组织规则的个人已经作出不合理的行为，违背了规则，法院就可以签发命令。

注释4：根据《登记组织法》第167条第（1）款，个人或组织可以向法院申请主张，关于个人有权被采纳为组织的成员或保留组织成员。根据《登记组织法》第167条第（2）款，法院可以签发命令使得根据该款提出的主张有效。

注释5：《劳务纠纷法》第701条规定，劳务纠纷申诉专员是劳务纠纷检查员。

（2）除非相反的意图出现：

（a）在使用的表述的含义，与《劳务纠纷法》第34.03条至第34.05条中的含义相同；以及

（b）在第34.06条至第34.08条使用的表述的含义，与《登记组织法》条中的含义相同。

第34.02条 第34.1节和上述规则的其他条文的实施

《劳务纠纷法》或《登记组织法》适用的程序中的每一方当事人必须遵守：

（a）本节；以及

（b）任何其他与本节相关的和一致的条文。

第34.03条 与违反一般保护解雇有关的申请

（1）想要申请因违反《劳务纠纷法》第3.1部分提及的一般保护而解雇雇佣者主张有关的命令的个人，必须提交原初申请，与表格79一致。

（2）该申请必须包含任何其他申请者想要提出的除第（1）款之外的救济主张。

注释：第34.05条规定了与违反《劳务纠纷法》第351条第（1）款相关的命令的申请。

（3）该申请必须附有根据《劳务纠纷法》由澳大利亚劳务纠纷委员会签发的证明，证明劳务纠纷委员会确信所有合理的解决争端的努力已经

或很有可能不会成功。

注释：《劳务纠纷法》第545条和第546条规定了法院可以签发的命令。

（4）第（3）款不适用于由劳务纠纷检查员提出的申请。

第34.04条　与主张的不合法的雇佣终止有关的申请

（1）想要通过雇佣者申请在2009年7月1日或之后发生的雇佣者的聘用不合法的中止有关的命令的个人，必须提交原初申请，与表格80一致。

（2）该申请必须包含任何其他申请者想要提出的除第（1）款之外的救济主张。

（3）该申请必须附有根据《劳务纠纷法》由澳大利亚劳务纠纷委员会签发的证明，证明澳大利亚劳务纠纷委员会确信所有合理的解决争端的努力已经或很有可能不成功。

注释：《劳务纠纷法》第545条和第546条规定了法院可以签发的命令。

（4）第（3）款不适用于由劳务纠纷检查员提出的申请。

第34.05条　与主张的歧视有关的申请

（1）想要提出与主张的违背《劳务纠纷法》第351条第（1）款相关的命令申请的个人，必须提交原初申请，与表格81一致。

（2）该申请必须包含任何其他申请者想要提出的除第（1）款之外的救济主张。

（3）因所谓的歧视而被解雇的申请，必须附有根据《劳务纠纷法》由澳大利亚劳务纠纷委员会签发的证明，证明澳大利亚劳务纠纷委员会确信所有合理解决纠纷的方式已经或很有可能不成功。

注释1：根据《劳务纠纷法》第351条第（1）款，雇佣者不得采取针对雇佣者的雇员或预期雇员的负面行为，因为该人的种族、肤色、性别、性向、年龄、身体或大脑的残疾、婚姻状况、家庭或抚养人的义务、怀孕、宗教、政治观点、民族血统或社会出身。"相反的行为"在《劳务纠纷法》第342条界定。

注释2：《劳务纠纷法》第545条和第546条规定了法院可以签发的

命令。

（4）第（3）款不适用于由劳务纠纷检查员提出的申请。

第 34.06 条　说明理由规则的申请

（1）想要申请说明理由规则的个人，必须提交原初申请，与表格 82 一致。

（2）申请必须附随宣誓书，陈述以下：

（a）关于根据《登记组织法》第 163 条提出的申请：（i）主张的违背《登记组织法》第 142 条的组织的规则，或组织的部分规则；（ii）主张违背条文的规则或部分规则的依据；（iii）支持该申请的申请者依赖的事实和其他理由；

（b）关于根据《登记组织法》第 164 条提出的申请：（i）申请者寻求的命令的性质；（ii）申请者寻求的已经被有义务执行或观察规则的个人执行或观察的组织的每个规则；（iii）申请者依赖的确立个人执行或观察规则的义务的依据；

（c）关于根据《登记组织法》第 164A 条的申请：（i）申请者寻求的命令的性质；（ii）申请寻求批准的违反组织的每一个规则；（iii）支持该申请的申请者依赖的事实和其他理由；

（d）关于根据《登记组织法》第 167 条的申请：（i）申请者寻求的命令的性质；（ii）申请依据的组织的每一个规则；（iii）支持该申请的申请者依赖的事实和其他理由。

（3）在没有通知的情况下，可以向法院提出显示理由的规则之申请。

注释："没有通知"在词典中界定。

第 34.07 条　询问或投票申请要求

（1）想要根据《登记组织法》第 69 条第（1）款申请对根据《登记组织法》第三章第 2 部分执行选票有关的违规行为进行调查的个人，必须提交：

（a）原初申请，与表格 83 一致；以及

（b）在宣誓书中简要但明确地说明申请者主张的性质和主张所依赖的重要事实。

（2）想要根据《登记组织法》第 94 条，申请提出投票表决是否将混

合组织的特定部分从该机构中移除命令的个人，必须提交以下文件：

(a) 原初申请，与《登记组织条例》的表格 2 一致；以及

(b) 宣誓书陈述，简要但明确地说明申请者主张的性质和主张依赖的重要事实。

注释：根据《登记组织条例》第 82 条，在第（2）款提及的申请必须与《登记组织条例》的表格 2 一致。

(3) 根据《登记组织法》第 108 条第（1）款，就基于《登记组织法》第三章第 3 部分即将进行的选举中主张的违规行为申请进行调查的个人，必须提交：

(a) 原初申请，与表格 84 一致；以及

(b) 宣誓书，简要但明确地说明申请者主张的性质和主张所依赖的重要事实。

(4) 想要根据《登记组织法》第 109 条第（1）款，申请将混合组织的特定部分从该机构中移除命令的个人，必须提交：

(a) 原初申请，与《登记组织条例》的表格 4 一致；以及

(b) 宣誓书陈述，简要但明确地说明申请者主张的性质和主张所依赖的重要事实。

注释：根据《登记组织条例》第 107 条，在第（4）款中提及的申请必须与《登记组织条例》的表格 4 一致。

(5) 想要根据《登记组织法》第 200 条申请调查组织或组织分支机构的个人，必须提交：

(a) 原初申请，与表格 85 一致；以及

(b) 宣誓书陈述，简要但明确地说明申请者主张的性质和主张依赖的重要事实。

注释：在提交申请时，登记官将确定审理的出庭日和地点以及将上述细节签注在送达的申请上。

第 34.08 条　申请诉讼中间命令

(1) 想要根据《登记组织法》第 204 条，申请调查组织或组织分支机构选举有关的诉讼中间命令的个人，必须提交原初申请，与表格 86 一致。

(2) 想要根据《登记组织条例》第 77 条第（1）款，就基于《登记组织法》第三章第 3 部分即将进行的选举中违规行为进行调查的个人，必须提交原初申请，与表格 87 一致。

(3) 可以在没有通知的情况下，根据第（1）款或第（2）款作出申请。

注释："没有通知"在词典中界定。

第 34.09 条—第 34.10 条空白

第 34.3 节　知识产权

第 34.21 条　对第 34.3 节的定义

在本节中：

"《澳大利亚标志进展保护法》"是指《澳大利亚标志进展保护法（1984）》。

"《电路布局法》"是指《电路布局法（1989）》。

"委员"是指：

（a）根据《设计法》的程序——根据该法拥有登记官职位的个人；以及

（b）根据《奥林匹克标志保护法》的程序——根据该法拥有登记官职位的个人；以及

（c）根据《专利法》的程序——根据该法拥有委员会职位的个人；以及

（d）根据《商标法》的程序——根据该法拥有登记官职位的个人。

"《著作权法》"是指《著作权法（1968）》。

"决定"是指委员会签发的指示或裁定。

"《设计法》"是指《设计法（2003）》。

"知识产权诉讼"是指：

（a）因侵犯下列各项权利而产生的诉讼：(i) 由《澳大利亚标志进展保护法》规定的对商标设计的垄断；或 (ii) 根据《著作权法》构成的著作权；或 (iii) 根据《设计法》注册的设计的垄断；或 (iv) 根据《专利法》授予的专利；或 (v) 根据《商标法》登记的商标；或 (vi) 由《奥林匹克标志保护法》规定的保护的设计的垄断；或 (vii) 根

据《电路布局法》构成的可布局权；或（viii）根据《植物多样性权利法》授予的植物多样性权利；或（vix）根据《植物育种者权利法》的植物育种者权利。

（b）根据《澳大利亚标志进展保护法》《电路布局法》《著作权法》《设计法》《奥林匹克标志保护法》《专利法》《植物多样性权利法》或《商标法》的申请、上诉或其他程序，不管是否与其他主张或诉因合并，除非该程序是第31.1节或第31.2节适用的程序。

"《奥林匹克标志保护法》"是指《奥林匹克标志保护法（1987）》。

"《专利法》"是指《专利法（1990）》。

"植物育种者权利"是指《植物育种者权利法（1994）》规定的权利。

"《植物育种者权利法》"是指《植物育种者权利法（1994）》。

"《植物多样性权利法》"是指《植物多样性权利法（1987）》。

"《商标法》"是指《商标法（1995）》。

第34.22条　第34.3节的适用

知识产权程序中的每一方当事人必须遵守：

（a）本节的规定；以及

（b）与本节相关但不一致的任何其他相关规则。

第34.23条　委员的出庭

（1）委员可以提交送达地址的通知，以及在知识产权诉讼中被审理。

（2）除对下列事项上诉外的程序，该委员不得成为一方当事人：

（a）对该委员的决定；以及

（b）没有当事人反对提起上诉的当事人。

第34.24条　启动上诉——提交和送达上诉通知

（1）想要对委员的决定上诉的一方当事人必须在决定日的21日内，提交上诉通知，与表格92一致。

（2）上诉通知必须陈述以下：

（a）提出上诉的委员和决定的日期；

（b）该上诉是否针对决定的全部或部分（如果仅是部分，包括部分的细节）；

（c）寻求的命令；

（d）每个命令寻求支持所依赖的理由；

（e）每个理由依赖的细节。

注释：登记官将确定审理的出庭日和地点以及将上述细节签注在上诉通知上。出庭日将在提交后的至少 28 日。

（3）申请者必须在提交上诉通知后的 5 日内送达上诉通知给委员和其他任何上诉的当事人。

第 34.25 条　申请延长提交上诉通知的时间

（1）想要申请延长第 34.24 条提及的提交上诉通知的时间的个人，必须提交延长时间的申请，与表格 67 一致。

（2）申请可以在第 34.24 条提及的期间或之后被提出。

（3）申请必须附随：

（a）宣誓书陈述以下：（i）简单但明确的申请依赖的事项；以及（ii）上诉通知没有在特定时间提交的理由；以及（iii）上诉的性质；以及（iv）涉及的问题；以及

（b）根据第 34.24 条起草上诉通知。

（4）在指示审理的确定之日前的至少 14 日内，申请者必须向下列人员提交申请的副本以及附随的文件：

（a）该委员；以及

（b）每个利益相关个人。

第 34.26 条　没有在上诉通知中陈述的上诉依据或细节

一方当事人没有权利提出任何证据或提出任何意见书，支持：

（a）没有在上诉通知中陈述的上诉依据；或

（b）在上诉通知中尚未被作出的上诉细节的依据。

第 34.27 条　非专利发明的细节

（1）如果根据专利法，委员会的决定上诉通知中依赖的依据是该发明非专利发明，因为关于该发明的信息已经在文件中，或在行为或事件中变得公开可知，该依据必须包括以下细节：

（a）关于文件——该主张的文件中可公开获得时间和地点；

（b）关于行为或事件：（i）主张已经作出行为或事件的个人的姓名；

以及（ⅱ）该行为或事件已经被主张公开作为的期间和地点；以及（ⅲ）充分验证该行为或事件的细节；以及

（ⅳ）如果该行为或事件涉及仪器或机器——该仪器或机器是否存在详细说明，如果存在，可对其检查的地点。

（2）如果根据说明书主张相关发明无用，则其依据必须包含以下细节：

（a）举出该发明无用的具体示例；以及

（b）具体说明为何其不能如描述的那样有用；（ⅰ）完全无用；或（ⅱ）没有说明书中描述的功能。

第 34.28 条　交叉上诉通知

（1）想要对申请人已经上诉的委员会的决定或部分决定上诉的被告人，必须提交交叉上诉通知，与表格 93 一致。

（2）交叉上诉通知必须陈述以下：

（a）该交叉上诉是否是关于决定的全部或部分（如果交叉上诉仅根据部分，包括该部分的细节）；

（b）寻求的命令；

（c）每个命令寻求支持所依赖的理由；

（d）每个依赖的理由的细节。

（3）交叉上诉通知必须在被告人被送达上诉通知的 21 日内提交。

（4）在提交交叉上诉的 5 日内，被告人必须向下列人员送达交叉上诉的通知：

（a）该委员；以及

（b）该申请者；以及

（c）交叉上诉的任何其他当事人。

第 34.29 条　主张的通知

如果被告人不想对委员的决定提起交叉上诉，但是主张委员的决定应当被维持，基于委员已依赖理由除外的理由，被告人必须在上诉通知被送达的 21 日内，提交主张的通知，与表格 77 一致。

第 34.30 条　委员文件的条文

在被送达上诉通知的 14 日内，该委员必须：

（a）提交审理必要的在委员控制下的文件（或验证的文件副本）和文件的清单；以及

（b）给上诉的每一方当事人书面的提交文件的通知。

第 34.31 条 证据

（1）经法院许可，委员会掌握的为上诉目的而准备的材料可以在上诉审理中作为证据予以采纳。

（2）在依据《专利法》决定的上诉中，一方当事人可以根据该法第 160 条（a）项申请指示审理命令，要求证据进一步出示。

第 34.32 条 等价报酬裁定的申请

想要根据《电路布局法》第 20 条第（2）款向法院申请关于等价报酬裁定的个人，必须提交原初申请，与表格 94 一致。

第 34.33 条 裁定行为期限的申请

想要根据《电路布局法》第 25 条第（4）款向法院申请关于行为作出的期限裁定的个人，必须提交原初申请，与表格 95 一致。

第 34.34 条 可布局权利的侵犯——细节

想要根据《电路布局法》对可布局权利的侵犯寻求救济的个人，必须提交包括侵犯细节的原初申请：

（a）说明被主张的可布局权利已经被侵犯的方式；以及

（b）就主张的每个侵犯类型至少给出一个实例。

注释：可布局权利在第 34.21 条中界定，根据《电路布局法》构成可布局权。

第 34.35 条 专利权的侵犯——细节

想要根据《著作权法》对著作权的侵犯寻求救济的个人，必须提交包括侵犯细节的原初申请：

（a）说明被主张的著作权已经被侵犯的方式；以及

（b）就主张的每个侵犯类型至少给出一个实例。

第 34.36 条 登记的设计的侵犯——细节

想要根据《设计法》对登记的设计的侵犯寻求救助的个人，必须提交包括侵犯细节的原初申请：

（a）说明被主张的设计已经被侵犯的方式；以及

(b) 就主张的每个侵犯类型至少给出一个实例。

第 34.37 条　强制许可的申请——《设计法》

根据《设计法》第 90 条寻求救济申请授予许可命令的个人，必须提交原初申请，陈述申请者意图依赖的重要事实，使得法院确信与在该法第 90 条第（3）款提及的事项有关。

第 34.38 条　登记的撤销或登记局的调整——《设计法》

（1）依据以下条款请求命令的个人：

(a) 依据《设计法》第 93 条关于撤销设计的登记；或

(b) 依据《设计法》第 120 条关于登记局的调整；

必须提交包括一方当事人提出申请撤销的依据或申请调整的依据的原初申请。

（2）一方当事人没有权利提出任何证据，或作出任何意见书，支持没有在申请中陈述的撤销或调整的依据。

第 34.39 条　被保护的设计垄断的侵犯——细节——《奥林匹克标志保护法》

想要寻求根据《奥林匹克标志保护法》对保护的设计垄断侵犯救济的个人，必须提交包括侵犯细节的原初申请：

(a) 说明被主张的保护的设计垄断已经被侵犯的方式；以及

(b) 就主张的每个侵犯类型至少给出一个实例。

第 34.40 条　申请奥林匹克登记局的调整或保护的设计有效性的争议

（1）一方当事人：

(a) 根据《奥林匹克标志保护法》第 12 条第（6）款或第（9）款申请对奥林匹克登记官进行调整；或

(b) 争议被保护的设计的有效性；

必须在申请或诉辩状中包括，该方当事人依赖的调整或无效的依据的细节。

（2）如果第（1）款中提及的依据是先前的出版物或使用者，该细节必须：

(a) 陈述先前的出版物或使用者主张的时间和地点；以及

(b) 如果依据是先前的使用者，该细节必须包括：(i) 主张已经成为先前使用者的个人的姓名；以及（ii）先前的使用者已经主张继续的期间；以及（iii）足够辨别先前使用者的描述。

（3）一方当事人没有权利提起任何证据，或作出任何意见书，支持没有在申请中陈述的撤销或调整的依据。

第34.41条　根据《专利法》第105条第（1）款申请

（1）根据《专利法》第105条第（1）款寻求申请命令，必须向委员作出申请命令的意图的通知，并附随陈述以下事项的告示：

（a）申请所针对的程序或预期程序的性质；

（b）申请所针对的修正的细节；

（c）申请者的送达地址；

（d）非程序当事人的个人反对申请，必须在告示发布后的28日内，将意图书面通知给：（i）委员；以及（ii）程序的每一方当事人。

（2）委员必须在官方期刊上发布告示。

（3）根据第（1）款（d）项给出通知的个人，有权在反对申请中被审理，但需承担法院命令中规定的相关费用。

（4）已经根据第（1）款作出通知的个人可以提交申请，在告示发布之后的50日内。

（5）寻求修正的申请者必须将申请的副本与专利、专利要求或发明说明书副本（无论何者可行）送达给：

（a）委员；以及

（b）程序的每一方当事人；以及

（c）根据第（1）款（d）项已经给出通知的每个人。

（6）一方当事人可以向法院申请以下命令：

（a）申请者将修正依赖的依据的细节给每一方当事人或反对该申请的其他人；

（b）一方当事人或其他反对该申请的人给出反对申请者的修正依据的细节；

（c）申请在程序中被审理或单独被审理，以及如果单独审理，确定审理申请的日期；

（d）证据将被举出的方式，以及如果证据通过宣誓书出示，确定宣誓书必须被提交和送达的时间。

第 34.42 条　根据《专利法》第 120 条第（1）款申请

（1）想要根据《专利法》第 120 条第（1）款寻求命令的申请者必须提交申请和附随的起诉书或宣誓书，在程序中确定的出庭日的至少 14 日前，给：

（a）程序中的被告人；以及

（b）专利人——如果该申请者是排他性的许可；以及

（c）委员。

（2）如果该申请涉及实用新型专利，起诉书或宣誓书必须陈述新型专利被确定的日期。

（3）附随的起诉书或宣誓书必须包括主张侵犯的细节：

（a）侵犯专利的程序——被侵犯专利的完整说明书；以及

（b）就主张的每个侵犯类型至少给出一个实例。

（4）依赖根据《专利法》第 144 条第（4）款抗辩的被告人，必须给出以下事项的细节：

（a）被告人意图依赖辩护的日期和合同的当事人；以及

（b）被告人主张无效的合同的条文。

第 34.43 条　根据《专利法》第 125 条第（1）款申请

根据《专利法》第 125 条第（1）款寻求命令的申请者，必须在程序中确定的出庭日至少 14 日前将申请和附随的起诉书或宣誓书送达给下列人员：

（a）提名的个人，或专利人（任一）；以及

（b）委员。

第 34.44 条　根据《专利法》第 128 条第（1）款申请

根据《专利法》第 128 条第（1）款寻求命令的申请者，必须送达该申请和附随的起诉书或宣誓书，在程序中确定的出庭日至少 14 日前，给：

（a）产生威胁的个人；以及

（b）委员。

第 34.45 条　根据《专利法》第 12 章申请

（1）根据《专利法》第 133 条第（1）款、第 134 条第（1）款或第

138条第（1）款寻求命令的申请者，必须送达该申请和附随的起诉书或宣誓书，在程序中的出庭日确定的至少14日前，给：

（a）专利人；以及

（b）主张对作为排他性许可或其他专利有利益关系的每一个人；以及

（c）委员。

（2）申请和在本规则提及的起诉书或宣誓书必须遵守《专利条例（1991）》第12章。

（3）如果根据《专利法》第133条第（1）款或第138条第（1）款的申请涉及新型专利，该起诉书或宣誓书必须陈述新型专利被授权的日期。

（4）一方当事人可以根据《专利法》第137条第（4）款的程序申请许可。

第34.46条 专利有效性争议——无效的细节

（1）根据《专利法》争议专利有效性的一方当事人，必须在诉辩状或其他当事人争论有效性的文件中包括，该方当事人依据的无效性的细节。

（2）如果第（1）款中提及的依据是该发明是不可专利的发明，基于文件或行为或事项中关于该发明的信息，细节必须说明：

（a）关于文件——文件被宣称已经成为公开可获得的时间和地点；以及

（b）关于行为或事件：（i）宣称已经付诸行动或事件的个人的姓名；以及（ii）行为或事件已经被宣告公开行为的期间和地点；以及（iii）充分验证该行为的描述；以及（iv）如果该行为或事件涉及仪器或机器——该仪器或机器是否存在详细说明，如果存在，可对其检查的地点。

（3）如果第（1）款提及的依据是该发明并没有其说明书中描述的功能，以及试图将作为诉讼标的的发明无法使用或与说明书描述不一致的例子作为依据，说明的细节必须：

（a）阐明每个主张；以及

（b）陈述该事实；以及

(c) 详细说明其完全无用或没有说明书中写明的功能的例子。

（4）一方当事人没有权利提出任何证据，或作出任何申请书，支持没有在申请中陈述的撤销或调整的依据。

第 34.47 条　植物育种者权利的侵犯——细节

（1）根据植物育种者权利寻求对植物育种者权利侵犯的救济的原初申请，必须包含侵犯的细节：

(a) 说明植物育种者权利宣称被侵犯的方式；以及

(b) 就主张的每个侵犯类型至少给出一个实例。

（2）在第（1）款提及的程序中，在交叉诉求中依赖在《植物育种者权利法》第 54 条第（2）款提及的理由的被告人，必须提交被告人意图依据的事实细节。

第 34.48 条　注册商标的侵犯——细节

想要寻求根据《商标法》注册的商标侵犯救济的原初申请，必须包含侵犯的细节：

(a) 说明被主张的商标已经被侵犯的方式；以及

(b) 就主张的每个侵犯类型至少给出一个实例。

第 34.49 条　注册商标有效性争议——无效的细节

（1）根据《商标法》争议注册商标有效性的一方当事人，必须在诉辩状或其他该方当事人争议注册的有效性的文件中包括，该方当事人依据的无效的细节。

（2）一方当事人没有权利提出任何证据，或作出任何申请书，支持没有在申请中陈述的撤销或调整的依据。

第 34.50 条　实验证明作为证据

（1）如果一方当事人（申请者）申请在程序中，将实验证据作为证据提交，该申请者必须申请与实验证据有关的命令，包含与下列相关的命令：

(a) 对其他当事人送达实验细节以及申请者主张是可以被该实验证明的每一个事实；

(b) 必须许可任何人出席该实验的操作；

(c) 该实验必须被执行的时间和地点；

（d）行为的方式和实验必须被记录的结果；

（e）其他当事人（反对者）必须告知申请者，申请者将主张该实验不证明申请者主张是可以被实验证明的事实的依据的时间。

（2）行为的证据或实验的结果在程序中可采，仅：

（a）如果支持者已经遵守第（1）款以及根据该款命令已经被作出；或

（b）有法院许可。

（3）如果在第（1）款（e）项中提及的命令已经被签发，以及反对者未遵守与依据有关的命令，申请者可以依赖该依据，仅当法院许可。

第34.51条—第34.60条空白

第34.4节 跨塔斯曼程序——一般规定

第34.61条 第34.4节的定义

在《跨塔斯曼程序法》中使用的表述，在本节有与在该法中相同的含义。

注释：以下表述在《跨塔斯曼程序法》第4条界定：

- 音频连接
- 视频连接
- 澳大利亚法院
- 文件
- 实施
- 有权的个人
- 作出
- 初级澳大利亚法院
- 有责的个人
- 当事人
- 个人命名
- 程序规则
- 程序

第34.62条 根据《跨塔斯曼程序法》的程序

本节适用程序的每一方当事人必须遵守：

（a）本节；以及

（b）与本节相关或一致的其他规则。

第 34.63 条　根据《跨塔斯曼程序法》的原初申请

（1）根据《跨塔斯曼程序法》寻求启动程序命令的个人，必须提交原初申请，一致于：

（a）表格 15；以及

（b）第 8.01 条和第 8.03 条。

（2）该申请必须附随宣誓书，陈述申请者依赖的、作出被告人在审理中针对被告人提出的案件的公平通知必要的重要事实。

第 34.64 条　根据《跨塔斯曼程序法》的诉讼中间申请

在已启动的程序中想要根据《跨塔斯曼程序法》申请命令的一方当事人，必须提交：

（a）诉讼中间申请，一致于：（i）表格 35；以及（ii）第 17.01 条；以及

（b）附随的宣誓书。

第 34.65 条　申请临时救济

（1）想要根据《跨塔斯曼程序法》第 25 条向法院申请临时救济命令的个人，必须提交原初申请，与表格 96 一致。

（2）该申请必须附随宣誓书，陈述：

（a）如果该人已经在新西兰法院启动程序：（i）该人已经在新西兰法院启动程序；以及（ii）在新西兰法院程序中寻求的救济；以及（iii）在新西兰法院程序中采取的步骤；或

（b）如果该人意图在新西兰法院启动程序：（i）意图的程序启动的时间；以及（ii）意图的程序启动的法院；以及（iii）在意图的程序中被寻求的救济；以及

（c）寻求的临时救济；

（d）临时救济应当被作出的原因。

第 34.66 条　在新西兰申请许可送达传票

（1）想要在新西兰法院提出申请允许送达传票的个人必须提交诉讼中间申请，与表格 97 一致。

(2) 该申请必须附随：

(a) 与寻求的许可相关的传票副本；以及

(b) 宣誓书简要但明确地陈述以下事项：(i) 接收者的姓名、职位和地址；(ii) 接收者是否超过 18 岁；(iii) 接收者提供的证据或出示的文件或物品的性质和重要性；(iv) 确定证据、文件或物品可以通过其他方式被获取的步骤之细节，这些方式对接收者更加便利且花费更少；(v) 在新西兰其被意图送达传票的日期；(vi) 向接收者提供的满足接收者遵守传票的合理费用总额的细节；(vii) 第 (vi) 项中提及的数额被提供给接收者的相关方式的细节；以及 (viii) 如果传票要求特定的个人提供证据——估计要求接收者出庭提供证据的时间；以及 (ix) 根据《跨塔斯曼程序法》第 36 条第 (2) 款或第 (3) 款，由提出申请的个人已知的，可以是接收者宣告无效传票的申请依据的事实或事项。

注释：在根据《跨塔斯曼程序法》授予许可送达传票前，法院可以要求提出申请的个人承担为遵守传票而由接收者产生的合理费用，如果上述费用超过送达传票时提供给接收者的津贴和交通费。

第 34.67 条 传票的形式

本节适用的传票必须一致于：

(a) 关于提供证据的传票——表格 98A；或

(b) 关于出示文件的传票——表格 98B；

(c) 关于提供证据和出示文件的传票——表格 98C。

第 34.68 条 申请宣告传票无效

(1) 想要对在新西兰送达的传票申请宣告无效的个人，必须在签发传票的程序中提交诉讼中间申请。

(2) 申请必须被提交给法院许可在新西兰送达传票命令签发的地区登记局。

(3) 该申请必须附随：

(a) 传票的副本；以及

(b) 宣誓书，陈述：(i) 该申请依据的重要事实；以及 (ii) 提出申请的个人是否要求审理通过音频连接或视频连接进行。

第 34.69 条　申请签发不遵守传票的证明书

（1）一方当事人可以向法院申请签发不遵守传票的证明书。

（2）申请可以被提出：

（a）如果签发传票的程序是在法庭前——口头向法院提出；或

（b）通过提交诉讼中间申请。

（3）该申请必须附随：

（a）传票副本；以及

（b）作出许可送达传票命令的副本；以及

（c）传票送达的宣誓书；以及

（d）进一步的宣誓书，陈述以下事项：（i）宣告无效传票的任何申请是否已经被提出；（ii）支持第（i）项的任何申请的材料；（iii）处分第（i）项申请的任何命令；（iv）依赖的不遵守证明书问题的重要事实。

注释 1：根据《跨塔斯曼程序法》第 38 条签发的不遵守传票的证明书将与表格 99 一致。

注释 2：登记局将法院的印章附于不遵守传票的证明书。

第 34.70 条　与申请有关的文件

根据《跨塔斯曼程序法》申请在新西兰送达传票许可时，没有法院的许可，个人不得在登记局搜查、查阅或复制文件。

第 34.71 条　申请实施遵守新西兰法院签发的命令

（1）新西兰法院程序中，根据《跨塔斯曼程序法》第 58 条第（2）款，想要实施新西兰法院签发命令的一方当事人必须提交原初申请，与表格 100 一致。

（2）申请必须附随宣誓书，陈述：

（a）主张已经被违背的命令；以及

（b）主张已经违背命令的个人的描述；以及

（c）主张违背的情况。

（3）本条文不影响法院惩罚藐视法庭罪的权力。

第 34.72 条　新西兰判决登记的通知

（1）严禁申请者在《跨塔斯曼程序法》第 74 条第（2）款提及的期间，采取任何步骤去实施登记的新西兰判决，除非申请者已经提交宣誓书，陈述新西兰法院登记的通知已经被作出，与《跨塔斯曼程序法》第73条和根据该法制定的任何规则一致。

（2）如果针对被告人的登记文件在澳大利亚之外实施，在第（1）款提及的文件可以送达，即使没有法院的许可。

注释：第10.4节另外规定了在澳大利亚之外文件的送达。

（3）申请者必须提交宣誓书，证明为实施登记的判决采取任何步骤前，第（1）款文件的送达。

第34.73条　申请延长给出新西兰判决登记通知的时间

（1）根据《跨塔斯曼程序法》第73条第（3）款，有资格且想要申请延长给出新西兰判决登记通知时间的个人必须提交原初申请，与表格101一致。

（2）根据第（1）款的申请必须附随宣誓书，陈述：

（a）简要但明确地说明支持该申请的依据；以及

（b）支持该申请依赖的重要事实；以及

（c）通知没有在特定时间被作出的原因。

第34.74条　宣告新西兰判决登记无效的申请

（1）根据《跨塔斯曼程序法》第72条第（1）款，有资格且想要宣告新西兰判决登记无效的个人，必须在该判决被登记的程序中提交原初申请，与表格101一致。

（2）根据第（1）款的申请必须附随宣誓书，陈述：

（a）简要但明确地说明该判决的登记应当被宣告无效的依据；以及

（b）支持该申请依据的重要事实。

注释：宣告新西兰判决登记无效的申请必须在有责的个人被送达登记的通知后法院的30个工作日内被提出，或在法院认为合适的任何更短或更长的期限——见《跨塔斯曼程序法》第72条第（2）款。

第34.75条　申请中止实施经新西兰登记的判决以便有责方对判决进行上诉

（1）根据《跨塔斯曼程序法》第76条第（1）款，申请中止经新西兰登记判决的实施以便有责方可以对判决进行上诉，必须参照表格101提交原初申请。

（2）根据第（1）款的申请必须附随宣誓书，陈述：

（a）寻求的命令；以及

（b）简要但明确地说明支持提出寻求命令的依据；以及

（c）支持该申请所依赖的重要事实。

第 34.76 条　申请延长中止实施经新西兰登记判决的时间以便有责方对判决进行上诉

（1）根据《跨塔斯曼程序法》第 76 条第（3）款，申请延长中止实施经新西兰登记判决的时间以便有责方对判决进行上诉，必须参照表格 101 提交原初申请。

（2）根据第（1）款的申请必须附随宣誓书，陈述：

（a）寻求的命令；以及

（b）简要但明确地说明支持该申请依据；以及

（c）支持该申请依赖的重要事实；以及

（d）该申请没有在特定时间提出的理由。

第 34.77 条　申请使用音频连接或视频连接的命令

（1）想要申请通过音频连接或视频连接从新西兰法院取证或提出意见书命令的一方当事人，必须提交诉讼中间申请，与表格 102 一致。

（2）第（1）款不适用于在第 34.68 条第（3）款（b）项（ii）提及的请求。

第 34.78 条—第 34.80 条空白

第 34.5 节　跨塔斯曼市场程序

第 34.81 条　第 34.5 节的定义

（1）在本节中：

"新西兰登记局"是指新西兰高等法院登记局。

（2）在本节和在跨塔斯曼程序使用的表述，在本节的含义与该法一样。

注释：以下表述在《跨塔斯曼程序法》第 4 条界定：

· 澳大利亚市场程序

· 澳大利亚市场程序判决

· 有权的个人

- 判决
- 金钱判决
- 非金钱判决
- 新西兰判决
- 新西兰市场上诉
- 新西兰市场程序判决

第 34.82 条　第 34.5 节的适用

在新西兰市场程序中，在法院登记局提交文件，或根据本节提出申请的澳大利亚市场程序的一方当事人，必须遵守：

（a）本节；以及

（b）与本节相关以及一致的其他规则。

第 34.83 条　在新西兰的澳大利亚市场程序提交文件

（1）一方当事人可以在澳大利亚市场程序中向新西兰登记局提交文件。

（2）根据第（1）款提交文件的一方当事人在提交时必须：

（a）从登记局获取被提交文件的一般描述的回执单；以及

（b）规定文件是否将通过邮政、传真或电子通信方式被发送给法院；以及

（c）支付给登记局的数额足够满足以特定方式向法院发送文件的费用。

第 34.84 条　在澳大利亚的新西兰市场程序中提交文件

（1）一方当事人可以在新西兰市场程序中向法院登记局提交文件，如果新西兰的法律许可这样做。

（2）根据第（1）款提交文件的一方当事人在提交时必须：

（a）规定文件将被发送的新西兰登记局；以及

（b）规定文件是否将通过邮政、传真或电子通信方式发送至新西兰登记局；以及

（c）支付给登记局一定数额，以满足以特定的方式向新西兰登记局发送文件的费用。

注释：登记局将：

(a) 在提交时，给一方当事人回执单：(i) 包含被提交文件的一般描述；以及 (ii) 陈述该文件将被发送至新西兰登记局的方式；以及

(b) 在文件被提交之后尽快：(i) 通知新西兰登记局文件已经被提交；以及 (ii) 向新西兰登记局发送文件。

第34.85条 在新西兰联邦法院开庭

(1) 想要提出申请使程序在新西兰一个地方被执行或继续的澳大利亚市场程序的一方当事人，必须提交诉讼中间申请。

(2) 该申请必须附随宣誓书，陈述：

(a) 该申请依据的重要事实；以及

(b) 程序应当在新西兰被执行或继续的理由。

第34.86条 第34.72条至第34.76条的适用

第34.72条、第34.73条、第34.74条、第34.75条和第34.76条适用于新西兰市场程序判决。

第34.5A节 第34.4节和34.5节的过渡性安排

第34.86A条 第34.4节和第34.5节的过渡性安排

(1) 本条适用于程序开始于：

(a) 在2011年8月1日或之后；但是

(b) 在《跨塔斯曼程序法》第3条开始实施前。

(2) 在本条适用的程序，联邦法院规则中的命令69和69A（包括对这两条作出明确规定的表格）继续在程序中使用，如同上述规则未被撤销。

(3) 关于本条适用的程序，附录2的第3.2部分代替下列条款继续适用于该程序。

第3.2部分 《新西兰证据和程序法（1994）》

条目	条文	描述（仅关于信息）
11	第14条第（1）款	整体或部分宣告无效传票的权力
12	第14条第（4）款	裁定不审理申请的权力
13	第14条第（5）款	指示审理将通过视频连接或电话进行的权力
14	第16条	签发证明书，陈述在传票中指定的个人已经无法遵守传票的权力

（4）本节在《跨塔斯曼程序法》第 3 条开始实施时无效。

第 34.88 条—第 34.90 条空白

第 34.6 节　《原住民和托雷斯海峡岛民法（2005）》

第 34.91 条　第 34.6 节的定义

（1）在本节中：

"《原住民和托雷斯海峡岛民法》"是指《原住民和托雷斯海峡岛民法（2005）》。

（2）本节和《原住民和托雷斯海峡岛民法》附录 4 使用的表述，在本节中的含义与该附录中一致。

第 34.92 条　电子申请书的形式和送达

（1）根据《原住民和托雷斯海峡岛民法》，对选举的有效性或选举声明有异议的个人必须提交申请书，与表格 103 一致，以及向登记局存放 100 澳元作为费用的保障。

注释：《原住民和托雷斯海峡岛民法》附录 4 第 4 条规定存放 100 澳元作为费用保障。

（2）该申请书必须以选举时被选举的个人作为被告人。

注释 1：《原住民和托雷斯海峡岛民法》附录 4 第 5 条许可选举委员会提交申请书。

注释 2：登记局将：

(a) 签署以及在申请书中附上法院的印章；以及

(b) 确定审理的出庭日和地点以及在申请书上签注上述细节；以及

(c) 作出或向申请者发送盖章的副本；以及

(d) 发送盖章的副本给：(i) 选举委员会；以及 (ii) 部长。

（3）在程序确定的出庭日前的至少 5 日，申请者必须向被告人送达盖章的申请书副本。

第 34.93 条　对电子申请书的回复

（1）如果申请者声明某人选举程序合法但未获得选举结果报告，且被告人主张该人的选举程序不合法，则被告人必须在提交通知送达的 7 日内，向登记局提交并向申请者送达其依据的细节。

（2）依据的细节的陈述必须描述事实，以与申请书中描述的使得选举无效依赖的事实相同的方式。

第34.94条　对资格或空缺的推荐

（1）如果部长想要根据《原住民和托雷斯海峡岛民法》附录4第17条向法院提交问题，司法部长必须提交原初申请，与表格104一致。

注释：登记局将：

（a）签署并盖法院的章；以及

（b）确定审理的出庭日和地点以及在原初申请中签注上述细节；以及

（c）作出或给部长发送盖章的副本。

（2）部长必须在提交原初申请后尽快发送盖章的副本给托雷斯海峡地区管理局。

（3）在程序规定的出庭日前，部长必须至少两次，在每个托雷斯海峡地区管理局区域内流通的报纸上，公布提交通知以及审理的日期。

第34.95条—第34.100条空白

第34.7节　原住民土地权程序

第34.101条　第34.7节的阐述

（1）在本节中：

"主要申请"是指根据《原住民土地权法》第61条提出的申请。

"《原住民土地权法》"是指《原住民土地权法（1993）》。

"旧的《原住民土地权法》"是指在1998年9月30日前实施的《原住民土地权法（1993）》。

（2）在本节中：

（a）"原住民土地权登记局"或"国家原住民土地权裁判庭"包含根据《原住民土地权法》第207B条是同等机构的州或地区机构；以及

（b）对"附录中表格"的提及是对在《原住民土地权（联邦法院）规则（1998）》附录中表格的提及。

（3）在本节和在《原住民土地权法》中使用的表述，在本节中的含义与在《原住民土地权法》中的含义相同。

注释1："申请者"在"词典"中界定，关于本节，包括《原住民土地权法》第61条第（2）款中是申请者个人。

注释 2：关于权利人申请、联邦司法部、原住民土地权登记局、国家原住民土地权裁判庭、非权利人申请和认证的州或地区机构的定义，见《原住民土地权法》第 253 条。

第 34.102 条　第 34.7 节的适用

《原住民土地权法》适用程序的一方当事人，必须遵守：

（a）本节；以及

（b）与本节相关以及与本节一致的其他规则。

第 34.103 条　主要申请（原住民土地权和补偿）

（1）想要提出主要申请的一方当事人必须提交：

（a）关于权利人申请——申请与附录中表格 1 一致；或

（b）关于非权利人申请——申请与附录中表格 2 一致；或

（c）关于修正的原住民土地权裁定申请——申请与附录中表格 3 一致；或

（d）关于补偿申请——申请与附录中表格 4 一致。

（2）第（1）款中的主要申请为上述规则的目的，是原初申请。

（3）主要申请必须附随由申请者宣誓或确认的宣誓书。

注释：附随权利人申请的宣誓书必须包括《原住民土地权法》第 62 条提及的信息。

（4）申请者必须提交两份主要申请的副本、每个地图和其他附随的文件。

第 34.104 条　在相关期限内主要申请的当事人的合并程序

如果个人想要成为主要申请的一方当事人，且在《原住民土地权法》第 66 条第 10 款（c）项提及的 3 个月期间（相关期间）内还没有结束，该人必须提交通知，与附录中表格 5 一致。

注释：在相关期间结束后，登记官应当把合并申请中的每一方当事人通知给：

（a）申请者；以及

（b）法院命令必须被作出通知的其他当事人。

第 34.105 条　在相关期限后主要申请的当事人的合并

（1）如果个人想成为主要申请的一方当事人，以及相关期间（在第

34.104 条的含义内）已经结束，该人必须通过提交诉讼中间申请进行申请，与表格 105 一致。

（2）申请必须附随宣誓书，陈述：

（a）该人的利益如何会因程序中的裁定而受到影响；以及

（b）法院同意申请符合正义利益的原因。

第 34.106 条　当事人的撤回

如果主要申请的一方当事人，除申请者外，想要停止作为一方当事人，该当事人必须：

（a）在程序的第一次审理前的任何时间——给法院书面的通知，与表格 106 一致；或

（b）在任何其他情况下——向法院申请许可从程序中撤回。

注释：根据第 34.106 条（a）项给法院通知的一方当事人停止作为程序中的一方当事人——见《原住民土地权法》第 84 条第（6）款。关于代替申请者的申请，见《原住民土地权法》第 66B 条。

第 34.107 条　除主要申请外申请的形式

想要根据《原住民土地权法》提出申请的个人，除主要申请或根据第 34.109 条或第 34.110 条的申请外，必须提交：

（a）原初申请，与表格 107 一致；以及

（b）由陈述支持该申请的申请者宣誓或确认的宣誓书。

注释：2011 年 8 月 1 日前，根据《原住民土地权（联邦法院）规则（1998）》关于下列事项的申请未指定特定形式：

· 关于公正条款赔偿（《原住民土地权法》第 53 条）

· 关于原住民土地登记局不接受登记的主张决定的审查 [《原住民土地权法》第 69 条第（1）款]

· 关于从本地土地使用协定登记局撤销协定细节的命令 [《原住民土地权法》第 69 条第（1）款]

· 关于确保遵守有关转移记录指示的命令 [《原住民土地权法》第 69 条第（1）款]

第 34.108 条　除主要申请外，申请的送达

（1）第 34.107 条提及的申请必须被送达给：

（a）程序的被告人；以及

（b）任何利益相关的个人；以及

（c）联邦；以及

（d）对主要申请涉及的区域有司法管辖权的每个州或地区。

（2）如果根据本规则或国家原住民土地权裁判庭被送达申请的申请者、联邦、州或地区，认为另一个人对该申请有利益，该申请者、联邦、州或地区或国家原住民土地权裁判庭可以在被送达或收到该申请之后的14日内，向法院申请通知或送达该申请给另一个人的命令。

（3）被送达或被通知申请的个人可以提交以及送达送达地址的通知，且在提交送达地址通知时成为申请的被告人。

（4）在本条：

"个人"包括群体或组织。

第34.109条 不接受登记主张决定审查的申请

（1）如果原住民土地权登记局已经拒绝申请登记的主张，申请者可以在收到该决定通知之日的42日内，通过提交原初申请，向法院申请审查根据《原住民土地权法》第190F条第（1）款的决定，与表格108一致。

（2）对主要申请涉及的地区有管辖权的每个州或地区，必须被合并成申请的被告人。

（3）联邦可以被合并作为申请的被告人。

第34.110条 从原住民土地使用协定登记局移除协定细节的申请

（1）想要根据《原住民土地权法》第199C条第（2）款向法院申请从原住民土地使用协定登记局移除协定细节命令的个人，必须提交原初申请，与表格109一致。

（2）该申请必须附随宣誓书，陈述：

（a）如果依据的理由是欺诈——该欺诈首先被申请者注意的日期；以及

（b）如果依据的理由是不正当的影响——不正当影响的行为首先发生的日期；以及

（c）如果依据的理由是强制——强制行为首次发生的日期。

第 34.111 条　申请关于归还或获得记录的命令

根据《原住民土地权法》第 203FC 条第（4）款为确保遵守与本法第 203FC 条第（3）款一致的指示的申请，必须在如下日期后的 42 日内被提交：

(a) 该指示生效的日期；或

(b) 如果该指示指定完成遵守指示的日期——该日期。

第 34.112 条　作为特殊情况的问题

(1) 向法院提交以下事项必须以特殊情况的形式：

(a) 由根据《原住民土地权法》第 94H 条第（1）款执行调解的个人（调解者）提及的事实或法律问题；或

(b) 根据《原住民土地权法》第 145 条第（1）款由国家原住民土地权裁判庭向法院提及的法律问题。

(2) 特殊情况必须：

(a) 被划分为连续编号的段落；以及

(b) 简要但明确地陈述事实；以及

(c) 附随所有必要的，且能够使得法院决定由特殊情况产生的问题的文件。

(3) 法院可以从特殊情况陈述的事实和附随的文件中进行推论，无论事实还是法律，若其在庭审中被证明，则可从中推论。

注释 1：在收到提交后，登记官将确定审理的出庭日和地点以及在提交中签注上述细节。

注释 2：登记官将通知调解者或国家原住民土地权裁判庭，以及调解或国家原住民土地权裁判庭程序中的当事人有关的出庭日和地点。

第 34.113 条　准备的特殊情况——由仲裁者提交

根据《原住民土地权法》第 94H 条第（1）款的提交，特殊情况必须：

(a) 由调解者解决；以及

(b) 与 4 个其他副本，由调解者转移给登记官。

第 34.114 条　准备的特殊情况——由国家原住民土地权裁判庭提交

根据《原住民土地权法》第 145 条第（1）款的提交，特殊情况必须：

（a）由现任的国家原住民土地权裁判庭的成员解决；以及

（b）与4个其他副本，由国家原住民土地权裁判庭转移给登记官。

第34.115条　有程序义务的当事人——由仲裁者提交

根据《原住民土地权法》第94H条第（1）款的提交，有程序义务的一方当事人是：

（a）如果问题根据一方当事人的请求由调解者提出——该方当事人；以及

（b）如果问题由调解者根据自身动议提出——由调解者聘任的对程序有义务的当事人。

第34.116条　有程序义务的当事人——由国家原住民土地权裁判庭提交

根据《原住民土地权法》第145条第（1）款的提交，有程序义务的一方当事人是：

（a）如果问题由国家原住民土地权裁判庭在一方当事人的请求下提交——该方当事人；以及

（b）如果问题是由国家原住民土地权裁判庭主动提出——由国家原住民土地权裁判庭聘任的对程序有负担的一方当事人。

第34.117条　对一方当事人是否应当停止成为当事人的问题提交

（1）根据《原住民土地权法》第94J条的提交必须与表格110一致。

（2）提交必须附随所有必要的、能够使法院考虑由该提交产生的问题的文件。

（3）该提交必须由调解者解决。

（4）调解者必须将提交的副本提供给下列人员：

（a）登记官；

（b）提交有关的一方当事人；

（c）主要申请的申请者；

（d）对主要申请涉及的地区有管辖权的每个州或地区。

注释1：接收提交后，登记官将确定审理的出庭日和地点以及签注上述细节。

注释 2：登记官将通知执行调解的个人和在第 34.117 条第（4）款提及的当事人有关出庭日和地点。

第 34.118 条 关于违反善良要求的报告

（1）如果调解者想要向法院报告，一方当事人或该方当事人的代表人对于调解的执行存在不作为或没有善意作为，该报告必须：

（a）采用书面形式；以及

（b）描述报告主体的该方当事人或该方当事人代表人的行为；以及

（c）提交（b）项提到的行为的相关证据；以及

（d）陈述调解者认为行为无法以善意执行的理由。

注释：如果执行调解的个人认为一方当事人或该方当事人的代表人对于调解的结果，不作为或未进行善意作为，则现有的成员可以向法院报告——见《原住民土地权法》第 94P 条第（4）款和第（5）款。

（2）该报告必须用标有"保密"的密封信封提供给登记局。

（3）该报告必须仅被提供给法院，如果现有的国家原住民土地权裁判庭成员或主要申请的一方当事人意图依赖该报告。

第 34.119 条 对第 34.120 条至第 34.123 条规则的定义

第 34.120 条至第 34.123 条中：

"文化或传统的性质"是指与原著居民或特雷斯海峡岛民的文化、谱系、习俗和传统有关的性质。

第 34.120 条 一般证据性事项

（1）根据本节，证据规则适用于根据本节的程序。

（2）一方当事人可以向法院申请命令：

（a）限制获取程序的庭审记录；或

（b）限制获取诉辩状或在法院档案中的任何其他文件的内容；或

（c）有关证据可以被提交给法院的方式；或

（d）有关特定证据将会被提供的时间和地点；或

（e）有关鉴定的方式或提交特定主体事项的证据；或

（f）关于文化或传统主题的证据的展示。

第 34.121 条 考虑有关文化或传统的命令

一方当事人可以通过提交诉讼中间申请，向法院申请考虑一方当事人或其他人的文化或传统性质的命令，与表格 111 一致。

示例：法院可以近期死亡者的名义作出裁决。

注释1：在考虑是否签发命令时，法院可以从程序的当事人寻求任何它认为合适的信息。

注释2：登记官将确定审理的出庭日和地点以及在申请中签注上述细节。

注释3：向原住民土地所有权登记提出特定申请可以被视为已经向联邦法院提出特定申请，基于《原住民土地权修正案（1998）》开始实施的结果。关于上述及其他结果，参见《原住民土地权修正案（1998）》附录5第3部分。

第34.122条 披露文化或传统性质的证据或信息，与法院命令相反

（1）如果在程序中对证据的提出或文件的查阅可能披露信息或证据的文化或传统的性质，其披露将与法院或裁判庭的指示或命令相反，想要举出证据或查阅文件的一方当事人必须作出合理的通知给：

（a）给出指示或签发命令的法院或裁判庭；以及

（b）给出证据或出示信息的每个人，或其代表人；以及

（c）任何其他法院可以命令的个人。

（2）根据第（1）款（a）项通知可以被作出，通过将通知给该法院或裁判庭的登记官，或执行登记官的职责或拥有类似职位的个人。

（3）在本条：

"法院或裁判庭"包括：

（a）原住民土地委员会；以及

（b）根据联邦或州或地区的法律审理和裁定，或作出事实裁决和议案，或调解或与以其他方式作为的与原住民土地程序有关的有司法管辖权的任何其他机构或实体。

第34.123条 文化或传统性质的证据

如果文化或传统性质的证据将通过歌唱、舞蹈、讲故事的方式或任何其他除传统提供证据的方式被作出，寻求举出证据的一方当事人必须告诉法院，在证据被申请提出的合适时间内：

（a）计划举证的地点、时间和形式；以及

(b) 与证据或证据的部分相关的任何秘密或保密的事项。

第 34.124 条　提及特定材料的文件

(1) 提及一方当事人主张是保密或秘密性质的文化或传统性质的在程序中使用的文件，必须：

(a) 将该主张签注在材料的封面上；以及

(b) 附随文件，包括在密封的信封中，包括该材料的简短描述和它保密或秘密性质的理由。

(2) 密封的信封严禁被打开，除非经法院许可。

注释：法院可以作出许可打开密封的信封，在该材料或该材料的部分不被披露的情况下。

第 34.125 条　与其他人协商给出的证据

一方当事人可以向法院申请命令，将证人群体的陈述或证人与其他人协商之后的陈述采纳为证据。

注释：根据法院的命令，如果证人在与其他人协商之后作出陈述，可以在庭审记录中记录每个人的身份。

第 34.126 条　证据不是在正常的过程被给出

一方当事人可以向法院申请命令，个人的证据在除证据通常被作出的时间之外被作出。

第 34.127 条　查阅

一方当事人可以向法院申请查阅地点的命令，以及如下间接命令：

(a) 准备地图；

(b) 获得土地所有者和使用者的许可；

(c) 作出通知；

(d) 交通和食宿细节的具体事项；

(e) 到达和离开时间的细节；

(f) 机动车的类型、数量和描述；

(g) 路线描述（如路线的物理特征，包括路表状况）；

(h) 行驶的距离、路程的耗时以及勘验的耗时；

(i) 任何第三方当事人控制侦查和任何相关费用的细节。

第 34.128 条　取证

一方当事人可以向法院申请命令：

（a）评估者被雇佣为：（i）在对该方当事人安排的时间、日期和地点从程序一方当事人取证；以及（ii）决定如何记录证据；以及（iii）准备证据的报告以及在特定时间将它提交给法院；以及

（b）个人被传唤在评估者前出庭给出证据或出示文件或其他物品。

注释：《原住民土地权法》第 83 条许可首席大法官指示评估者在有关程序中协助法院，根据法院的控制和指示。

第 34.129 条　利益的冲突

在程序的任何阶段，如果评估者意识到其已经或可能对相关的程序有利益冲突（在本法第 37L 条第 3 款的含义内），评估者必须尽快地通知：

（a）法院的首席大法官；以及

（b）所列的审理该事项的法官；以及

（c）如果程序由合议庭审理——主审法官；以及

（d）程序中的每一方当事人。

第 34.130 条　程序的简称

（1）根据《原住民土地权法》，程序中的文件可以作为标题，与表格 112 一致，使用由登记官规定的程序中的简称，如果文件不是：

（a）原初申请；或

（b）给非程序一方当事人的个人送达的文件；或

（c）最终命令。

（2）尽管第 2.13 条，简称不需要提及程序中的当事人。

第 34.131 条　代理人的雇用和代理人送达地址变更的通知

（1）如果程序的一方当事人在根据《原住民土地权法》第 84B 条第 (1) 款有关的程序中聘任代理人，一方当事人必须在聘任该代理人后的 14 日内提交通知，与表格 113 一致。

（2）如果代理人的姓名、合同细节或送达地址有变更，一方当事人必须在变更之后的 14 日内提交通知，与表格 114 一致。

第 34.132 条　申请许可由不是律师的个人代理人

根据《原住民土地权法》第 85 条，一方当事人申请许可由不是律师

的个人代理人，必须与表格115一致。

第34.133条　原住民土地登记官向法院申请关于通知的命令

原住民土地权登记官可以根据《原住民土地权法》第66条第（7）款或第66A条第（3）款向法院申请命令，关于：

（a）特定的个人或群体是否必须被作出申请的通知；以及

（b）通知将如何被作出。

注释1：法院也可以指示原住民土地登记官给出另外的通知。

注释2：登记官将：

（a）开始命令；以及

（b）将法院的印章附于命令；以及

（c）通过普通的预付邮资、传真或电子通信方式，向原住民土地登记局发送盖章的副本。

第34.134条　交叉申请

如果申请的一方当事人知道存在与该申请涉及（全部或部分）相同地区原住民土地权裁定的另一个相关程序正在法庭进行，则该方当事人必须尽快向法院进行书面通知，以此区别另一申请。

注释：如果根据本条法院接收到通知，那么考虑到程序的未来执行，法院将作出两程序合并审理的指示。

第34.135条　法院可以命令中止程序，为当事人间协议的目的

一方当事人可以在任何时间向法院申请命令，关于：

（a）中止程序，以给当事人时间协商：（i）关于程序；或（ii）关于除原住民土地权外的事项；或

（b）中止被结束，如果：（i）国家原住民土地权裁判庭已经报告协商不可能成功；或（ii）这样做合适。

第34.136条　关于原住民土地权裁定的实际结果的协议

在法院作出关于原住民土地权的最终裁定之前的任何时间，一方当事人可以向法院申请当事人之间就相关事项的权利与利益的实际管理达成协议的命令。

第34.137条　由国家原住民土地权裁判庭出庭

代表国家原住民土地权裁判庭在审理前出庭的个人，必须在庭审前的

至少5日提交书面通知，包括：

(a) 该人的姓名；以及

(b) 该人在国家原住民土地权裁判庭中的职位；以及

(c) 该人的地址、电话号码、传真号码和邮件地址（如果有）；以及

(d) 该人申请代表国家原住民土地权裁判庭提出的意见书的摘要。

第34.138条——第34.160条空白

第34.8节 人权程序

第34.161条 第34.8节的解释

(1) 在本节：

"委员会"是指澳大利亚人权委员会。

"《人权法》"是指《澳大利亚人权实施法（1986）》。

"程序"是指根据《人权法》第2B部分第2条法院中的程序。

(2) 在本节和《人权法》中使用的表述，在本节中的含义与在《人权法》中的含义相同。

注释：关于受影响的个人、宣称的不合法歧视、起诉状和不合法的歧视的定义，见《人权法》第3条第（1）款。关于特殊目的委员会的定义，见该法第46PV条第（3）款。

第34.162条 第34.8节的适用

本节在程序中适用。

第34.163条 启动程序——申请和主张

(1) 想要根据《人权法》启动程序的个人必须提交原初申请，与表格116一致。

(2) 原初申请必须附随：

(a) 向委员会提交的原初起诉状的副本；以及

(b) 由委员会主席作出的起诉状终结的通知。

(3) 原初申请必须包括该人提出的任何，除不合法的歧视之外的其他主张。

注释：登记官将确定审理的日期、时间和地点以及在原初申请中签注上述细节。

第 34.164 条 给委员会的申请副本

在程序审理确定的出庭日前至少 5 日,申请者必须给委员会:

(a) 申请的盖章副本;以及

(b) 附随文件的副本。

第 34.165 条 送达地址

被告人必须提交送达地址的通知,与第 11.07 条一致。

第 34.166 条 特定目的委员的出庭

如果法院对特定目的委员授予许可其在程序中协助法院,则该委员必须:

(a) 与第 11.7 条一致提交送达地址;以及

(b) 与第 11.8 条一致向程序中的每一方当事人送达盖章的送达地址的副本。

第 34.167 条 诉讼代表人的程序行为

第 9.66 条第(3)款不适用于根据本节的程序。

第四章 上诉管辖权

第 35 部分 许可上诉

第 35.1 节 对法院的诉讼中间判决进行上诉之口头申请的许可

第 35.01 条 口头申请上诉的许可

一方当事人可以口头申请许可对法院的诉讼中间判决或命令提起上诉:

(a) 在判决宣告或命令的签发之时;以及

(b) 向宣告判决或签发命令的法官提出。

第 35.02 条—第 35.10 条空白

第 35.2 节 书面申请上诉的许可

第 35.11 条 条文的适用

一方当事人可以根据本节向法院申请许可上诉,如果:

（a）法律规定了当事人向法院提起上诉的权利，根据当事人获取上诉许可；以及

（b）一方当事人尚未对法院的诉讼中间判决或命令提出口头申请许可上诉。

注释：向法院许可上诉的申请可由独任法官审理和裁定，除非：

（a）法官另有指示；或

（b）该申请在已指派给合议庭的上诉中提出，且合议庭认为它适合审理和裁定该申请——见本法第25条第（2）款。

第35.12条 申请的形式

（1）想要申请许可上诉的个人必须提交申请，与表格117一致。

（2）该申请必须附随以下：

（a）申请许可上诉针对的判决或命令；

（b）该判决或命令的理由（如果公布）；

（c）陈述支持该申请的事实的宣誓书；

（d）遵守第36.01条第（1）款和第（2）款的上诉起草通知；以及

（e）如果申请者想要该申请被考虑且无口头抗辩——对该效力的说明。

注释1：律师可以提交启动移民诉讼的上诉通知，仅当该通知包括或附随由律师根据《移民法（1958）》第486I条签署的证明书。

注释2："提交"在"词典"中界定为提交和送达。

注释3：关于移民诉讼，律师的含义由《移民法（1958）》第5条作出。

第35.13条 提交申请的时间

申请必须被提交：

（a）在判决被宣告或命令被签发之日14日内；或

（b）寻求上诉许可的法院为该目的确定的日期或该日期之前。

注释："判决"和"命令"在"词典"中界定。

第35.14条 寻求延长上诉许可的时间

（1）想要申请延长寻求上诉许可时间的个人必须提交申请，与表格118一致。

（2）该申请可以被提出，在第 35.12 条提到的期间或之后。

（3）申请必须附随以下：

（a）寻求的上诉许可的判决或命令；

（b）作出该判决或命令的原因（如果公布）；

（c）宣誓书陈述：（i）简要但明确地说明该申请依赖的事实；以及（ii）上诉许可的申请没有在特定时间内被提交的理由；以及

（d）遵守第 36.01 条第（1）款和第（2）款的起草上诉通知；

（e）申请者是否想要申请被考虑且无口头抗辩的说明。

注释 1：法院可以许可延长时间，且同时审理和裁定上诉许可的申请。

注释 2：根据第 35.12 条或第 35.14 条的申请由独任法官审理和裁定，除非该申请是在已经被指定给合议庭的程序中被提出，且合议庭认为由其审理和裁定该申请是合适的。

注释 3："提交"在词典中界定为提交和送达。

第 35.15 条　申请送达

寻求上诉许可或寻求延长上诉许可时间的一方当事人，必须在提交申请的两日内，向法院上诉程序中的当事人或被许可参与其中的每个人送达第 35.12 条或第 35.14 条提交的每一个文件。

第 35.16 条　送达方式

根据第 35.12 条或第 35.14 条的申请和附随的文件必须被送达，以下列的一种方式：

（a）亲自送达签名和盖章的申请的副本和文件给当事人；

（b）在向法院寻求上诉的程序中，通过发送签名和盖章的申请的副本和文件给当事人的送达地址。

第 35.17 条　被告人的送达地址

根据第 35.12 条或第 35.14 条申请的被告人，必须在申请送达和在程序采取步骤 14 日内提交送达地址的通知。

注释：在申请中对上诉救助没有质疑的被告人可以根据第 12.01 条提交服从通知。

第 35.18 条 特定申请可不进行口头审理

（1）根据第 35.12 条或第 35.14 条，申请者可以向法院申请命令特定申请不进行口头审理。

（2）如果法院根据第（1）款签发命令，一方当事人必须提交当事人的意见书，与第 35.19 条一致。

注释：根据第（1）款的申请可以由独任法官审理和裁定——见本法第 25 条第（2）款和第 25 条第（2B）款。

第 35.19 条 意见书

一方当事人的意见书必须：

（a）包含程序的标题；以及

（b）包含提交它的当事人的姓名；以及

（c）由连续编号的段落组成；以及

（d）由不多于 10 页组成；以及

（e）如果提出提交在法院上诉程序中的庭审记录：（i）陈述页码和行号；以及（ii）附上提交的庭审记录的任何页码的附件；以及

（f）简要但明确地就下列事项进行陈述：（i）如果由申请者提交——相关的事实；以及（ii）如果由被告人提交——有争议的事实；以及（iii）由相关的当事人争论的主张；以及（iv）主张依赖的理由。

第 35.20 条 无口头审理之申请的反对

反对无口头审理之申请的被告人必须根据表格 119 陈述异议理由。

注释：法院将裁定该申请是否通过口头辩论的方式进行。

第 35.21 条 提交以及送达宣誓书的时间

寻求在根据第 35.12 条或第 35.14 条的申请中举出证据的被告人，必须提交任何被告人意图依赖的宣誓书，在被送达该申请之后的 14 日内。

注释：登记官将确定审理的出庭日和地点（或如果该申请根据书面情况被决定）以及通知当事人指定的审理（或决定）日期。

第 35.22 条 指示

一方当事人可以向由独任法官构成的法庭申请，关于申请的管理、执行和审理的指示。

第 35.23 条—第 35.30 条空白

第35.3节 尽早结束申请

第35.31条 撤回申请

(1) 根据第35.12条或第35.14条已经提交申请的一方当事人可以根据表格120撤销申请。

(2) 根据第(1)款提交的通知,具有法院撤销申请之命令的效力。

(3) 根据第(1)款提交的通知不影响其他当事人根据第35.12条或第35.14条提出的与在撤回申请的判决相关的申请。

(4) 根据第(1)款已经提交通知的一方当事人,必须支付费用给申请的每一方其他当事人。

第35.32条 因缺少控诉撤销申请

根据第35.12条申请中的被告人可以向法院申请命令,撤销该申请:

(a) 因被告人无法遵守法院的指示;或

(b) 因被告人无法遵守这些规则;或

(c) 因被告人无法出庭与申请有关的审理;或

(d) 因缺少控诉。

第35.33条 当事人缺席

(1) 如果根据第35.12条或第35.14条的申请被传唤参加审理时,一方当事人缺席,任何其他当事人可以向法院申请命令:

(a) 如果缺席的当事人是申请者:(i) 撤销该申请;或 (ii) 中止该申请;或 (iii) 继续该审理仅当特定的步骤被采取;或

(b) 如果缺席的当事人是被告人:(i) 该审理或与该申请特定部分相关的审理继续进行;或 (ii) 中止该审理;或 (iii) 继续该审理仅当特定步骤被采取。

(2) 如果审理在一方当事人缺席的情况下进行且在审理快结束时命令被签发,则缺席的一方当事人可以向法院申请:

(a) 宣告命令无效或变更命令;以及

(b) 关于程序进一步执行的命令。

第35.34条—第35.40条空白

第35.4节 撤回上诉许可

第35.41条 撤回或变更许可的授予

(1) 如果法院作出上诉许可,被告人可以向合议庭申请命令:

(a) 整体或部分地撤销上诉许可;或

(b) 施加准许上诉的条件;或

(c) 变更上诉许可的条件。

(2) 如果该上诉是针对联邦巡回法院程序的上诉,被告人可以依据第(1)款向独任法官寻求命令。

第36部分 上诉

第36.1节 提起上诉

第36.01条 上诉通知的形式

(1) 想要向法院提出上诉的一方当事人必须提交上诉通知,与如下要求一致:

(a) 关于针对联邦巡回法院的上诉——表格121;或

(b) 关于针对其他法院的上诉——表格122;或

(c) 关于针对法院独任法官的上诉——表格122。

(2) 上诉通知必须陈述:

(a) 上诉是否针对所有判决或所有命令,还是仅部分判决或部分命令;以及

(b) 如果判决仅针对部分判决或某部分命令——被上诉的判决的部分或特定的命令;以及

(c) 简要但明确地说明支持上诉所依赖的依据;以及

(d) 申请者希望的取代上诉的判决或命令的判决或命令。

(3) 如果上诉通过法院的许可被提及:

(a) 上诉通知必须包括对该效果的陈述;以及

(b) 作出许可命令的副本必须附于上诉通知。

(4) 上诉通知必须包括上诉人的送达地址。

注释1:律师可以提交开始移民诉讼的上诉通知,仅当该通知包括或

附随根据《移民法（1958）》第486I条由律师签署的证明书。

注释2：关于移民诉讼，"律师"的含义由《移民法（1958）》第5条规定。

注释3：上诉通知包括在程序中采取任何步骤之前，被告人必须提交送达地址的通知的注释。

注释4：法院的上诉管辖权将由合议庭行使——见本法第25条第(1)款。但是：

（a）如果上诉是针对联邦治安法院的判决，上诉管辖权将由独任法官行使，或者如果法官认为与上诉有关的法院的上诉管辖权由合议庭行使更为合适，由合议庭行使（见本法第25条第1AA款）；或

（b）如果上诉是针对简易管辖的法院，管辖权由独任法官行使，或由如果法官认为与上诉有关的法院的上诉管辖权由合议庭行使更为合适，由合议庭行使（见本法第25条第5款）。

注释5：被告人可以在被送达上诉通知14日内，提出反对上诉的效力——见第36.72条。

第36.02条 上诉通知的提交

上诉通知必须被提交：

（a）如果上诉是针对法院的独任法官——在判决被宣布或命令被签发之前程序被最后审理的州或地区的地区登记局；或

（b）如果上诉是针对州或地区的法院的判决——在该州或地区的地区登记局；或

（c）如果上诉是针对联邦治安法院的判决——在判决被宣布或命令被签发之前程序被最后审理的州或地区的地区登记局；或

（d）在任何其他情况下——在合适的地区登记局。

注释：何时提交上诉通知：

（a）如果它不是根据《移民法（1958）》提起的上诉，第36.5节适用，登记官将确定传唤或审理的日期和地点，且该日期和地点将被签注在上诉通知上；或

（b）如果它是根据《移民法（1958）》提起的上诉，上诉通知将被司法机关的登记官考虑以及指示被签发。

第36.03条 提交和送达上诉通知的时间

上诉人必须提交上诉通知：

（a）在以下日期的28日内：（i）判决被宣告或命令被签发的日期；或（ii）上诉许可被同意的日期；或

（b）由上诉法院为该目的确定的日期或之前。

第36.04条 对当事人的送达和交付

（1）上诉人必须送达上诉通知给上诉法院程序中的每一个当事人，或被许可参与其中的每一个人。

注释：法院可以指示上诉通知被送达给任何其他个人。

（2）如果上诉的法院是州或地区的法院，上诉人必须在提交上诉通知7日内，向上诉法院的登记官、助理官员或合适的官员提交上诉通知副本。

第36.05条 延长提交上诉通知的时间

（1）想要申请延长提交上诉通知时间的一方当事人，必须提交申请，与表格67一致。

（2）该申请必须在第36.03条提及的期间或之后被提出。

（3）该申请必须附随以下：

（a）提起上诉针对的判决或命令；

（b）判决或命令被作出的理由（如果公布）；

（c）宣誓书陈述：（i）简要但明确地说明该申请所依赖的事实；以及（ii）上诉通知没有在特定时间内提交的理由；

（d）遵守第36.01条第（1）款和第（2）款的上诉起草通知。

注释：根据本条的申请必须由独任法官审理，除非：

（a）法官指示申请由合议庭审理；或

（b）申请在已经指派给合议庭的程序中提出，以及合议庭认为由其审理和裁定事项是合适的——见本法第25条第（2）款。

第36.06条 送达的方式

根据第36.01条的上诉通知或根据第36.05条的申请必须以下列方式之一被送达：

（a）通过亲自给当事人送达签署和盖章文件的副本；

（b）通过在上诉法院的程序中，向当事人的送达地址发送签署和盖章的文件副本。

第 36.07 条　被告人的送达地址

根据第 36.02 条的上诉或根据第 36.05 条的申请的被告人必须提交送达地址的通知，在被送达上诉地址通知或申请后 14 日内或在程序中采取步骤前。

注释：不想对在上诉通知中寻求抗辩救助的被告人，可以提交服从通知，与第 12.01 条一致。

第 36.08 条　上诉判决的执行或程序的中止

（1）上诉不会：

（a）使得上诉所针对的判决被中止执行或中止其他任何程序；或

（b）使得任何已经开始的程序无效。

（2）上诉人或利益相关者可以向法院申请命令，中止程序的执行直到上诉被审理和裁定。

（3）根据第（2）款申请可以被提出，即使提起上诉的法院先前已驳回相似种类的申请。

注释："利益相关者"在词典中界定。

第 36.09 条　对上诉费用的保障

（1）一方当事人可以向法院申请命令，关于：

（a）上诉人作出上诉费用的保障，以及作出保障的方式、时间和条款；以及

（b）上诉被中止直到保障被作出；以及

（c）如果上诉人无法遵守命令，在命令规定的时间内提供保障——该上诉被中止或撤销。

（2）根据第（1）款的申请必须附随宣誓书陈述支持申请的事实。

注释：本法第 56 条也规定了"费用的保障"。

第 36.10 条　对上诉通知的修正

上诉人可以未经法院的许可，通过与第 36.01 条一致的方式提交补充的上诉通知以修正上诉通知，在提交上诉通知后 28 日内。

第 36.11 条　指示

（1）一方当事人可以向由独任法官组成的法庭申请，与上诉的管理、执行以及审理相关的指示。

（2）不限于第（1）款，一方当事人可以向法院申请命令，关于以下：

（a）延长上诉时间；

（b）作出许可修正上诉的依据；

（c）合并或移除上诉的一方当事人；

（d）费用的保障；

（e）作出简易判决；

（f）在法院的上诉裁定之时或之后，签发诉讼中间命令；

（g）签发命令，通过同意处分包括费用命令的上诉；

（h）撤销因缺少控诉的上诉；

（i）撤销审理日期；

（j）签发命令，撤销向法院的上诉，由于：（i）无法遵守法院的指示；或（ii）上诉人无法参加与上诉相关的审理；

（k）上诉的执行包括：（i）上诉状的内容；以及（ii）书面意见书的使用；以及（iii）限制口头抗辩的时间；

（l）上诉没有口头审理执行，根据当事人有权提交书面意见书的情况；

（m）合议庭命令的中止。

注释：本款规定了在本法第 25 条中提及的权力。

第 36.12 条—第 36.20 条空白

第 36.2 节　交叉上诉和主张的通知

第 36.21 条　交叉上诉

（1）想要对部分判决或命令上诉的被告人，必须提交交叉上诉通知，与表格 123 一致。

（2）交叉上诉通知必须陈述：

（a）交叉上诉依赖的部分判决或命令；以及

（b）简要但明确地说明支持交叉上诉所依据的理由；以及

(c) 被告人需要的取代上诉被告人寻求而非被上诉的判决或命令。

注释1：关于必须被合并到交叉上诉的当事人，见第36.31条第(3)款。

注释2：律师可以提交启动移民上诉的交叉上诉通知，仅当该通知包括或附随根据《移民法（1958）》第486I条由律师签署的证明书。

注释3：关于移民诉讼，"律师"的含义与《移民法（1958）》第5条的含义一致。

第36.22条 提交交叉上诉通知的时间

想要提交交叉上诉的被告人必须提交交叉上诉的通知，在被送达上诉通知的21日内。

第36.23条 延长交叉上诉通知的时间

（1）想要申请延长提出交叉上诉通知时间的被告人必须提交申请，与表格67一致。

（2）申请可以在第36.22条提及的期间或之后被提出。

（3）该申请必须附随：

（a）宣誓书陈述：（i）简要但明确地说明申请所依赖的事实；以及（ii）交叉上诉通知没有在特定时间被提交的理由；以及

（b）遵守第36.21条交叉上诉的通知。

注释：根据本条的申请由独任法官审理，除非该申请在已被指派给合议庭的程序中被提出，以及合议庭认为由其审理和裁定事项是合适的。

第36.24条 主张的通知

如果被告人不想对判决的任何部分交叉上诉，但是主张判决应当被确认，除了向法院提起上诉的这些依据外，该被告人必须在上诉通知被送达后的21日内提交主张的通知，与表格124一致。

第36.25条—第36.30条 空白

第36.3节 上诉当事人和介入者

第36.31条 当事人

（1）在上诉法院的程序中可能受到在上诉通知中寻求救济的影响，或可能根据上诉对维持判决有利益关系的每一方当事人，必须被合并作为上诉的上诉人或被告人。

（2）未经该人同意，严禁个人被命名为上诉人。

（3）如果在交叉上诉中寻求的救济可能影响非上诉当事人的个人，该人必须被合并作为交叉上诉的被告人。

（4）非上诉或交叉上诉的一方当事人的个人，但属于在第（1）款或第（3）款提及的个人，可以向法院申请被合并为一方当事人。

注释：法院可以命令增加或免除任何人作为上诉的当事人。

第36.32条 申请介入上诉程序

（1）非上诉的法院程序中一方当事人的个人，可以向法院申请许可介入上诉。

（2）个人必须使法院确信：

(a) 参与者在上诉程序中将是有用的，且不同于上诉当事人的贡献；以及

(b) 介入将不会不合理地干预一方当事人执行上诉的能力；以及

(c) 任何其他法院认为相关的事项。

注释1：参与者的角色仅仅是帮助法院解决由当事人提及的争议。

注释2：法院可以作出许可参与者根据条件参与，以及由法院裁定的权利、特权和义务（包括费用的义务）。

注释3：当法院作出许可，法院可以规定由参与者作出帮助的形式以及参与者参与的方式，以及特别是：

(a) 参与者可能提及的事项；以及

(b) 是否参与者的意见将会是口头、书面或两者兼有。

第36.33条—第36.40条空白

第36.4节 关于特定书面申请的处理

第36.41条 特定申请可不进行口头审理

（1）一方当事人可以向法院申请命令，以下申请不进行口头审理：

(a) 延长上诉时间的申请；

(b) 加入或免除上诉当事人的申请；

(c) 许可修正上诉依据的申请；

(d) 给出简易判决的申请；

(e) 撤销上诉的申请，因为：(i) 无法遵守法院的指示；或 (ii) 无

法出庭与上诉相关的审理；或（iii）缺少控诉；

（f）指示的申请；

（g）当事人的同意——处分对法院的上诉的申请。

（2）如果法院根据第（1）款（a）项到（e）项签发命令，每一方当事人必须提交该方当事人的意见书，与第 36.42 条一致。

注释：根据第（1）款的申请可以由独任法官审理和裁定——见本法第 25 条第（2）款和第（2B）款。

第 36.42 条　意见书

一方当事人的意见书必须：

（a）包含程序的标题；以及

（b）包含提交它的当事人的姓名；以及

（c）由连续编号的段落组成；以及

（d）组成不超过 10 页；以及

（e）如果提及有关上诉法院的程序的庭审记录：（i）陈述页码和行号；以及（ii）附上提及的庭审记录的任何页面的副本；以及

（f）简要但明确地陈述：（i）如果申请者提交——相关的事实；以及（ii）如果被告人提交——有争议的事实；以及（iii）由相关当事人争论的主张；以及（iv）主张依赖的理由。

注释：本节中的申请将由独任法官审理和裁定，除非：

（a）法官指示申请由合议庭审理和裁定；或

（b）申请在已经被指派给合议庭的程序中被提出，以及合议庭认为由其审理和裁定申请是合适的。

第 36.43 条　无口头审理之申请的反对

反对无口头审理之申请的被告人需根据表格 119 陈述异议理由。

注释：法院将裁定申请是否通过口头抗辩的方式进行。

第 36.44 条——第 36.50 条空白

第 36.5 节　上诉的准备

第 36.51 条　上诉状

（1）申请者必须提交：

（a）如果上诉是对独任法官——2 份上诉状；或

（b）如果上诉是对合议庭——4 分上诉状。

（2）如果上诉的合议庭由多于 3 名法官组成，该上诉人必须向登记官申请关于几份上诉状必须被提交的指示。

（3）上诉状必须包含三个部分，指定为 A、B 和 C 部分。

（4）上诉状必须：

（a）对 A 部分有附录；以及

（b）包含仅在本节中提及的材料。

（5）如果上诉状包含非本节提及的材料，要求包含材料的一方当事人：

（a）无权主张与包含材料有关的任何费用；以及

（b）必须支付任何其他当事人在上诉中因该材料所产生的所有费用。

（6）第（5）款适用的上诉状材料中包含的代表一方当事人的律师，无权向提出包含材料的当事人追缴费用。

第 36.52 条 登记官的帮助

（1）要求登记官帮助解决上诉状 A 部分或 B 部分附录的一方当事人必须在被送达上诉通知 7 日内，向登记官提出书面申请。

（2）如果没有任何当事人根据第（1）款提交申请，上诉人必须在上诉通知送达之日起 28 日内向登记官提交下列文件：

（a）上诉状 A 部分的附录；以及

（b）上诉状 B 部分。

（3）登记官将指定上诉状 A 部分和 B 部分的附录草案，且告知申请者登记官已经以规定的形式同意草案。

（4）上诉人必须在被告人得知登记官同意之日起 14 日内提交下列文件：

（a）A 部分，包括根据标签索引和排序的所有文件；以及

（b）B 部分。

注释：一方当事人应当考虑到为帮助当事人已签发的诉讼实务告示。

第 36.53 条 上诉状的标题

上诉状每个部分的标题页必须包括以下：

（a）程序的标题；

(b) 上诉的法院；

(c) 上诉的每一方当事人的律师的姓名和送达地址；

(d) 如果一方当事人没有律师代理人——该方当事人的送达地址。

第 36.54 条　上诉状的内容

上诉状必须由以下组成：

（a）A 部分（标准项目的核心系列），以如下次序排列：（i）标题页；（ii）A 部分的附录；（iii）原初申请和诉辩状（包括任何诉讼中间申请和任何动议的通知）；（iv）如果上诉的法院正在审理如下事项：（A）裁判庭或委员会作出决定的理由；以及（B）裁判庭或委员会的正式决定；以及（C）上诉的法院申请的任何通知；（v）判决的理由；（vi）上诉的法院盖章的通知；（vii）上诉通知；（viii）交叉上诉的任何通知或主张的通知；（ix）任何提呈通知；（x）作出的许可上诉或延长上诉时间的命令；

（b）B 部分（综合参考指标）包含上诉法院完整的证据记录指标，但不是证据，不管其是否相关，以如下顺序排列：（i）封面页，有以下签注："在综合参考指标中提及的物证、宣誓书、附录和庭审记录被视为构成上诉状的部分，但是不会被复制，除非被要求那样做"；（ii）所有接收作为证据的文件的综合列表，不管作为物证或宣誓书的附录，显示每个文件的日期；（iii）宣誓书的列表；（iv）物证的列表；（v）在上诉法院中证据记录的索引；（vi）任何其他相关记录的索引；

（c）C 部分，仅作为当事人在当事人意见书中提及的物证和证据，以综合参考指标一样的顺序被排列，与下列一起：（i）当事人的意见书；以及（ii）每一方当事人的年表。

注释：法院已经根据本节签发诉讼实务告示作为上诉当事人及其律师的援助，法院期望当事人及其律师遵守诉讼实务告示。

第 36.55 条　书面的意见书、年表和机构的名单

（1）上诉的每一方当事人必须提交以下文件：

（a）当事人上诉意见书的概要；

（b）相关事件的年表；

（c）当事人意图提交的机构的列表；

（d）当事人意图提交的任何立法机关的列表。

（2）第（1）款（a）项和（b）项提及的文件必须在下列时间内被提交：

（a）关于申请者——在上诉的审理之前不晚于 20 个工作日；

（b）关于被告人——在上诉的审理之前不晚于 15 个工作日；

（c）关于作出意见书回复的上诉人——在上诉的审理之前不晚于 10 个工作日。

（3）第（1）款（c）项和（d）项提及的文件必须在下列时间内被提交：

（a）关于上诉人——在上诉的审理之前不晚于 5 个工作日；

（b）关于被告人——在上诉的审理之前不晚于 4 个工作日。

注释：法院已经签发诉讼实务告示作为上诉当事人及其律师的援助，法院期望当事人及其律师遵守诉讼实务告示。

第 36.56 条　C 部分文件的提交

上诉人必须在上诉审理之前不晚于 5 个工作日，提交上诉状 C 部分的副本。

第 36.57 条　上诉的进一步证据

（1）一方当事人可以向法院申请接收针对上诉的进一步证据。

（2）该申请必须在上诉审理之前至少 21 日提交，以及附随宣誓书陈述下列内容：

（a）简要但明确地陈述申请所依赖的事实；

（b）申请依赖的上诉依据；

（c）申请者想要法院接收的证据；

（d）证据没有在上诉法院被提出的理由。

（3）申请和宣誓书必须被提交，遵守以下：

（a）如果上诉是对合议庭——4 份副本；

（b）如果上诉是对独任法官——2 份副本。

（4）其他想要在上诉中举出证据的上诉的当事人必须在审理上诉之前的至少 14 日内提交宣誓书。

注释：本法第 27 条许可法院接收针对上诉的进一步证据。

第 36.58 条—第 36.70 条空白

第 36.6 节　结束上诉

第 36.71 条　第 36.6 节的定义

在本节中：

"上诉"包括交叉上诉。

"上诉人"包括交叉上诉人。

"被告人"包括交叉诉讼中的被告人。

第 36.72 条　反对上诉效力的通知

（1）反对上诉效力的被告人必须在被送达上诉通知后 14 日内，提交反对上诉效力的通知：

（a）与表格 125 一致；以及

（b）简要但明确地陈述反对的依据。

（2）上诉人负有确立上诉效力的责任。

（3）被告人可以向法院申请，在上诉审理前，有关上诉效力的问题被审理和裁定。

（4）如果被告人尚未根据第（1）款提交通知，以及通知因不完全而被法院撤销，被告人无权主张上诉的任何费用。

（5）如果法院判定上诉不适格，则该上诉被撤销。

第 36.73 条　停止上诉

（1）上诉人可以通过提交通知停止上诉，与表格 126 一致：

（a）没有法院的许可——在上诉审理前的任何时间；或

（b）有法院的许可：（i）审理时；或（ii）审理后和判决被宣告或命令被签发之前。

（2）停止上诉的通知具有法院撤销上诉人上诉的效力。

（3）由上诉人提交的停止上诉通知，不影响上诉中的任何其他上诉人。

（4）除非当事人另外同意，根据第（1）款提交通知的申请者必须给每个被告人支付费用。

第 36.74 条　撤销上诉的申请

（1）被告人可以向法院申请命令撤销上诉，因上诉人无法做以下的任何事：

(a) 遵守法院的指示；

(b) 遵守上述规则；

(c) 出庭与上诉有关的审理；

(d) 继续上诉的程序。

(2) 根据第（1）款的申请必须被送达给上诉人：

(a) 在上诉人的送达地址；或

(b) 亲自。

注释：法院可以根据情况签发命令——见第 1.33 条。法院可以确定从事特定行为的时间，以及缺席时命令撤销上诉。

第 36.75 条　当事人缺席

(1) 上诉程序中被传唤参与审理时，如果一方当事人缺席，反对方当事人可以向法院申请关于如下事项的命令：

(a) 如果缺席的当事人是上诉人：(i) 撤销该上诉；或 (ii) 中止该审理；或 (iii) 该审理继续进行，仅当特定步骤被采取；或

(b) 如果缺席的当事人是被告人：(i) 审理整体上或与上诉救济有关的特定主张继续；或 (ii) 中止该审理；或 (iii) 该审理继续进行，仅当特定步骤被采取。

(2) 如果在一方当事人缺席的情况下进行程序或在审理中或审理结束时签发命令，则缺席的一方当事人可以向法院申请：

(a) 宣告命令无效或变更命令；以及

(b) 关于审理的进一步执行。

第 38 部分　判案陈述和留存问题

第 38.01 条　对判案陈述或留存问题的申请

(1) 以下事项必须以特殊案件的形式：

(a) 判案陈述；

(b) 由法院进一步考量的留存问题。

(2) 特殊案件必须：

(a) 被划分为连续编号的段落；以及

(b) 简要但明确地陈述事实；以及

(c) 附上所有必要的，使得法院能够判定因特定案件产生问题的文件。

(3) 法院可以从特殊案件的陈述事实或者其附随的文件中得出任何推论，不论事实或法律，若其在审判中证实，可从中得出推论。

注释 1：判案陈述（有时称作特殊案件）是由当事人同意的程序中对事实的书面陈述，所以案件被陈述的法院可以判定有争议的问题。

注释 2：本法第 25 条第（6）款授权由独任法官组成的法庭，陈述案件或留存问题，以便合议庭考虑任何上诉可能支持的从独任法官到合议庭的事项。

注释 3：本法第 26 条授权作出上诉的法院，陈述案件或留存问题以便法院进一步考虑，同时相应地对法院授权。

注释 4：如果案件被陈述，或由有简易管辖权的法官留存问题，案件可以由独任法官或合议庭考虑。但是，如果陈述案件或留存问题的法院不是享有简易审判权的法院，陈述的案件或留存的问题必须由合议庭考虑——见本法第 26 条第（2）款（b）项。

第 38.02 条　准备判案陈述等

除非法院或陈述案件或留存问题的其他机构另有指示，特殊案件必须：

(a) 由承担程序义务的一方当事人向其他当事人咨询后起草准备；以及

(b) 包含每一方当事人的送达地址；以及

(c) 由法院或陈述案件或留存问题的其他机构解决；以及

(d) 由法院或其他机构转交 4 份另外的副本给合适地点的登记局。

注释：当判案陈述已经向法院提交，登记官将确定审理的出庭日和地点以及通知当事人审理的日期。

第 38.03 条　指示

一方当事人可以向法院申请与判案陈述或留存问题有关的管理、执行和审理。

第五章 判决、费用和其他一般条文

第 39 部分 命令

第 39.1 节 判决和命令

第 39.01 条 判决或命令生效的日期

判决或命令，在判决被宣告或命令被签发的日期生效。

第 39.02 条 遵守命令的时间

被命令要求作出行为或事件或向法院支付金钱的个人，必须在命令规定的时间完成，或如果没有规定时间，在向该人送达该命令之日起的 14 日内。

第 39.03 条 程序的撤销和中止

(1) 如果法院签发命令撤销程序或部分程序，申请者可以向法院申请：

(a) 该撤销不会损害申请者进行新程序之权利的命令；或

(b) 许可在新程序中主张同样的救济。

(2) 如果：

(a) 程序已经整体或部分地被撤销；以及

(b) 法院已经命令申请者支付另一方当事人（第二方当事人）费用；

第二方当事人可以向法院申请命令，中止申请者基于相同或实质相同的诉因或救济针对第二方当事人提起任何进一步的程序，直到费用已经被支付。

第 39.04 条 变更或宣告无效判决或命令，在它正式提出前

法院可以变更或宣告无效判决或命令，在它正式提出前。

第 39.05 条 变更或宣告无效判决或命令，在它正式提出后

法院可以变更或宣告无效判决或命令，在它正式提出后，如果：

(a) 它是在一方当事人缺席的情况下签发的；或

(b) 它通过欺诈被获取；或

(c) 它是诉讼中间判决或命令；或

（d）它是禁令或关于涉讼财产管理人的聘任；或

（e）它不影响法院的意图；或

（f）签发有利的一方当事人同意；或

（g）在判决或命令中有文书错误；或

（h）由于偶然的忽略或过失，在判决或命令中产生错误。

第 39.06 条　由判决产生的利息

根据本法第 52 条第（2）款（a）项，可支付的利益被指定的利率是：

（a）在任何年份的 1 月 1 日至 6 月 30 日期间——超过在期限开始前澳大利亚储蓄银行最新公布的现金利率的 6% 的利率；以及

（b）在任何年份的 7 月 1 日至 12 月 31 日期间——超过在期限开始前澳大利亚储蓄银行最新公布的现金利率的 6% 的利率。

注释：本法第 52 条第（2）款规定利益是可支付的：

（a）由法院规则确定的利率；或

（b）在特定的案件中，如果法院认为正义如此要求——法院裁决的更低利率。

第 39.07 条—第 39.10 条空白

第 39.2 节　经当事人同意而签发的命令

第 39.11 条　经当事人同意而签发的命令

（1）法官可以根据当事人的书面同意条款签发命令（通过签名或其他方式标注，并需置于法院档案之上）。

（2）该命令必须陈述它是通过同意签发的。

（3）该命令与法官在审理后签发的命令有相同的效力和有效性。

第 39.12 条—第 39.20 条空白

第 39.3 节　保证

第 39.21 条　规定无法履行保证的命令

（1）一方当事人可以向法院申请命令，要求个人去做或限制去做某行为或事件，包括支付金钱的命令，如果：

（a）该人（不管是否是一方当事人）已经向法院作出保证去做或限

制去做某行为或事件；以及

（b）该人无法履行保证。

（2）本条不影响法院以藐视法庭罪惩罚违背保证的个人。

第39.22条—第39.30条空白

第39.4节 判决和命令——登记

第39.31条 何时需要登记

（1）根据第（2）款，命令必须被登记，如果：

（a）命令将被保留；或

（b）命令将被实施；或

（c）许可对命令上诉的申请已经提出或已经对命令进行上诉；或

（d）根据命令，步骤已经被采取；或

（e）法院指示命令被登记。

（2）命令不需要被登记，除了关于费用的条文，如果该命令仅仅是：

（a）延长或缩短时间；或

（b）授予许可或签发指示：（i）修正文件（除命令外）；或（ii）提交文件；或（iii）关于由法庭官员采取行为（在本法第18N条的含义内）；或

（c）关于程序的执行给出指示。

第39.32条 命令的登记

（1）命令可以被登记，与第39.35条一致。

（2）登记官可以通过鉴真命令登记命令，与第39.35条第（1）款一致，如果：

（a）根据第39.33条，该命令已经被解决；以及

（b）法院指示或一方当事人要求命令被登记。

第39.33条 提交命令登记

（1）如果一方当事人想要命令被登记，该方当事人可以向登记官提交命令的草案。

（2）即使未根据第（1）款提交该命令的草案，法院或登记官也可处理此命令。

（3）法院可以给根据本条给出处理命令的登记官指示。

第 39.34 条　在法院正式提出的命令

法院可以在命令被签发时指示在法院中命令通过被鉴真的方式正式提出，与第 39.35 条第（1）款一致。

第 39.35 条　命令的鉴真

（1）通过以下方式可以鉴真命令：

（a）法院，或签署命令的登记官；以及

（b）法院、法院指示的个人，或登记官，将法院的印或地区登记局的章附于命令。

（2）登记官将根据请求，在诉讼中将鉴真命令的副本给程序中的一方当事人。

（3）登记官将在程序中鉴真命令的副本给下列人员：

（a）显示在程序中有充分利益的人；以及

（b）支付指定的费用的人（如果有）。

第 40 部分　费用

第 40.1 节　一般规定

第 40.01 条　当事人和当事人费用

如果命令被签发，一方当事人或个人支付费用或被支付费用，如果没有对费用的进一步描述，该费用是当事人之间的费用。

注释："当事人之间的费用"在词典中界定。

第 40.02 条　费用的其他命令

对费用有权的当事人或个人，可以向法院申请命令，该费用：

（a）由一方承担，而不是在当事人之间分摊；或

（b）一次性被支付，而不是或附加于任何核定的费用；或

（c）除核定外的其他方式被裁定。

注释 1：法院可以命令费用通过补偿基准被支付。

注释 2：法院可以命令费用被裁定，通过提交根据州或地区法律操作的费用评估计划。

第 40.03 条　费用保留

如果法院就费用问题保留，且未签发其他命令，则费用视事件进展。

第 40.04 条　诉讼中间申请或审理的费用

如果关于诉讼中间申请或审理没有费用命令被签发，则申请或审理的费用：

（a）如果签发了有利于一方当事人的命令——视事件进展；或

（b）如果未签发有利于任何当事人的命令——被视为程序中胜诉方的诉因费用。

第 40.05 条　其他法院的费用

如果程序被移交给法院，一方当事人可以向法院申请命令，在其他法院程序中的费用：

（a）与第 40.2 节一致被核定；或

（b）一次性支付，代替核定。

第 40.06 条　不适当、不合理或疏忽而产生的费用

一方当事人可以向法院申请命令：

（a）因不适当、不合理或忽视导致的费用不被许可；或

（b）指示对因不适当、不合理或忽视导致的费用进行调查以及规定上述调查的费用。

注释 1：讼费评定官对任何核定有义务，禁止因不适当、不合理或疏忽产生任何费用。

注释 2："讼费评定官"在词典中界定。

第 40.07 条　律师因不当行为对其当事人的义务

（1）有合理的理由相信附加的费用是因为当事人律师的不当行为而产生的一方当事人，可以向法院申请命令：

（a）律师和当事人之间全部或部分费用不被许可；或

（b）如果律师是法庭律师——法庭律师和法庭律师的指导律师之间全部或部分的费用不被许可；或

（c）律师向一方当事人支付一方当事人已被命令向另一方当事人支付的费用；或

（d）律师赔偿任何其他当事人由该方当事人支付的任何费用。

（2）关于本条，律师被视为已经作出不当行为，如果：

（a）程序或申请被延迟、中止或废弃，因为律师无法：（i）出庭或

安排合适的代表人出庭审理；或（ii）提交相关的文件；或（iii）向法院或另一方当事人提供相关的文件；或（iv）为审理做准备；或（v）遵守这些条文或法院的命令；或

（b）律师：（i）引发不合理的或没有合理理由的费用；或（ii）引发不必要或浪费的费用；或（iii）对不适当的延误有责。

注释1："律师"在词典中界定。

注释2：关于一方当事人的律师援助该方当事人与本法的延伸目的一致执行程序的职责，见本法第37N条第（2）款。

注释3：关于法院指示律师支付费用的权力，如果律师无法遵守本法第37N条第（2）款的义务，见本法第37N条第（4）款。

第40.08条 以其他方式支付费用的减少

除根据《海洋法（1988）》的程序，一方当事人可以向法院申请命令，在程序中向另一方当事人支付的费用或酬金被减少至法院特定的数目，如果：

（a）申请者已主张金钱或损害赔偿，且已被裁定少于10万澳元的总数；或

（b）程序（包括交叉主张）能够更合适地在另一个法院或裁判庭被提起。

第40.09条—第40.11条空白

第40.2节 核定诉讼费用

第40.12条 第40.2节或第40.3节的适用

如果关于诉讼费用支付，签发的命令有利于一方当事人，必须按照本部分规定核定，除非费用的总额在命令的当事人之间被同意。

第40.13条 诉讼中间申请被裁定的诉讼费用

如果针对费用的命令是根据诉讼中间申请签发，命令的签发有利的一方当事人，严禁核定上述费用，直到签发命令的程序完成。

注释：法院可以命令诉讼中间申请的费用立刻核定。

第40.14条 无须命令核定

如果根据本规则或法院的命令，一方当事人对费用有请求权，那么尽管没有指示核定的命令，该方当事人也可以对费用予以核定。

第 40.15 条　无法提交费用单

（1）如果对费用有权的一方当事人，无法在被授权这样做的合理时间内，根据本节提交账单，有责任支付这些账单以及受到损害的任何当事人可以向讼费评定官申请：

（a）确认这些费用；或

（b）允许支付象征性的数额或其他数额。

注释："税收官"在词典中界定。

（2）根据第（1）款的申请必须附随宣誓书，陈述遭受的损害。

注释："账单"在词典中界定。

第 40.16 条　在讼费评定官程序中不必要的费用

在讼费评定官程序中，如果一方当事人已经参与将另一方当事人置于任何不必要费用的行为中，讼费评定官可以根据第 40.15 条第（1）款行使权力。

第 40.17 条　提交核定账单

想要诉讼费被核定的一方当事人，必须提交核定账单。

注释："账单"在词典中界定。

第 40.18 条　账单的内容

除简易格式账单外，账单必须与表格 127 一致，以及必须：

（a）包含关于如下事项的细节：（i）由律师、他们的职工和代理人做的工作；以及（ii）主张的工作的费用；以及（iii）发生的酬劳；以及

（b）已经附于或附随每个酬劳收据的副本，或如果未支付，相关账目的副本。

注释：当账单被提交，登记官将为讼费评定官根据第 40.20 条作出账单的评估确定时间和日期，以及在账单上签注相关细节。

第 40.19 条　账单的送达

提交账单的一方当事人必须送达给对账单有利益关系的每一方当事人，在账单中签注日期的 7 日前：

（a）由登记官签注的账单副本；以及

（b）第 40.18 条（b）项中提及的文件。

注释："对账单有利益关系的一方当事人"在词典中界定。

第 40.20 条　费用的评估

（1）在账单核定之前，讼费评定官将对大致的数额进行评估，该数额是指如果账单被核定，账单的证明书很可能被签发。

（2）第（1）款中的评估在当事人缺席的情况下作出，且对账单上的单个项目不作出任何裁定。

（3）讼费评定官将书面通知与根据第（1）款作出评估（评估的通知）的账单有利益关系的个人。

（4）除非对账单有利益关系的一方当事人反对与第 40.21 条一致的评估，评估的数额是将被签发的核定证明书的数额。

注释："核定证明书"在词典中界定，同见第 40.32 条。

第 40.21 条　对评估的异议

（1）对账单有利益关系且对评估有异议的一方当事人，必须在评估通知签发之后 21 日内：

（a）提交异议通知，与表格 128 一致；以及

（b）向当事人诉讼基金支付 2000 澳元，作为核定诉讼费用账单的保证金。

（2）接收异议通知和根据第（1）款（b）项的支付后，登记官可以指示：

（a）在指定的登记官前出席秘密会议的当事人：（i）鉴别有争议的真实事项；以及（ii）达到争端的解决；或

（b）临时性的核定；或

（c）账单的核定继续进行。

第 40.22 条　通过秘密会议解决争端

如果当事人在秘密会议中达成了争端的解决，登记官将：

（a）签发盖章的当事人同意的数额的核定证明书；以及

（b）与第 40.21 条第（1）款（b）项一致，支付当事人诉讼基金的金钱给：（i）一方当事人，与当事人之间的任何协议一致；以及（ii）如果当事人之间没有协议——给反对评估的当事人。

注释：关于从当事人诉讼基金中的支付，见第 2.43 条。

第 40.23 条 临时核定

（1）在当事人缺席时，讼费评定官可以临时对账单核定。

（2）讼费评定官可以在完成临时核定前，要求当事人提交意见书，鉴定与账单相关的有争议事项。

（3）讼费评定官书面通知当事人，陈述账单被临时征税的数额以及鉴定临时从账单中核定的数额。

（4）对账单有利益关系的一方当事人可以在核定官根据第（3）款作出书面通知之日起21日内，提交通知请求完全核定，与表格129一致。

（5）根据第（4）款提交通知的一方当事人缺席时，被临时核定的账单数额，将是被签发的核定证明书的数额。

注释："账单的利益相关当事人"在词典中界定。

第 40.24 条 账单将被核定的通知

登记官将作出通知账单将被核定，如果：

（a）登记官根据第40.21条第（2）款（c）项，已经指示账单的核定继续进行；或

（b）在秘密会议中没有获得解决方案；或

（c）根据第40.23条第（4）款，一方当事人已经给出通知要求完全核定。

第 40.25 条 异议通知

（1）如果登记官已经通知对账单有利益关系的当事人，讼费评定官将核定账单，已经被送达账单以及想要反对账单中任何条目的一方当事人，必须提交以及送达给对账单有利益关系的当事人异议通知，与表格130一致：

（a）辨别异议的每个条目或条目的部分；以及

（b）简要但明确地陈述：（i）条目或条目的部分不应当被许可的原因；以及（ii）主张条目应当被减少的数额；以及（iii）一方当事人依赖的法律依据。

（2）异议通知必须被提交和送达给对账单有利益关系的当事人，不晚于指定的核定账单日的14日。

注释："对账单有利益关系的当事人"在词典中界定。

第40.26条 异议通知的回复

（1）提交账单的一方当事人，以及任何可能会被账单的异议影响的当事人，必须提交和送达回复的通知，与表格131一致，陈述：

（a）是否对条目或每个条目部分的异议采纳或反对；

（b）关于被反对的每一异议——简要但明确地说明：（i）条目或条目的部分应当被许可的原因；以及（ii）异议应当被撤销的原因；以及（iii）一方当事人依赖的法律依据。

（2）回复的通知必须被提交和送达给已经给出异议通知或回复通知的当事人，在不晚于指定的核定账单日的5日。

注释："对账单有利益关系的当事人"在词典中界定。

第40.27条 核定

（1）如果根据第40.25条第（1）款的异议通知尚未提交，仅已提交账单的一方当事人可以参加核定。

（2）如果异议通知已被提交，仅已提交异议通知的一方当事人和根据本节已提交回复通知的一方当事人，可以参加核定。

（3）受限于一方当事人异议通知或回复通知的一方当事人，有以下的效力：

（a）异议通知中未针对条款的数额无须核定；以及

（b）对已在异议通知中被反对但没有在回复通知中被回复的任何条款的数额将不被许可。

（4）尽管有第（3）款的规定，讼费评定官将仅许可当事人有权的费用。

注释："当事人之间的费用"和"根据补偿基准的费用"在词典中界定。

（5）在核定时，一方当事人可以向讼费评定官申请关于作出口头意见书的许可，为解释或阐述在异议通知中的异议或回复通知中的回复的目的。

（6）讼费评定官将与本部分一致对账单核定，且在完成时签发核定证明书。

第40.28条 讼费核定官的权力

根据本节为核定费用的目的，讼费评定官可以做以下任何事项：

(a) 传唤和询问证人，不论口头或宣誓书；

(b) 管理宣誓；

(c) 指示或要求账册、票据和文件的出示；

(d) 签发传票；

(e) 作出单独或临时的核定证明。

注释："讼费评定官"在词典中界定。

第40.29条 在核定上被许可的费用

讼费评定官将许可已做工作的费用：

(a) 在2011年8月1日前——与联邦法院规则附录2一致，在该附录中提及的相关期间；以及

(b) 在2011年8月1日或之后——与附录3一致，关于相关的期间，如果有，在该附录中提及。

第40.30条 在核定中不被许可的费用

讼费评定官将不许可下列费用：

(a) 法庭律师审理的费用，如果法庭律师：（i）审理中相当长时间内不在场；或（ii）在程序执行中没有作出实质性的帮助；以及

(b) 在讼费评定官看来，已发生或增加的费用是基于如下原因：(i) 因不合适、不合理或疏忽；或（ii）因过度小心；或（iii）因同意：(A) 给律师特殊费用；或（B) 给证人或其他人特殊费用或花费；或 (iv) 因其他不必要的花费。

第40.31条 行使讼费评定官的自由裁量权

如果一方当事人想要在讼费评定官的自由裁量中可能被许可的费用、津贴或酬劳，讼费评定官可以考虑以下：

(a) 程序的性质和重要性；

(b) 主张的数额；

(c) 损害（如果有）；

(d) 涉及的原则；

(e) 程序的执行和费用；

(f) 由一方当事人的律师主张的其他费用和津贴；

(g) 任何其他相关的情况。

第 40.32 条　核定证明书

(1) 讼费评定官将签发盖章的税收证明书，与表格 132 一致，必须在它被签发之日起 14 日内，由提交账单的一方当事人送达给对费用支付有责任的当事人。

(2) 核定证明书有等同于法院命令的效力和效果。

(3) 根据第 39.06 条，在核定证明书中确认的费用自核定证明书送达之日起产生利息且需累计。

注释 1：本法第 25 条授权法院裁定利息。

注释 2：关于利率，见第 39.06 条。

第 40.33 条　核定的费用

(1) 根据第 40.21 条提交异议的一方当事人必须支付所有当事人的核定费用，从讼费评定官通知评估当事人之日起，除非：

(a) 如果当事人是提交账单的当事人——费用以超过讼费评定官估计的 115% 被纳税；或

(b) 在任何其他情况下——费用以少于讼费评定官估计的 85% 核定。

(2) 一方当事人可以向讼费评定官申请减轻第（1）款的结果，如果：

(a) 该方当事人已经提出费用和解，条款比核定费用更有利；或

(b) 在核定中任何其他当事人的行为大量地增加了核定的持续期间或费用。

第 40.34 条　法院的审查

(1) 出席核定的一方当事人可以向法院申请核定的审查和任何间接命令。

(2) 申请必须与表格 133 一致，以及简要但明确地陈述：

(a) 受限于异议的账单中的条目；以及

(b) 当事人是否想要条目被包含、删减或变更，以及如果变更，变更的数额。

(3) 严禁一方当事人，根据审查的申请，提出异议依据或对异议进

行回复，如果异议并未在根据第40.25条第（1）款或第40.26条第（1）款的当事人通知中提及。

注释：关于可以出席核定的当事人，见第40.27条。

（4）申请必须在核定证明书签发后28日内，被提交和送达给所有利益相关的当事人。

（5）法院可以要求来自讼费评定官的书面报告。

（6）在审查中，没有进一步的证据被接收。

注释：法院可以行使讼费评定官与审查的条款有关的所有权力，以及可以签发任何其他命令，包括变更核定证明书或提交特定条目给相同或其他讼费评定官核定。

第40.35条 对费用的中止

（1）关于核定审查的申请，并不使得受限于核定证明书的费用执行中止。

（2）根据第40.34条提出申请的一方当事人，可以向法院申请中止在核定证明书中包括的任何费用的执行，直到该申请被审理和裁定。

第40.36条——第40.40条空白

第40.3节 简易格式账单

第40.41条 根据《公司法（2001）》申请清盘的简易格式账单

（1）已经根据《公司法（2001）》获得公司清盘的费用命令的原告，对如下费用有请求权：

（a）在附录3第13条提及的在清盘申请提交之日适用的费用；以及

（b）任何合理发生的酬劳。

（2）如果清盘的申请被撤销，以及原告获得针对被告人的费用的命令，原告对如下费用有请求权：

（a）在附录3第13条提及的在清盘申请提交之日适用的费用；以及

（b）任何合理发生的酬劳。

第40.42条 程序——根据《公司法（2001）》的简易账单

（1）根据第40.41条主张费用的原告，必须给公司的清算人和被告人，送达包含酬劳（账单）在内的不需要包括明细账的账单，关于：

（a）执行的工作或送达；或

(b) 发生的酬劳。

(2) 除非与账单有利益关系的一方当事人反对在账单中主张的数额，与第 40.25 条一致，税收的证明书将被签发，关于下列总额：

(a) 在附录 3 第 13 条提及的总额，或如果更少的数额在账单中被主张，则该数额；以及

(b) 任何合理发生的酬劳。

(3) 如果清算人或被告人反对根据第 40.41 条提出的主张，清算人或被告人必须在被送达账单之后 14 日内，给原告书面的异议通知。

(4) 如果原告接收异议通知，原告必须在接收通知后 14 日内，提交以下文件的副本：

(a) 通知；

(b) 账单；

(c) 给清算人和被告人送达账单的宣誓书；

(d) 以下之一：（i）明细账；（ii）或由原告发生的与账单总额相同或超过的费用的证据。

注释：关于核定诉讼费用，见第 40.27 条。

(5) 严禁当事人以及清算人参与账单的核定，除非由讼费评定官指示。

(6) 本规则不限制原告根据第 40.2 节主张程序的核定费用的权利。

(7) 主张费用的原告：

(a) 根据本规则——没有进一步的权利主张追缴根据第 40.2 节程序的核定费用；以及

(b) 根据第 40.2 节——没有进一步的权利追缴根据本条款程序的任何核定费用。

第 40.43 条　根据移民上诉的简易格式账单

(1) 本条适用于：

(a) 联邦巡回法院针对移民决定作出的命令的上诉（根据《移民法 (1958)》的定义）；和

(b) 上述（a）项所指命令的上诉许可申请；和

(c) 要求延长时间以提出（a）项所述的上诉或（b）项所述的申请。

(2) 如果：

(a) 在聆讯前终止或驳回上诉或申请；以及

(b) 一方有权获得费用或有关费用命令；

除第（4）款另有规定外，该方有权获得附录3第15.1条所述的费用。

(3) 如果：

(a) 上诉或申请经聆讯后被终止或驳回；以及

(b) 一方有权获得费用或有关费用命令；

除第（4）款另有规定外，该方有权获得附录3第15.2条所述的费用。

(4) 如果：

(a) 一方有权根据第（2）款或第（3）款就上诉获得一笔款额；以及

(b) 法院在另一次聆讯中准许提出上诉或延长提起上诉的时间；

除根据第（2）款或第（3）款（视情况而定）所享有的费用外，该方有权获得附录3第15.3条所述的费用。

第40.44条　程序——对移民上诉的简易格式账单

(1) 根据第40.43条主张费用的一方（索赔人），必须提交金额不超过根据该条规定有权获得的费用账单。该账单无须包含以下明细账：

(a) 执行的工作或服务；或

(b) 发生的支出。

(2) 除非与账单有利益关系的一方当事人在账单送达后14天内根据第40.25条第（1）款提出反对通知，否则将为账单中的索偿金额签发税收证明。

(3) 如果索赔人收到异议通知，则必须在收到通知后14天内提交以下文件的副本：

(a) 通知；

(b) 将账单送达另一方当事人的宣誓书；

(c) 明细账，证明索赔人支出的费用与账单金额相同或超过账单金额。

注释：关于账单的税收，见第40.27条。

(5) 除非讼费评定官指示，否则索赔人和另一方当事人不得参与对账单的核定。

(6) 本条不限制当事人根据第 40.2 节主张上诉的核定费用的权利。

(7) 然而，主张费用的当事人：

(a) 根据本条——没有进一步的权利主张追缴根据第 40.2 节程序的核定费用；以及

(b) 根据第 40.2 节——没有进一步的权利追缴根据本条程序的任何核定费用。

注释："提交"在词典中界定为提交和送达。

第 40.45 条—第 40.50 条空白

第 40.4 节　裁定最大费用

第 40.51 条　在程序中最大的费用

(1) 一方当事人可以向法院申请命令，规定可以在程序中追缴的当事人之间的最大费用。

注释："当事人之间的费用"在词典中界定。

(2) 根据第（1）款签发的命令将不包括一方当事人被命令支付的总额，因为一方当事人：

(a) 已经无法遵守命令或上述规则；或

(b) 已经寻求许可修正诉辩状或细节；或

(c) 已经寻求延长时间、遵守命令或任何上述规则；或

(d) 没有以特定的方式执行诉讼，以使得公正的解决方案尽快地、便宜地以及有效地执行，且另一方当事人已经因此产生费用。

第 41 部分　执行

第 41.1 节　一般规定

第 41.01 条　没有接到指示通知时的申请

一方当事人或利益相关的个人，在没有接到通知时，可以向法院申请命令的实施或执行的指示。

注释："没有通知"在词典中界定。

第41.02条 先决条件没有满足

（1）如果基于特定条件的满足，支持一方当事人的命令被签发，该方当事人不能实施命令直到条件被满足。

注释：法院可以根据条件签发命令——见第1.33条。

（2）当事人可以向法院申请命令以撤销条件或变更命令。

第41.03条 中止判决或命令的申请

受限于判决或命令的一方当事人，可以向法院申请中止判决或命令。

注释：一方当事人可以将判决或命令生效后发生的事件作为依据。

第41.04条 未遵守法院命令

（1）被法院命令做或不做某行为或事件的个人，必须遵守该命令。

（2）承诺法院做或不做某行为或事件的个人，必须遵守该承诺。

注释：如果个人不遵守法院的命令，登记官可以将该人的疏忽行为或不遵从行为提请法院注意。法院可以主动作为——见第1.40条。

第41.05条 无法出席法院回复传票或命令

（1）如果法院已经签发传票或命令，要求个人出庭：

（a）出示证据；或

（b）出示任何文件或物品；或

（c）回答藐视法庭罪的指控；或

（d）任何其他理由；

且该人无法出庭，一方当事人可以向法院申请命令，与表格90一致的搜查令，向司法行政官或在搜查令中指定的其他人签发：

（e）该人的逮捕和拘留，直到该人被带至法庭前；以及

（f）该人在法庭出庭。

（2）第（1）款不限制法院惩罚藐视法庭罪的权力。

（3）本规则不适用于法院要求一方当事人遵守这些规则的命令或指示。

第41.06条 在命令上签注

如果命令要求个人做或不做某行为或事件，不管是否在特定的时间内，且无法遵守命令的结果可能是收监、查封或因藐视法庭罪受罚，则命令必须有签注，被送达该命令的个人将对刑罚、财产的查封或藐视法庭罪

的处罚有责，如果：

（a）关于要求个人做某行为或事件的命令——该人忽视或拒绝在命令中特定的时间内做该行为或事件；或

（b）关于要求个人不做某行为或事件的命令——该人不遵守命令。

第41.07条　命令的送达

（1）根据第41.06条签发的命令必须被亲自送达给被要求做或不做某行为或事件的个人：

（a）在命令中提及的时间内；或

（b）如果没有时间被提及——允许该人遵守命令的时间内。

（2）如果该人：

（a）当判决被宣告或命令被签发时在场；或

（b）以口头、电话或电子手段被通知命令的条款；

该人被视为已经被送达命令，在该人被审理或被告人得知命令之时。

第41.08条　个人无法遵守命令的申请

（1）如果个人无法遵守其被要求遵守的命令，一方当事人可以向法院申请以下命令：

（a）该人的收监；

（b）该人财产的查封。

（2）如果缺席的个人是公司或组织，一方当事人可以向法院申请命令：

（a）关于公司或组织职位担当人的收监；

（b）关于公司或组织财产的查封。

（3）根据第（2）款（a）项没有针对命令的申请可以被提出，除非职位担当人：

（a）已经与第41.07条第（1）款一致被送达命令，以及该命令包含在第41.06条中的签注；以及

（b）与第41.07条第（2）款一致，当命令被签发或命令被告知时在场。

（4）本条适用，如果法院已经签发：

（a）禁令；或

(b) 性质是禁令的命令；或

(c) 训令或禁止性质的命令。

注释："藐视法庭罪"在第 42 部分规定。

第 41.09 条　执行中的替代行为

(1) 如果个人（第一个人）有义务，但忽视或拒绝作出行为，一方当事人可以向法院申请命令：

(a) 该行为由法院任命的另一个人作出；以及

(b) 第一个人支付因签发命令产生的费用。

(2) 第（1）款不限制：

(a) 法院惩罚藐视法庭罪的权力；或

(b) 任何其他判决实施的方式或当事人可得的命令。

第 41.10 条　执行一般规定

(1) 想要实施法院判决或命令的一方当事人可以向法院申请签发令状、命令或其他能够在判决或命令已经被签发的州或地区的最高法院签发或获得的判决或命令实施的方式，正如它是该最高法院的判决或命令。

(2) 根据第（1）款签发的命令授权司法行政官，当执行法院的命令时，以命令被执行的州或地区的最高法院的有权作为的相似官员相同方式行为。

(3) 想要在不止一个州或地区实施命令的一方当事人，可以采用判决或命令已经被签发的州或地区的最高法院的程序或文书的形式。

注释：在每个州或地区采取不一样的程序模式和文书形式是不必要的。

第 41.11 条　中止执行

一方当事人可以向法院申请中止执行判决或命令。

第 41.12 条—第 41.20 条空白

第 41.2 节　针对合伙关系的执行

第 41.21 条　针对合伙关系命令的执行

(1) 针对合伙的命令可以被执行：

(a) 针对在澳大利亚的合伙关系的任何财产，不管合伙人是否定居在澳大利亚之外；或

(b) 针对在合伙关系中已经在程序中提交送达地址通知的合伙人；或

(c) 针对被许可作为，或已经被裁决是合伙关系中的合伙人的任何人；或

(d) 针对在合伙关系中，已经被亲自送达原初申请副本的任何合伙人。

(2) 第（1）款不适用于使得在该条款中提及的个人单独有责，除非该人：

(a) 已经被亲自送达原初申请；以及

(b) 已经在程序中提交送达地址的通知。

第 41.22 条　针对个人合伙人的执行

(1) 如果针对合伙关系的命令被签发，以及命令的签发支持的一方当事人想要执行根据第 41.21 条第（2）款针对不是个人有责的合伙人的命令，该方当事人必须向法院申请针对该合伙人的命令。

(2) 在审理申请中，如果该合伙人承认责任，判决可以开始，以及针对合伙人的命令被签发。

(3) 在审理申请中，如果合伙人否认责任，申请者可以向法院申请命令：

(a) 关于程序的进一步执行；以及

(b) 程序以合伙人的名义且不是以合伙关系的名义继续。

第 41.23 条　在共同合伙人之间程序的实施

(1) 本规则适用于：

(a) 在澳大利亚开展商业的合伙关系之间和一个或多个其成员之间的程序；以及

(b) 有一个或多个相同成员在澳大利亚开展商业的合伙关系之间的程序。

(2) 没有法院的许可，命令不可以在第（1）款适用的程序中被执行。

(3) 根据第（2）款寻求许可的一方当事人，可以向法院申请：

(a) 指示；或

(b) 承担和保留账目或询问的命令。

第 41.24 条—第 41.30 条空白

第 41.3 节 针对商号的执行

第 41.31 条 执行命令——针对以法人商号的法人的程序

（1）在程序中针对以法人商号的法人的任何命令，可以被执行，仅针对以商号从事的商业活动财产。

（2）如果商业是合伙关系且命令针对合伙名义的合伙关系，该命令可以与第 41.21 条一致被执行。

（3）为实施根据第（1）款的命令，商业的财产是最初被带入或为商业所需要的法人的所有的财产及财产中的权利和利益。

第 41.32 条—第 41.40 条空白

第 41.4 节 司法行政官

注释：法院的司法行政官对指派给司法行政官的所有法院文书的送达和执行负责——见本法第 18P 条。

第 41.41 条 文书执行的中止

（1）司法行政官可以中止文书的执行，仅当申请文书签发的一方当事人给司法行政官书面通知，指示司法行政官中止文书的执行。

（2）根据第（1）款已经向司法行政官作出通知的个人可以撤回指示，通过给司法行政官书面通知指示司法行政官执行文书。

第 41.42 条 无法执行文书

如果司法行政官无法根据文书的条款执行文书，申请文书签发的当事人可以向法院申请命令指示司法行政官这样做。

第 41.43 条 申请与文书执行有关的命令

司法行政官可以向法院申请，无论是否有文书将被执行的指示，司法行政官可以向法院申请命令，且如果这样，执行将被实施的方式。

注释："没有指示"在词典中界定。

第 41.44 条—第 41.50 条空白

第 41.5 节 费用

第 41.51 条 第 41.5 节的定义

在本节中：

"费用的账单"是指送达或执行法院文书的费用的账单。

"费用"包含收费和佣金。

"利益相关的个人",关于法院文书的送达或执行的费用,是指:

(a) 向司法行政官提出送达或执行文书的一方当事人;或

(b) 承诺支付费用或有责任支付费用的律师;或

(c) 根据执行令,司法行政官有权扣押财产以获得费用——财产的主人。

第 41.52 条　保障

(1) 如果一方当事人向司法行政官提交送达或执行的文书,司法行政官可以根据提请,且随时:

(a) 要求提交文书的一方当事人向司法行政官存放由司法行政官确定的,作为文书的执行或送达的全部或部分费用的保障金的数额;或

(b) 接受提交文书的一方当事人律师支付全部或部分费用的承诺。

(2) 如果一方当事人根据第(1)款(a)项被要求支付保证金,但是反对被要求支付的数额,一方当事人可以向法院申请确定被支付数额的命令。

(3) 司法行政官可以中止文书的送达或执行,直到:

(a) 提交文书的一方当事人支付需要的保证金;或

(b) 提交文书的一方当事人的律师作出支付费用的承诺。

(4) 如果根据本条支付的保证金多于费用的数额,司法行政官必须将相差的数额退还给提交文书的一方当事人或当事人的律师。

第 41.53 条　律师的义务

如果一方当事人的律师向司法行政官提交送达或执行的文书,律师有义务支付司法行政官的费用,不管律师是否已经根据第 41.52 条第 1 款(b)项作出承诺。

第 41.54 条　费用的账单

(1) 利益相关的个人可以要求司法行政官送达费用的账单。

(2) 如果费用的账单被送达给利益相关者,费用的数额约束司法行政官和该人,除非该人获得税收的命令。

第 41.55 条 核定

(1) 已经被送达费用账单的利益相关者,可以向法院申请费用核定的命令。

(2) 如果法院根据第(1)款签发命令,司法行政官将向讼费评定官提交费用的账单执行核定。

(3) 由讼费评定官确定的费用数额,根据第 40.34 条的变更或审查,约束司法行政官和利益相关者。

第 41.56 条 律师无法支付司法行政官费用

如果一方当事人的律师有义务支付司法行政官费用,但在费用已产生约束司法行政官和律师后 7 日内无法这样做,司法行政官可以向法院申请命令,律师支付该数额给司法行政官。

第 41.57 条—第 41.60 条空白

第 41.6 节 根据《外国判决法(1991)》对判决的执行协助

第 41.61 条 第 41.6 节的解释

除非相反的意图出现,在本节中使用的与根据《外国判决法(1991)》的程序相关的表述,在本节的含义与在该法的含义一致。

第 41.62 条 为外国登记的判决申请命令

(1) 想要根据《外国判决法(1991)》第 6 条第(1)款登记判决的一方当事人,必须提交原初申请,与表格 134 一致。

(2) 原初申请必须附随:

(a) 由初审法院验证的判决书副本,且如果判决不是英文,通过宣誓书验证的判决翻译;以及

(b) 宣誓书陈述:(i) 当事人的全名、职位、通常或最后的居住地或商业地址;(ii) 如果依据《外国判决法(1991)》第 6 条第(1)款(b) 项——通过上诉方式的程序中最终判决的日期;(iii) 判决是在根据《商业法(1986)(新西兰)》产生的事项裁定的程序中被作出,而不是根据该法第 36A 条、第 98H 条或第 99A 条产生的事项裁定的程序或部分程序中;(iv)《外国判决法(1991)》第 2 部分适用于判决;(v) 如果该判决被登记,根据《外国判决法(1991)》第 7 条该登记不会且不可能会被宣告无效;(vi) 在登记的判决中包括的寻求登记的费用或附属于

寻求登记的费用；（vii）如果是金钱判决——判决是《外国判决法（1991）》第 2 部分延伸的国家的高级法院作出，或上述国家的初级法院，作为初级法院与《外国判决法（1991）》第 2 部分的延伸有关；（viii）如果《外国判决法（1991）》第 13 条不适用于原审法院的国家——该规则不这样适用；（ix）如果是非金钱判决——该判决是在《外国判决法（1991）》第 5 部分第（6）款制定的非金钱判决的种类。

（3）申请可以没有通知。

注释："没有通知"在词典中界定。

第 41.63 条　在审理日提交进一步的宣誓书

申请者必须在审理日提交进一步的宣誓书，陈述：

（a）判决依赖的诉因；

（b）判决可以在初审法院的国家被实施；

（c）根据该国法律的判决应支付的利率（如果有）；

（d）如果判决是金钱判决：（i）判决尚未完全被满足；以及（ii）如果判决已被部分满足——余额在该日可支付；以及（iii）经由原审法院国家的法律，利率（如果有）已经根据登记时的判决变得正当；以及（iv）如果根据判决支付的数额是通过不是澳大利亚的货币显示，且该申请没有陈述该判决将在它显示的货币的国家被登记——该判决将被登记为澳大利亚货币的相同数额，根据在该日适用的汇率。

（e）简要但明确地陈述宣誓书中作出的每个陈述的依据。

第 41.64 条　登记

（1）金钱判决登记的命令必须与表格 135 一致。

（2）非金钱判决登记的命令必须与表格 136 一致。

第 41.65 条　登记的通知

（1）申请者必须根据第 41.64 条送达判决登记命令的副本给可实施的登记判决针对的一方当事人。

（2）申请者必须附上支持宣誓书副本的命令的副本。

（3）命令的官方副本和每个支持宣誓书的副本必须被亲自送达，与这些规则一致，除非以法院命令送达的其他方式。

（4）申请者必须提交送达的宣誓书，在采取任何步骤实施登记的判决前。

第 41.66 条　申请宣告无效判决的登记或中止判决的实施

（1）被告人可以申请命令：

（a）宣告无效判决的登记；或

（b）中止判决的实施。

（2）根据第（1）款的申请必须在被告人被送达登记的判决副本之日后 14 日内提出。

（3）该申请必须：

（a）在判决被登记的程序中，通过诉讼中间申请提出；以及

（b）附随宣誓书陈述：（i）判决的登记应当被宣告无效或中止的依据；以及（ii）支持该申请依赖的重要事实。

第 41.67 条　申请宣告无效登记的外国判决

（1）一方当事人可以申请命令：

（a）根据本节登记的判决被宣告无效；以及

（b）根据申请产生的任何争议被审理和裁定的指示。

（2）根据使得登记的判决宣告无效的申请，法院可以作出上述对在申请中产生的任何争议的审理和裁定必要的指示。

第 41.68 条　费用的保障

一方当事人可以向法院申请命令，根据第 41.62 条寻求使得判决登记的申请者作出以下费用的保障：

（a）该申请；以及

（b）任何宣告无效判决登记的申请。

第 41.69 条　登记判决的记录

登记官必须保留以下每个登记判决的细节的记录：

（a）原审法院判决的细节；

（b）判决被登记命令的日期；

（c）与判决债权人相关——判决债权人的全名和地址，或可以被送达文件的判决债权人的律师或代理人的姓名和地址；

（d）与实施的判决针对的一方当事人——该方当事人的全名、职位和最后知道的地址；

（e）如果判决是金钱判决：（ⅰ）登记判决中表述的货币数额；以及（ⅱ）在登记时根据判决的正当利率（如果有）；以及（ⅲ）登记判决执行利率的费用；

（f）如果判决是非金钱判决——判决的条款；

（g）在登记判决中包括的登记和附加费用；

（h）与登记判决有关的任何实施细节或程序。

第六章　惩　　戒

第 42 部分　藐视法庭罪

第 42.1 节　当面藐视法庭罪或法院审理时藐视法庭罪

第 42.01 条　因藐视法庭罪被逮捕

主张个人在法庭当面或法庭的审理时藐视法庭有罪的一方当事人，可以向法院申请如下事项的命令：

（a）指示该人被带至法庭前的命令；或

（b）与表格 90 一致，签发该人逮捕命令。

注释：法院可以根据自身动议行为——见第 1.40 条。

第 42.02 条　指控、辩护和裁定

如果个人被指控藐视法庭罪被带至法院，法院将：

（a）告知该人其被指控的藐视法庭罪；以及

（b）要求该人针对指控提出辩护；以及

（c）在审理该人后——裁定该人是否有藐视法庭罪；以及

（d）关于对该人撤销或惩罚签发命令。

第 42.03 条　临时监禁

（1）在处理指控期间，法院可以命令被指控的个人：

（a）如命令规定被监禁；或

（b）被释放。

（2）命令可以要求被指控的个人给出特定的保证金，保证该人亲自出庭回答指控。

注释：本节中的程序仅可以被使用，如果被宣称的藐视法庭罪已经在法院实施。该程序仅被签发，如果立即处理被起诉的行为是必要的。

第 42.04 条—第 42.10 条空白

第 42.2 节　藐视法庭罪的适用

第 42.11 条　程序一般规定

（1）如果一方当事人主张藐视法庭行为已由个人在法庭程序中实施，惩罚主张的藐视法庭罪的申请必须由一方当事人在程序中通过诉讼中间申请而提出。

（2）如果主张藐视法庭罪已经由个人实施，但不是在法院相关的程序中，对主张的藐视法庭罪惩罚的程序必须启动，通过提交原初申请作为实质的程序。

第 42.12 条　费用的陈述

主张藐视法庭罪已经被实施的申请必须附随：

（a）指控的陈述，与表格 137 一致，说明有充足细节的藐视法庭罪，使得被指控的个人回答指控；以及

（b）作出指控的个人意图依赖证明该指控的宣誓书。

第 42.13 条　送达

被指控的个人必须被亲自送达：

（a）申请（不管原始或中间）；以及

（b）指控的陈述；以及

（c）提出指控的一方当事人意图依赖的宣誓书。

第 42.14 条　逮捕

（1）如果惩罚藐视法庭罪的申请已经被提交，或惩罚藐视法庭罪的程序已经启动，提出指控的一方当事人可以向法院申请：

（a）被指控的个人保证其出庭回答指控的命令；或

（b）该人的逮捕和拘留直到该人被带至法庭前的令状。

（2）根据第（1）款提出指控的一方当事人必须使得法院确信，被指控的个人有可能潜逃或以其他方式从法院的司法管辖中退出。

（3）如果被指控的个人不遵守给出保证的命令，法院可以签发令状，与表格 90 一致，关于该人的逮捕和拘留直到该人被带至法庭回答指控。

第42.15条 审理的程序

（1）被指控的个人可以向法院申请命令：

（a）指控的审理通过口头方式进行；或

（b）通过提出指控的个人依赖的宣誓证人的宣誓书的交叉询问。

（2）被指控的个人可以提交宣誓书回复指控。

（3）被指控的个人可以：

（a）给出口头证据；以及

（b）传唤证人给出口头证据，无须首先提交任何由被指控的个人或上述证人宣誓的宣誓书。

第42.16条 登记官的申请或程序

（1）如果主张个人因藐视法庭有罪，一方当事人可以向法院申请命令，指示登记官在程序中提出惩罚藐视法庭罪申请，或启动惩罚藐视法庭罪的程序。

（2）第（1）款不影响个人在程序中提出惩罚藐视法庭罪的申请，或启动惩罚藐视法庭罪的任何权利。

注释：法院可以根据自身动议作为——见第1.40条。

第42.17条—第42.20条空白

第42.3节 一般规定

第42.21条 监禁的令状

根据本部分被指控个人的监禁的令状：

（a）必须与表格91一致；以及

（b）可以由指示逮捕或拘留法院的主审法官签发。

第42.22条 在监禁结束前的撤销

如果被指控的个人被羁押至监狱特定的刑期，该人可以向法院申请该人在刑期结束前撤销的命令。

第七章 过渡性条款

注释：本章的条款在其到期后被移除。

第43部分 过渡性条款

附录1 词典

(第1.51条)

《行政上诉裁判庭法》是指《行政上诉裁判庭法（1975）》。

本法是指《澳大利亚联邦法院法（1976）》。

关于程序中的个人的**送达地址**——见第11.01条。

《行政决定（司法审查）法》是指《行政决定（司法审查）法（1977）》。

替代性纠纷解决程序是指由合适的个人执行的替代性纠纷解决程序。

澳大利亚金融投诉管理局由《公司法（2001）》第761A条所界定。

上诉是指根据本法第3部分第2节被提起至上诉管辖权法院的上诉，但不包括根据本法第33部分的上诉。

上诉人是指根据本规则第四章已经提交上诉通知的个人。

申请者是指：

(a) 除交叉权利人外主张救济的一方当事人；或

(b) 关于第34.7节——是《原住民土地权法（1993）》第61条第(2)款的申请者的个人。

批准的形式是指由首席司法行政官批准的形式。

仲裁是指根据仲裁命令执行的仲裁。

仲裁命令是指在第28.02条提及的命令，向仲裁者提交事项。

仲裁者是指根据仲裁命令被提交事项的仲裁者。

总检察长是指联邦总检察长。

司法部是指联邦司法部。

澳大利亚包括外部领地。

澳大利亚消费法的含义由《消费和竞争法（2010）》第4条第(1)款规定。

文件的鉴真是指：

(a) 如果文件是原件——正如它主张的被制作、打印、书写、签署

和执行；或

（b）如果文件是副本——它是真实的副本。

仲裁裁决包括最终仲裁裁决和中间仲裁裁决。

银行是指：

（a）在《银行法（1959）》的含义内，授权的存取机构；或

（b）澳大利亚储蓄银行。

破产规则是指《联邦法院（破产）规则（2005）》。

法庭律师是指有权在联邦法院作为出庭律师执业的个人。

账单是指费用的账单。

在一个地方的"**工作日**"，是指不是以下的任何日期：

（a）周六或周日；或

（b）在该地点是公共假期的日期；或

（c）登记局在该地点被关闭的任何其他日期。

商号是指个人执行商业的名义、案名、头衔或名称，除仅由该人的名义和任何其他与执行商业的个人的名义组成的名义。

核定证明书是指与第40.32条一致由讼费评定官签发的证明书。

民事争端解决法是指《民事争端解决法（2011）》。

主张包含交叉诉讼主张，除非有相反的意图出现。

证人出庭补助费是指金钱的数额或它的等价物，足够满足出庭的传票或命令要求的个人的合理的费用。

宪法令状是指训令状或禁止令。

控制，如果提交文件，是指拥有、保管或权力。

公司是指除组织外的任何法人。

公司规则是指《联邦法院（公司）规则（2000）》。

费用，除非文本另有规定，是指当事人之间的费用。

当事人之间的费用，仅仅是指在诉讼执行中，已经由当事人公平和合理产生的费用。

基于补偿基准的费用是指一方当事人在程序中所造成的全部补偿费用，只要其不包括有义务支付该费用的当事人为自身利益造成的不合理费用。

交叉诉讼主张是指反诉、交叉起诉、抵销和第三方当事人主张。
交叉诉讼原告是指在交叉诉求中主张救济的一方当事人。
交叉诉讼中的被告人是指在交叉诉求中寻求救济针对的一方当事人。
描述是指：
（a）关于是个人——该人的姓名、居住或商业地址和职位；
（b）非个人的法人：（i）法人的姓名；以及（ii）以下之一的地址：（A）法人登记办公室；（B）法人主要办公室；（C）法人主要办公场所。
指示是指法院的命令。
指示聆讯是指程序管理和执行的第一天和法院指定的任何其他日期。
文件包括：
（a）在《证据法（1995）》词典中的第1部分"文件"的定义中提及的任何信息的记录；以及
（b）通过机械或电子手段储存或记录的其他材料、数据或信息。
电子通信是指信息的交流通过数据、文本或图片的形式，通过指导或未指导的电磁能量的方式，包括电子邮件或电子邮件的附件。
电子邮件地址是指电子通信可以被发送的地址，或电子交流可以被接收的地址，使用网络、局域网或其他相似的电子网络。
询问是指：
（a）根据第29.2节签发的命令进行的询问；以及
（b）根据《外国证据法（1994）》第2部分第1节的程序——根据该部分作为法院签发命令的结果，与签发的信件请求有关的外国司法机构执行个人取证的任何程序。
询问者包含法院的登记官，或任何其他为个人的交叉目的被雇用的个人，根据：
（a）该规则；或
（b）《外国证据法（1994）》第7条第（1）款（a）项或（b）项。
专家是指根据该人的训练、学习或经历有特殊知识的个人。
专家证据是指全部或实质根据专家的特殊知识的专家证据。
注释：关于专家意见证据的可采性，见《证据法》第79条。
专家报告是指包含任何专家全部或实质地依赖该专家的特殊知识，对程序中有争议的任何问题的观点的书面报告，包括专家对其他专家报告评论的任何报告。

提交是指提交和送达。

真实步骤说明，见《民事争端解决法》第 5 条。

监护人，对智力障碍的个人或智力障碍的个人的财产，包括根据联邦或州或地区法律的授权的个人，照管或管理该人及其财产。

审理是指在法庭的任何审理，不论最终或中间（审理）。

审理日，关于申请或程序，是指登记官确定的审理申请或程序的日期。

高级法院是指澳大利亚高级法院。

图像是指已经通过电子形式被制造、复制、储存或发送的图片。

利益相关者是指个人被影响：

（a）通过法院的命令；或

（b）另一个人的任何行为或事项。

关于无民事行为能力人的"**利益相关者**"，是指：

（a）未成年人——该人的父母或监护人；以及

（b）智力残疾人——该人的监护人。

诉讼中间申请是指除交叉诉讼主张外，在已经启动的程序中的申请。

关于举证或出示文件令状的"**签发官**"，见第 24.11 条第（1）款。

签发当事人：

（a）在第 24.2 节中提及的要求举证或出示文件的令状——见第 24.11 条第（1）款；且

（b）在《国际仲裁法》第 23 条第（3）款的仲裁程序中要求出庭接受询问或出示文件的令状——见第 28.46 条第（1）款。

法官，见本法第 4 条。

判决，见本法第 4 条。

律师的含义，由本法第 4 条作出。

诉讼代表人是指已经在程序中被聘为无民事行为能力人的诉讼代表人的个人。

当事人诉讼基金是指根据本规则第 2.5 节确立的澳大利亚联邦法院当

事人诉讼基金。

调解是指根据调解令执行的调解。

调解令是指在本规则第28.01条提及的向调解者提交事项的命令。

调解者是指根据调解令提交事项的个人。

智力残疾人是指因为残疾或疾病，无法管理在程序中该人自己的事项的个人。

移民诉讼的含义由《移民法（1958）》第486K条作出。

未成年人是指未满18岁的个人。

原住民土地权登记官，是指根据《原住民土地权法（1993）》第5部分被聘任的原住民土地权登记官。

宣誓包括郑重声明。

命令包括法院的最终命令、诉讼中间命令、指示和量刑。

组织的含义，由《劳务纠纷（登记组织）法（2009）》第6条规定。

原初申请，是指启动程序的申请，包括针对不是先前程序中一方当事人的交叉诉讼主张程序，但不是上诉通知。

合伙人名义是指两个或更多人在澳大利亚从事商业合伙的名义。

当事人是指程序中的当事人。

对账单有利益的当事人是指已经被签发的费用命令支持或反对的当事人或个人。

无民事行为能力人是指：

（a）未成年人；或

（b）智力残疾人。

诉辩状是指：

（a）起诉书；或

（b）交叉起诉书；或

（c）抗辩；或

（d）回复；或

（e）在回复之后的任何抗辩；

但是不包括：

（f）原初申请；或

(g）诉讼中间申请；或

(h）任何种类的通知；或

(i）宣誓书。

主要程序是指如下程序：

(a）被告人想要提出交叉诉讼主张；或

(b）根据第 15 部分交叉诉讼主张已被提出。

程序，见本法第 4 条。

关于被送达个人的"**合适的地址**"，是指：

(a）该人的送达地址；或

(b）如果该人无送达地址，该人通常或最后被知道的商业或居住地址。

关于程序的"**合适地点**"，是指：

(a）程序启动的地点；或

(b）如果程序被移至另一个地点——另一个地点，从转移之日。

关于程序中"**合适的登记局**"，是指程序合适地点的登记局。

原住民土地权主张的登记，是指与《原住民土地权法（1993）》第 7 部分一致确立和保留的登记。

注释：见《原住民土地权法（1993）》第 253 条和第 7 部分。

登记官是指：

(a）法院的登记官、副登记官、地区登记官或地区副登记官；以及

(b）随时被授权执行在（a）项提及的登记官的职权的任何官员。

登记局是指主要登记局或法院的地区登记局。

被告人是指：

(a）救济主张针对的一方当事人，除交叉诉讼中的被告人，以及

(b）由上诉人提起的上诉的一方当事人。

出庭日是指由登记官确立的审理申请且在任何批准的表格上签注的日期。

司法行政官是指：

(a）根据本法第 18N 条被聘任的法院的司法行政官；以及

(b）根据该条文被聘任的副司法行政官；以及

(c) 随时被授权执行司法行政官或副司法行政官职责的任何人。

简易形式账单是指根据本规则第 40.3 节或破产规则第 13 部分的账单。

文件的"**印章**",是指将特定登记局的印章附于在第 2.01 条第(2) 款或第 (3) 款提及的文件。

起诉通知是指与第 12.01 条一致提交的通知。

核定费用是指与第 40.2 节一致被核定的费用。

讼费评定官是指登记官。

《跨塔斯曼程序法》是指《跨塔斯曼程序法(2010)》。

审判包括除诉讼中间审理外的审理。

滥用诉讼,见本法第 37AM 条。

滥用诉讼命令,见本法第 37AM 条。

没有通知是指未将向法院提起的申请、送达、告知另一方当事人或第三人。

附录 2　登记官可以行使的法院权力(第 3.01 条)

第 3.1 部分《公司(原住民和托雷斯海峡岛民)法 (2006)》

条款	条文	描述 (仅关于信息)
1	第 526-1 条第 (1) 款	命令原住民和托雷斯海峡岛民公司被清盘的权力

第 3.2 部分《跨塔斯曼程序法 (2010)》

条款	条文	描述 (仅关于信息)
11	第 36 条第 (1) 款	全部或部分宣告传票无效的权力
12	第 36 条第 (4) 款	未经审理裁定申请的权力
13	第 36 条第 (6) 款	可以远程指示审理进行的权力
14	第 38 条	签发证明书申明传票中涉及的个人未遵守传票的权力

第3.3部分《澳大利亚联邦法院法（1976）》

条款	条文	描述（仅关于信息）
21	第31A条第（1）款	给起诉当事人简易判决的权力
22	第31A条第（2）款	给辩护当事人简易判决的权力
23	第32AB条第（1）款	命令程序向联邦巡回法院转移的权力
24	第32AB条第（7）款	在程序被联邦巡回法院处分期间签发必要命令的权力
25	第37N条第（3）款	要求一方当事人的律师给一方当事人程序或程序的部分可能持续的估计，以及该方当事人将必须支付的与程序或程序的部分相关的可能费用的权力
26	第37P条第（2）款	对程序或程序的任何部分有关的、将被遵循的时间和程序给出指示的权力
27	第37P条第（5）款	当一方当事人无法遵守与程序相关的指示时，签发其认为合适的命令或指示的权力
28	第43条第（3）款	做在第43条第（3）款（a）到（g）项提及的与费用有关的，或与登记官审理的申请相关的任何事的权力
29	第47条第（1）款	指示或许可在程序中（非诉因裁判）给出证言的方式的权力
30	第47条第（3）款	在诉因审判中指示或通过宣誓书许可证据的权力
31	第47条第（4）款	未经对制作者的交叉询问允许使用宣誓书的权力
32	第47条第（5）款	命令在诉因的审理中给出证言的方式的权力
33	第47A条第（1）款	指示或许可证言通过视频连接、音频连接或其他合适方式被作出的权力
34	第47B条第（1）款	指示或许可个人出庭或通过视频连接、音频连接或其他合适方式作出意见书的权力
35	第47D条	指示或许可文件被置于出庭或通过视频连接、音频连接或其他合适方式被询问的个人面前的权力
36	第47F条第（1）款	签发支付由提供证言、出庭或通过视频连接、音频连接或其他合适方式作出意见书有关引起的费用的命令的权力
37	第48条	指示变更程序或部分程序的审判地点的权力
39	第51条第（2）款	基于非常规或正式的缺陷，签发命令宣布程序不是无效的权力
40	第52条第（2）款	确定比第52条第（2）款更低的利率的权力
41	第56条第（1）款	命令申请者或上诉人给出费用保障的权力

续表

条款	条文	描述（仅关于信息）
42	第56条第（2）款	指示保障的数额、作出时间以及方式和形式的权力
43	第56条第（3）款	减少或增加保障总额的权力
44	第56条第（3）款	变更保障给出时间、方式和形式的权力
45	第56条第（4）款	命令程序或上诉被撤销的权力

第3.4部分 《外国证据法（1994）》

条款	条文	描述（仅关于信息）
51	第7条第（1）款	签发命令国外取证的权力
52	第8条第（1）款	给出有关在澳大利亚之外个人的询问程序指示的权力
53	第8条第（2）款	在本法第7条第（1）款（c）项提及的命令中包括与在外国举证相关事项的请求的权力

第3.5部分 《外国判决法（1991）》

条款	条文	描述（仅关于信息）
61	第6条第（3）款、第（12）款、第（13）款和第（14）款	命令外国判决被登记的权力
62	第6条第（5）款	签发命令延长提出申请时间的权力

第3.6部分 《原住民土地权法（1993）》

条款	条文	描述（仅关于信息）
71	第64条	作出许可修正原住民土地权裁定或补偿申请的权力
72	第66条和第66A条	签发通知该向何人作出并以何种方式作出的命令的权力
73	第66B条	签发替换申请者命令的权力
74	第67条	签发在相同程序中交叉申请被处理之命令的权力
75	第83A条	请求执行搜查的权力

续表

条款	条文	描述（仅关于信息）
76	第84条	签发关于当事人合并、解除、撤回、终止和代表人之命令的权力
77	第85条	许可他人在法庭上代表一方当事人的权力
78	第86B条	向原住民土地权裁判庭提起申请要求调解的权力
79	第86C条	签发命令停止调解的权力
80	第86F条	签发命令中止程序的权力
81	第92条	禁止证据披露的权力

第3.7部分《联邦法院规则（2011）》

条款	条文	描述（仅关于信息）
91	第1.04条第（3）款	命令在2011年8月1日前生效的联邦法院规则适用于在程序中的步骤的权力
92	第1.33条	根据条件签发命令的权力
93	第1.34条	免除遵守第4.05条、第5.02条、第5.04条、第7.24条、第10.25条、第11.01条、第16.31条、第16.54条、第17.01条、第20.16条、第21.03条、第22.03条、第26.12条、第29.08条、第30.28条和第39.01条的权力
94	第1.34条	遵守该规则的要求免除的权力
95	第1.35条	签发与这些规则不一致的命令的权力
96	第1.38条	签发确定时间的命令的权力
97	第1.38条	确定行为或事件应该被作出时间的权力
98	第1.39条	签发延长或缩短时间的命令的权力
99	第1.40条	登记官主动或根据在程序中有充分利益的个人的申请行使权力的权力
100	第1.41条	给出判决或签发命令的权力，尽管申请者还没有对该救济提出主张
101	第1.42条	在命令中规定不履行后果的权力
102	第2.02条	将程序转移至另一个地方的权力
102A	第2.28条	签发命令将已归档的文件从法院档案移除的权力
102B	第2.29条	签发命令对法院文档进行编辑的权力
103	第2.31条	同意从登记局移除文件的权力

续表

条款	条文	描述（仅关于信息）
104	第2.32条	作出个人许可在程序中查阅和复制文件的权力
105	第2.32条第（1）款（b）项	签发命令在程序中的文件是秘密的权力
106	第2.43条	命令金钱从当事人诉讼基金中支付的权力
107	第3.01条	接收证据的权力
108	第4.1条第（2）款，注释3	作出公司许可除通过律师外，以其他方式进行诉讼的权力
109	第4.05条	作出许可律师提交或送达变更通知的权力
110	第4.12条	将当事人推荐给法律援助律师的权力
111	第5.02条	签发命令规定送达地址的通知需被送达时间的权力
112	第5.04条	在审理诉讼中间救济的主张时作出指示的权力
113	第5.04条	在任何审理中，作出有关程序的管理、执行和审理的指示的权力
114	第5.05条	随时中止审理指示的权力
115	第5.06条	与交叉诉讼主张相关，作出关于程序的管理、执行和审理指示或命令的权力
116	第5.08条	审理和裁定审理指示的权力
117	第5.23条	如果当事人如第5.22条规定缺席，签发命令的权力
118	第6.01条	权力：(a) 从法院文档中移除包含诽谤、无根据的或难以忍受的事项的文件； (b) 从文件中剔除上述事项
119	第6.11条	授予许可在审理发生的地方使用记录设备或通信信备的权力
120	第7.01条	在程序启动前聘任接收者的权力
121	第7.01条	签发有关财产的命令的权力
122	第7.01条	签发有关接收者权力的命令的权力
123	第7.22条	指示个人出庭，或作出与预期被告人描述相关的证据开示的权力
124	第7.22条第（2）项	权力：(a) 命令个人出示文件或物品；以及 (b) 指示询问在法庭前进行；以及 (c) 命令个人给出与预期被告人的描述相关的证据开示
125	第7.23条	指示预期被告人向预期申请者作出证据开示的权力
126	第7.24条	签发关于申请送达命令的权力
127	第7.29条	签发费用和花费的命令的权力
128	第7.29条	签发费用和花费保障的命令的权力

续表

条款	条文	描述（仅关于信息）
129	第8.21条	命令的权力，关于（a）文件被修正；或（b）一方当事人有许可修正文件
130	第9.02条	作出许可两人或多人在程序中被合并成申请者或被告人的权力
131	第9.05条	命令个人被加入作为程序的一方当事人以及签发命令在程序中提交和送达文件的权力
132	第9.08条	命令个人停止作为程序中的当事人以及签发命令关于程序的进一步执行的权力
133	第9.09条	签发关于当事人的合并或移除，根据一方当事人利益或义务的指派、转移或继承，或程序的未来执行的命令的权力
134	第9.10条	命令程序被撤销，如果一方当事人没有替代死亡的当事人的权力
135	第9.10条，注释	签发命令送达第9.10条提及命令的权力
136	第9.12条	有权作出许可个人在程序中参与，决定个人参与的期限、条件，以及决定参与者的权力、特权和义务
137	第10.23条	命令文件被视为已经在特定日期送达给个人的权力
138	第10.24条	命令采取步骤将文件带个人应当知晓的范围或代替送达的另一种方式的权力
139	第10.24条	命令文件被视为已经被送达，在特定事项发生时或特定时间结束的权力
140	第10.25条	签发关于文件提交无等同于文件送达效力命令的权力
141	第10.26条	签发关于通知或其他文件由法院或法院官员送达的命令权力
142	第11.01条	签发关于个人的送达地址的命令之权力
143	第13.01条	签发关于启动程序的命令的权力
144	第14.01条	签发关于财产、文件或信息的命令之权力
145	第14.21条	签发与接收者的聘任相关的命令之权力
146	第14.24条	确定接收者报酬的权力
147	第15.13条	签发与交叉诉讼主张有关命令的权力
148	第15.15条	签发与交叉诉讼主张的修正有关命令的权力
149	第16.21条	命令全部或部分诉辩状被剔除的权力
150	第16.31条	签发变更在程序中提交和送达诉辩状时间的命令的权力
151	第16.45条	命令一方当事人提交和送达其案件细节或实质陈述的权力
152	第16.52条	签发不许可诉辩状修正的命令的权力
153	第16.53条	授予许可修正诉辩状的权力

续表

条款	条文	描述（仅关于信息）
154	第16.54条	命令何时文件的修正生效的权力
155	第16.59条	签发关于文件的修正程序的命令的权力
156	第16.60条	签发关于修正文件送达的命令的权力
157	第17.01条	签发关于诉讼中间申请送达时间的命令的权力
158	第17.03条	签发与中间申请送达有关的命令的权力
159	第17.04条	在当事人缺席时审理和处分申请的权力
160	第19.01条	签发指示作出费用保障的方式、时间和条款的命令的权力
161	第19.01条第（1）款（b）项	命令程序中止直到保障被提供的权力
162	第19.01条第（1）款（c）项	如果保障未提供，命令程序中止或撤销的权力
163	第20.03条	签发关于文件使用的命令
164	第20.13条	命令一方当事人与第20.2节一致给出开示的权力
165	第20.15条	命令非标准或更扩展的开示被作出的权力
166	第20.16条	签发关于开示必须被作出的方式和时间的命令之权力
167	第20.17条	签发关于被开示的文件列表的形式和内容的命令之权力
168	第20.21条	命令一方当事人提交和送达与特定文件或文件集合相关的宣誓书的权力
169	第20.23条	命令不是当事人的个人向一方当事人作出开示的权力
170	第20.25条	签发关于费用的保障或根据第20.23条被命令作出开示的个人的费用和花费的权力
171	第20.32条	命令一方当事人出示文件或物品检查的权力
172	第20.35条	有权： （a）命令一方当事人向法院出示文件；以及 （b）为决定特权主张或其他反对出示的有效性的目的查阅文件
173	第21.01条	命令一方当事人提供书面回复给讯问的权力
174	第21.03条	签发关于对讯问提供回复的命令的权力
175	第21.03条	有权： （a）明确该方当事人反对讯问的依据；以及 （b）裁定反对的充分性
176	第21.04条	规定可以作出宣誓书验证一方当事人对讯问书面回复的权力
177	第21.05条	如果一方当事人无法充分回答讯问，签发命令的权力
178	第22.03条	签发关于事实证明费用支付的命令的权力
179	第23.15条	签发关于专家证人证据的命令的权力

续表

条款	条文	描述（仅关于信息）
180	第24.01条	作出许可签发传票的权力
181	第24.12条	通过传票命令接受者的权力： (a) 出庭给出证据；或 (b) 出示文件；或 (c) 做所有上述事
182	第24.15条	全部或部分宣告无效传票，或授予其他救济的权力
183	第24.15条	命令申请者给出申请通知宣告无效传票的权力
184	第24.19条	给出指示关于文件或物品的移除、归还、查阅、复制和处分的权力
185	第24.20条	作出许可查阅文件或物品的权力
186	第24.22条	签发命令处理为遵守传票引起的合理损失或费用支付的权力
187	第26.01条	给一方当事人简易判决的权力
188	第26.01条	中止简易判决实施的权力
189	第26.11条	作出一方当事人许可撤回自认或其他为另一方当事人的利益执行的事项的权力
190	第26.12条	作出许可停止全部或部分程序的权力
191	第26.12条	针对无许可停止全部或部分程序费用支付签发命令的权力
192	第26.15条	中止进一步的程序直到费用被支付的权力
193	第28.02条	有权： (a) 签发命令提交任何程序或程序的部分至调解或替代性纠纷解决程序；以及 (b) 中止调解或替代性纠纷解决程序；以及 (c) 命令调解者或被任命执行替代性纠纷解决程序的个人向法院报告；以及 (d) 签发关于调解和替代性纠纷解决程序执行的命令
194	第28.03条	签发关于调解或其他替代性纠纷解决程序的命令的权力
195	第28.04条	终止调解或替代性纠纷解决程序的权力
196	第29.06条	签发关于在形式上不规则的宣誓书提交的命令的权力
197	第29.07条	作出许可使用宣誓书的权力
198	第29.08条	关于宣誓书的送达作出指示的权力
199	第29.09条	如果宣誓书的作出者无法出庭交叉询问，作出许可使用宣誓书的权力
200	第30.01条	签发命令，关于问题的决定从其他问题被单独审理的权力
201	第30.01条，注释1	签发关于案件陈述和决定问题的命令的权力
203	第30.11条	命令若干程序合并，在同时或以特定的次序被审判，或中止直到一个程序裁定的权力

续表

条款	条文	描述（仅关于信息）
204	第30.21条	如果程序开始时当事人缺席，签发命令的权力
205	第30.21条	宣告无效或变更在一方当事人缺席时签发的命令以及签发关于程序进一步执行的命令的权力
206	第30.22条	如果没有当事人在审判中出庭，中止程序或剔除程序的权力
207	第30.23条	签发命令限制一方当事人可以传唤的证人或一方当事人可以提交文件的时间或数量，或签发关于意见书的长度和方式的命令的权力
208	第30.24条	在一方当事人死亡后作出判决和对判决进行登记的权力
209	第30.25条	作出一方当事人许可阅读在其他程序中提交的证据或宣誓书的权力
210	第30.28条	签发关于通知中的文件或物品出示的命令的权力
211	第30.33条	有权： (a) 签发命令要求在合法监禁下的一方当事人在法庭前的程序中出庭；以及 (b) 签发与一方当事人持续监禁有关的命令
211A	第30.34条	签发命令要求个人出庭接受询问，或出庭且出示该人的文件或物品的权力
212	第33.22条	做以下任何的权力： (a) 裁定在上诉状中包含的文件和事项； (b) 裁定何种文件和事项提交给行政上诉裁判庭； (c) 处理索引； (d) 裁定需要的上诉状副本的数量； (e) 指示审理的地点、时间和模式； (f) 裁定任何其他为准备审理上诉目的的事项
213	第36.11条	作出上诉执行的指示的权力
214	第39.01条	命令判决或命令在特定日期生效的权力
215	第39.02条	要求遵守命令中实践的权力
216	第39.04条	在它已经开始前，变更或宣告无效判决或命令的权力
217	第39.05条	在它已经开始后，变更或宣告无效判决或命令的权力
218	第39.11条	签发关于当事人书面同意命令的权力
219	第39.32条	指示命令被登记的权力
220	第39.35条	指示命令经由法院验真被登记的权力
221	第40.02条	签发关于费用总额的命令的权力
222	第40.03条	签发关于保留费用的命令的权力
223	第40.06条	签发关于费用不许可的命令的权力

续表

条款	条文	描述（仅关于信息）
224	第40.07条	做以下事情的权力： （a）不许可费用； （b）指示律师重新支付费用； （c）指示律师补偿另一方当事人
225	第40.13条	签发费用被核定时间的权力
226	第41.01条	给命令实施或执行指示的权力
227	第41.10条	签发命令、签发令状或采取其他步骤实施判决或命令的权力

附录3 对已经完成的工作和执行的送达可发放的费用

注释：见第40.29条、第40.41条、第40.42条和第40.43条

1A 本附录的适用

1A.1 本附录，经《2019RH 联邦法院修正规则（法院管理和其他措施）》修正，适用于在这些规则生效之时或之后做的工作和执行的送达。

第1条 出庭

1.1 要求具有律师技能的律师出庭（包括会议、通过电话、商讨，在法庭出庭，在法院指导和巡查），以6分钟作为一个单位的总额，在所有情况下，不超过65澳元：

（a）已经考虑律师的技能和经验；以及

（b）考虑到事项的复杂性或涉及问题的复杂性或新颖性。

1.2 在第1.1款提及的能够由法律系毕业生或文书实施的任何出庭——每6分钟：24澳元。

1.3 能够由文书或律师助理实施的出庭——每6分钟：11澳元。

第2条 准备文件

2.1 所有文件，不管是印刷形式或其他形式（但排除通信）——每100文字：59澳元。

2.2 通信（包括信件、邮箱、文字信息和即时信息）——最多50个文字：24澳元。

2.3 通信（包括信件、邮箱、文字信息和即时信息）——最多100

个文字：48 澳元。

2.4 通信（包括信件、邮箱、文字信息和即时信息）——超过 100 个文字，与条文 2.1 一致。

2.5 费用账单——根据讼费评定官的裁量。

第 3 条 阅读

3.1 所有文件，不管是印刷形式或其他形式（但排除第 3.2 款或第 3.3 款的通信）：与第 1 条一致，或根据讼费评定官的裁量权，考虑到阅读的页码数量。

3.2 通信（包括信件、邮箱、文字信息和即时信息）——最多 50 个文字：18 澳元。

3.3 通信（包括信件、邮箱、文字信息和即时信息）——最多 100 个文字：36 澳元。

第 4 条 代表和监督

4.1 如果超过一个律师参与到事项的执行中是合适的，津贴可以基于出庭代表或监督发放，与第 1 条一致。

第 5 条 检索

5.1 合适情况下，可以检索本质上非程序性的复杂法律问题，与第 1 条一致。

第 6 条 电子文件管理

6.1 数据产生、数据管理（包括确立设计和概要的协议）、数据设计和实施，与第 1.2 款一致。

6.2 文件准备和文件描述（包括必要的编辑和复制），遵守联邦法院诉讼实务告示，规定了在开始的管理和诉讼的执行中技术的使用，与第 1 条一致，考虑涉及争议的复杂性。

6.3 影印文件为可搜索格式包括 PDF，在必要时扫描，与第 1.3 款一致。

6.4 公布包括：

（a）电子兑换和开示；以及

（b）向 CD/CD ROM/USB 或其他被同意的媒介输入，与第 1.3 款一致。

第 7 条 掩盖

7.1 掩盖文件：

（a）如果讼费评定官确信掩盖是律师技能的需要——与第 1.1 款一致；

（b）其他——与第 1.3 款一致。

第 8 条 整理、分页和索引

8.1 文件整理（包括为复制目的整理）、分页和索引，为开示、查阅、律师的摘要、专家证人的指示、法院登记册、上诉状、物证或法院附录的文件或类似的目的（但排除保留的文件）——与第 1.3 款一致，或根据讼费评定官或类似目的，已经考虑页码的数量和整理、分页或索引的文件的数量。

第 9 条 复印

9.1 复印文件，根据讼费评定官的自由裁量。

第 10 条 亲自送达

10.1 亲自送达，包括所有尝试（如果需要的话）：119 澳元。

第 11 条 技术注意和责任

11.1 附加的数额可以被许可，考虑到案件的所有情况，包括：

（a）事项的复杂性；

（b）在事项中涉及问题的难度或新颖性；

（c）涉及的技能、专业知识和责任以及由律师花费的时间和劳动；

（d）准备和阅读的文件的数量和重要性，不考虑它们的长度；

（e）涉及的金钱或文件的数额或价值；

（f）搜查和考虑的法律和事实问题；

（g）考虑到律师的指示和其他相关情况，律师的一般注意和行为；

（h）该工作被要求作出的时间；

（i）与这一范围一致制定的其他津贴（包括与第 1.1 款一致的出庭的任何津贴）；以及

（j）任何其他相关事项。

第 12 条 委托人没有根据时间成本基础被收费

12.1 在律师没有根据时间成本基础向委托人收费的事项中，以上的

第1~11条不适用，以及公平和合理的费用将被许可，考虑到：

(a) 事项的复杂性；

(b) 在事项中涉及问题的难度或新颖性；

(c) 涉及的技能、专业知识和责任；

(d) 律师实际做的工作；

(e) 工作合理必要的范围；

(f) 工作被作出的期间；

(g) 执行工作花费的时间；

(h) 工作的质量；

(i) 准备和阅读文件的数量和重要性，不考虑长度；

(j) 涉及的金钱或财产的数额或价值；

(k) 在律师和委托人之间协议的费用的条款；以及

(l) 任何其他相关事项。

第13条 《公司法（2001）》——简易形式账单

13.1 可以由原告根据签发清算令或撤销上述申请主张的简易形式账单，根据以及包括《公司法（2001）》第470条的命令的开示和送达，以及税收证明书的获得：4230澳元。

在本幅度内，因庭审延期产生的费用，若已有法院保留，则可被允许。

第14条 《破产法（1996）》——简易形式账单

14.1 可以由申请者根据序列命令主张的简易形式账单：2718澳元。

在本幅度内，因庭审延期产生的费用，若已有法院保留，则可被允许。

14.2 可以由申请者根据申请书的撤销主张的简易形式账单：2339澳元。

在本幅度内，因庭审延期产生的费用，若已有法院保留，则可被允许。

第15条 《移民法（1958）》——简易形式账单

15.1 如果在聆讯前终止或驳回上诉或申请，可索赔的款项，包括费用和支出：4592澳元。

15.2 如果在聆讯后终止或驳回上诉或申请,可索赔的款项,包括费用和支出:7241 澳元。

15.3 如果当事方有权根据第 40.43 条第(2)款或第(3)款就某项上诉获得赔偿,并且法院在另一次听证会上已准许上诉或延长上诉时间,则可要求额外赔偿上诉费用:2180 澳元。

第 16 条 诉讼律师的费用

16.1 根据案件的情况,特定数额可以作为诉讼律师费用。该数额的评估可以通过参考国家律师费用指导。该费用被主张为酬劳。

16.2 如果律师介绍另一个律师作为诉讼律师,作为诉讼律师的律师费用,将与第 16.1 款一致被进行评估。

第 17 条 证人的费用

17.1 任何证人(除了根据诉讼实务告示 CM7 的一方当事人或专家)可以获得与下列数额等同的费用:

(a)如果证人通过获取工资维持生计,则其应当合理地获得因出庭作证而丧失的工资;以及

(b)如果证人通过获取费用维持生计,则其应当合理地获得因出庭作证而丧失的费用,且不能任意克扣其日常的生活开支,

但是不得超过:每日 590 澳元。

17.2 证人可以被许可一定的金额,该金额等同于证人准备出庭和出庭作证的实际费用。

第 18 条 酬劳

18.1 所有法院费用和其他费用和支付可以以实际发生的数额被许可。

第 19 条 这里未规定的费用

19.1 未在本附录考虑的工作,费用可以被许可。

第 20 条 注释

20.1 "律师"在《澳大利亚联邦法院法(1976)》第 4 条中界定。

20.2 在第 1.1 款中规定的费率不应当超过实际上由律师向客户要求的费率。相应地,费用的账单应当列明实际上由律师收取的小时费(费

用)。

20.3 准备文件的收费(第2条)包括打印、复印、邮寄、传真或电子邮件,以及任何其他与文件的准备或传送有关的行政性任务,不管通过何种方式。上述行政性工作,无额外收费。

20.4 打印文件没有参照条。相应地,当事人无该期望获得该任务的费用。

20.5 在第2.2款、第2.3款、第3.2款和第3.3款中的重要文字计算排除签字栏、免责申明或类似文字。

尾注

尾注1——关于尾注
尾注提供有关此汇编和已汇编法律信息。
每一汇编中都包含以下尾注:
尾注1——关于尾注;尾注2——缩写键;尾注3——立法史;尾注4——修订史。
缩写键——尾注2
缩写键列出了可能在尾注中出现的缩写。
立法史和修订史——尾注3和尾注4
对此法的修订记录在立法史和修订史中。
尾注3"立法史"提供了有关已修订(或将修订)该汇编法律的相关信息。该信息包括修订法律开始施行的详细信息以及该汇编中未包含的任何与适用、保留和过渡性规定的详细信息。
尾注4"修订史"提供了有关规定修订条款的信息(通常是条文或相同等级)。它还包括根据法律规定已废除的任何已汇编法律信息。

编辑更改
《立法法(2003)》授权首席议院律师对已编纂的法律进行编辑和陈述性更改以准备汇编法律。上述更改不改变法律的效力。编辑更改自汇编登记之日起生效。

如果汇编中包含编辑上的更改，则尾注中应包含这些更改的简短概述。任何更改的详细信息可向议院律师办公室咨询获得。

错误描述修订

错误描述修订是指该修订无法准确描述将要进行的修订。如果在描述不准确的情形下该修正案仍可以按预期的方式生效，则将该修正案纳入已编纂的法律中，并在修正史中的修正细节中加上缩写（md）。如果错误描述的修订无法按预期方式生效，则在修订史中的修正细节中加上缩写（md not incorp）。

尾注2——缩写键

ad 添加或插入	Ord 法令、条例
am 修订	orig 原版
amdt 修正案	par 段落/小段/小节
c 条款	pres 当前
C［x］汇编号	prev 先前
Ch 章节	(prev…) 先前
def 定义	Pt 部分
dict 词典	r 规则、条款
disallowed 不被议会允许	reloc 迁移
Div 节	renum 重新编号
ed 编辑更改	rep 废除
exp 到期/过期或停止/停止生效	rs 废除并替换
F 联邦立法登记册	s 小节
gaz 公报	Sch 附录
LA《立法法（2003）》	Sdiv 分支、分部
LIA《立法文书法（2003）》	SLI 选择立法文书
（md）可生效的错误描述修正案	SR 法定规则
（md not incorp）不可生效的错误描述修正案	Sub-Ch 子章节
mod 修改	SubPt 子部分
No. 序号	underlining 全部或部分未开始或将开
o 命令	

尾注 3——立法史

法律名称	注册登记日	施行日	适用、保留或过渡性规定
《联邦法院规则（2011）》（2011年第134号）	2011年7月28日（F2011L01551）	2011年8月1日（第1.02条）	
《联邦法院修正规则（2013）》（第1号）（2013年第65号）	2013年5月8日（F2013L00749）	附录2：2013年6月11日第2条第3款其他：2013年5月9日第2条第1、第2款	—
《联邦法院修正规则（电子法院档案措施）（2013）》（2013年第256号）	2013年11月25日（F2013L01970）	2013年11月26日第2条	
《联邦法院修正规则（费用及其他措施）（2013）》（2013年第283号）	2014年1月2日（F2014L00001）	附录1（第6、第7项）：2014年1月1日第2条第3款，其他：2014年1月3日第2条第1、第2款	
《联邦法院（破产）废止规则（2016）》	2016年3月24日（F2016L00383）	附录2、附录3，2016年4月1日；第2条第1款第1项	附录3
《联邦法院立法修正案（刑事程序）规则（2016）》	2016年11月9日（F2016L01728）	附录2：2016年11月10日第2条第1款第1项	—
《联邦法院修正规则（法院管理及其他措施）（2019）》	2019年5月1日（F2019L00665）	2019年5月2日第2条第1款第1项	—

尾注 4——修正史

被修正的规定	修正情况
第1章	
第1部分	
第1.1节	
第1.02条	rep LA s48D
第1.03条	rep LA s48C
第1.04条	am F2016L00383；F2016L01728
第2部分	
第2.1节	

续表

被修正的规定	修正情况
第2.01条	am No. 256, 2013; F2019L00665
第2.2节	
第2.11条	am No. 256, 2013
第2.14条	am F2019L00665
第2.3节	
第2.3节	am No. 256, 2013
第2.21条	am No. 256, 2013
第2.22条	am F2019L00665
第2.23条	am F2019L00665
第2.24条	am F2019L00665
第2.28条	ad No. 256, 2013
第2.29条	ad No. 256, 2013
第2.4节	
第2.31条	am F2019L00665
第2.32条	am No. 65, 2013; F2019L00665
第2.5节	
第2.41条	am F2019L00665
第3部分	
第3部分	am F2019L00665
第3.1节	
第3.01条	am F2016L00383; F2016L01728; F2019L00665
第3.05条	am F2019L00665
第3.2节	
第3.11条	am F2019L00665
第4部分	
第4.2节	
第4.12条	am F2019L00665
第4.15条	am F2019L00665
第4.16条	am F2019L00665
第5部分	
第5.1节	

续表

被修正的规定	修正情况
第5.01条	am F2019L00665
第5.03条	am No. 283, 2013
第5.04条	am No. 65, 2013; F2019L00665
第5.2节	
第5.21条	am F2019L00665
第5.23条	am F2019L00665
第6部分	
第6.1节	
第6.02条	rs No. 65, 2013 am F2019L00665
第6.03条	rs No. 65, 2013
第2章	
第7部分	
第7.3节	
第7.23条	am No. 65, 2013
第7.28条	am No. 256, 2013
第8部分	
第8.1节	
第8.02条	am No. 283, 2013
第8.05条	rs F2019L00665
第8.06条	rs F2019L00665
第8.07条	am F2019L00665
第8.3节	
第8.23条	am No. 256, 2013
第9部分	
第9.6节	
第9.64条	am No. 65, 2013
第10部分	
第10.1节	
第10.04条	am No. 65, 2013; No. 283, 2013
第10.5节	

续表

被修正的规定	修正情况
第10.51条	am F2019L00665
第10.52条	am F2019L00665
第10.6节	
第10.61条	am F2019L00665
第10.64条	am F2019L00665
第10.66条	am F2019L00665
第10.67条	am F2019L00665
第10.74条	am F2019L00665
第10.76条	am F2019L00665
第14部分	
第14.3节	
第14.25条	am F2019L00665
第15部分	
第15.1节	
第15.02条	am F2019L00665
第15.06条	am F2019L00665
第15.2节	
第15.17条	am F2019L00665
第16部分	
第16.1节	
第16.1节	am F2019L00665
第16.01A条	ad F2019L00665
第16.01条	am F2019L00665
第16.13条	ad F2019L00665
第16.4节	
第16.41A条	ad F2019L00665
第16.5节	
第16.59条	am No. 256, 2013
第17部分	
第17.01条	am F2019L00665
第19部分	

续表

被修正的规定	修正情况
第19.01条	am No. 65, 2013
第19.02条	rep No. 65, 2013
第20部分	
第20.2节	
第20.13条	am No. 65, 2013
第20.23条	am No. 65, 2013
第20.3节	
第20.31条	am No. 65, 2013
第20.32条	am No. 65, 2013
第23部分	
第23.1节	
第23.02条	am No. 65, 2013; F2019L00665
第23.2节	
第23.13条	am No. 65, 2013
第23.15条	am No. 65, 2013
第24部分	
第24.1节	
第24.01条	am F2019L00665
第24.2节	
第24.17条	am No. 256, 2013; F2019L00665
第24.18条	am F2019L00665
第24.20条	am F2019L00665
第24.21条	am F2019L00665
第24.24条	am F2019L00665
第27部分	
第27.1节	
第27.01条	am F2019L00665
第27.2节	
第27.2节标题	am No. 65, 2013
第27.11条	am No. 65, 2013
第27.12条	am No. 65, 2013; F2019L00665

续表

被修正的规定	修正情况
第27.13条	am No.65,2013；F2019L00665
第27.3节	
第27.21条	am F2019L00665
第27.23条	am F2019L00665
第28部分	
第28.3节	
第28.21条	am F2019L00665
第28.4节	
第28.31条	am F2019L00665
第29部分	
第29.2节	
第29.12条	am F2019L00665
第29.20条	am F2019L00665
第29.22条	am F2019L00665
第30部分	
第30.1节	
第30.1节	am No.65,2013
第30.03条	rep No.65,2013
第30.3节	
第30.3节	am No.65,2013
第30.34条	ad No.65,2013
第30.4节	
第30.41条	am F2019L00665
第30.44条	am F2019L00665
第30.5节	
第30.55条	am F2019L00665
第3章	
第31部分	
第31.1节	
第31.05条	am No.65,2013
第31.3节	

续表

被修正的规定	修正情况
第31.24条	am No. 65, 2013
第32部分	
第32.1节	
第32.01条	am F2019L00665
第32.02条	am F2019L00665
第32.2节	
第32.11条	am F2019L00665
第32.12条	am F2019L00665
第32.15条	am No. 65, 2013
第33部分	
第33.1节	
第33.02条	am F2019L00665
第33.05条	am F2019L00665
第33.2节	
第33.11条	am No. 65, 2013; F2019L00665
第33.12条	am F2019L00665
第33.13条	am F2019L00665
第33.17条	am F2019L00665
第33.18条	am F2019L00665
第33.24条	am F2019L00665
第33.26条	am No. 65, 2013
第33.30条	am No. 65, 2013
第33.3节	
第33.3节标题	am F2019L00665
第33.34条	am F2019L00665
第34部分	
第34.1节	
第34.03条	am No. 65, 2013; F2019L00665
第34.04条	am No. 65, 2013; F2019L00665
第34.05条	am No. 65, 2013; F2019L00665
第34.07条	am F2019L00665

续表

被修正的规定	修正情况
第34.2节	rep F2016L01728
第34.11条	rep F2016L01728
第34.12条	rep F2016L01728
第34.13条	rep F2016L01728
第34.14条	rep F2016L01728
第34.15条	rep F2016L01728
第34.16条	rep F2016L01728
第34.3节	
第34.24条	am F2019L00665
第34.42条	am F2019L00665
第34.43条	am F2019L00665
第34.44条	am F2019L00665
第34.45条	am F2019L00665
第34.4节	
第34.4节	am No. 65, 2013
第34.69条	am F2019L00665
第34.5节	
第34.84条	am F2019L00665
第34.5A节	
第34.5A节	exp 11 Oct 2013（r 34.86A（4））
第34.86A条	exp 11 Oct 2013（r 34.86A（4））
第34.6节	
第34.92条	am F2019L00665
第34.94条	am F2019L00665
第34.7节	
第34.104条	am F2019L00665
第34.112条	am F2019L00665
第34.113条	am F2019L00665
第34.114条	am F2019L00665
第34.117条	am F2019L00665
第34.118条	am F2019L00665

续表

被修正的规定	修正情况
第34.121条	am F2019L00665
第34.130条	am F2019L00665
第34.133条	am F2019L00665
第34.8节	
第34.163条	am F2019L00665
第4章	
第35部分	
第35.2节	
第35.19条	ed C7
第35.21条	am F2019L00665
第35.3节	
第35.32条	am No.65, 2013; F2016L01728
第35.4节	
第35.41条	am No.65, 2013
第36部分	
第36.1节	
第36.01条	am No.65, 2013
第36.02条	am No.65, 2013; F2019L00665
第36.03条	am F2019L00665
第36.5节	
第36.51条	am F2019L00665
第36.52条	am F2019L00665
第36.54条	am No.65, 2013
第36.6节	
第36.72条	am No.65, 2013
第37部分	rep F2016L01728
第37.01条	rep F2016L01728
第37.02条	rep F2016L01728
第38部分	
第38.02条	am F2019L00665
第5章	

续表

被修正的规定	修正情况
第39部分	
第39.4节	
第39.33条	am F2019L00665
第39.35条	am No. 256, 2013; F2019L00665
第40部分	
第40.2节	
第40.18条	am F2019L00665
第40.19条	am F2019L00665
第40.21条	am F2019L00665
第40.22条	am F2019L00665
第40.24条	am F2019L00665
第40.25条	am F2019L00665
第40.3节	
第40.43条	am No. 65, 2013 rs F2019L00665
第40.44条	am F2019L00665
第41部分	
第41.1节	
第41.04条	am F2019L00665
第41.07条	am No. 65, 2013
第41.08条	am No. 65, 2013
第41.10条	am No. 65, 2013
第41.6节	
第41.69条	am F2019L00665
第6章	
第42部分	
第42.2节	
第42.16条	am F2019L00665
第7章	
第7章	ad No. 283, 2013
第43部分	

续表

被修正的规定	修正情况
第43.1节	rep 3 Feb 2015（r 43.02） ad F2016L01728 rep 10 May 2017（r 43.02）
第43.01条	ad No. 283, 2013 rep 3 Feb 2015（r 43.02） ad F2016L01728 rep 10 May 2017（r 43.02）
第43.02条	ad No. 283, 2013 rep 3 Feb 2015（r 43.02） ad F2016L01728 rep 10 May 2017（r 43.02）
附录1	
附录1	am No. 65 and 256, 2013； F2016L00383；F2019L00665
附录2	
附录2	am No. 65 and 256, 2013；F2019L00665
附录3	
附录3	am No. 65, 2013； No. 283, 2013； F2019L00665

尾注5——编辑更改

在准备此汇编法律的登记注册时，根据《立法法（2003）》作了如下类型的编辑更改。

第35.19条（标题）

编辑更改的种类

更改字体

编辑更改详情

在该汇编的编辑更改中，对第35.19条标题添加了粗体，以使其与立法起草惯例保持一致。

澳大利亚联邦证据法

关于本汇编

本汇编

这是关于 1995 年《澳大利亚联邦证据法》的汇编，显示了经修订并于 2018 年 10 月 26 日（汇编日期）生效的法律文本。

本汇编末尾的注释（尾注）包含有关修订法律和本法律规定的修订史有关的信息。

未生效修订

未生效修订的效力未在本法律汇编中显示。任何影响法律的未生效修订都可以在立法注册处（www.legislation.gov.au）网站查询。尾注中强调了在汇编日期前并未生效的修订细节。有关未生效修订的更多信息，请参见立法登记册中汇编法律的系列页面。

条款和修正案的适用、保留和过渡性规定

如果本汇编中未包含的适用、保留和过渡性规定影响了该汇编中某项法规或修订法律的实施，则未包含规定的详细信息将在尾注中体现。

编辑更改

有关本汇编的更多编辑更改信息，请参见尾注。

修改

如果另一部法律对汇编法律进行修改，则汇编法律将作为已修改法律运行，但该修改不会改变法律文本。因此，本汇编不会显示经修订的汇编法律的文本。有关修改的更多信息，请参见立法登记册中汇编法律的系列页面。

自废条款

如果根据法律规定废除相关汇编条款，则在尾注中包含详细信息。

第一章 序 言

引言性注释

本法概要

本法规定了澳大利亚联邦证据规则。通常而言，本法适用于联邦法院中的程序（见第 4 条），但是某些条文在上述程序外适用（见第 4 条第 1 款注释 2）。

第二章是关于程序中的举证。

第三章是关于程序中证据的可采性。

第四章是关于程序中的事项证明。

第五章是关于其他事项的规定。

本法最后部分的词典，界定了本法中使用的术语与措辞。

相关立法

本法绝大部分与下列州和区域的立法一致：

(a)《证据法（1995）》（新南威尔士州）；

(b)《证据法（2001）》（塔斯马尼亚州）；

(c)《证据法（2008）》（维多利亚州）；

(d)《证据法（2011）》（澳大利亚首都领地）；

(e)《证据法（2011）（国家统一立法）》（北领地）。

尽管上述法律在很多方面与本法一致，但仍存在区别。对《民法与司法立法修正案（2014）》的解释性说明中包含对截至 2014 年 7 月 8 日区别加以说明的表格。对该表格的更新由司法部维护，详见 http://www.ag.gov.au。

第 1.1 部分 形式性事项

第 1 条 简称

本法可被引作《证据法（1995）》。

第 2 条 施行

(1) 本节以及在本法结尾处的词典，从本法获得御准之日起开始实施。

（2）根据第（3）款，本法的其他条文，从公告确定之日起开始实施。

（3）在第（2）款提及的条文，若在 1995 年 4 月 18 日之前未根据该款开始实施，则从该日开始实施。

第 3 条　定义

（1）在本法中（或在本法的某个特定条文中）使用的表述，若在本法末尾的词典中被界定则以词典中的规定为准。

注释 1：本法中的表述，若在《法律解释法（1901）》中被界定则以该部法律的规定为准。

（1A）本法结尾处的词典，是本法的一部分。

（2）本法中包含的注释是解释性注释，不构成本法的一部分。

（3）本法中使用的措辞在本法中的定义，适用于它的解释，条文或争议事项另外指示或有要求的除外。

第 1.2 部分　本法的适用

第 4 条　本法适用的法院和程序

（1）本法适用于联邦法院的所有程序，包括如下程序：

（a）与保释相关的程序；或

（b）诉讼中间程序以及类似程序；或

（c）在法官办公室听审的程序；或

（d）根据第（2）款，与量刑相关的程序。

注释 2："联邦法院"在词典中界定。定义中还包括适用证据法的个人和团体。

注释 3：本法的有些条文超出了联邦法院的程序范围。这些条文包括：

・（第 5 条）特定条文的适用外延至澳大利亚所有法院；

・（第 185 条）对经适当验真的文件赋予的信任；

・（第 186 条）在行使联邦司法管辖权或类似司法管辖权的澳大利亚法院中使用宣誓书须进行宣誓；

・（第 187 条）废除法人无须自证其罪的特权。

注释 4：州法院在程序中行使联邦司法管辖权时，参照《司法法（1903）》第 79 条。

（2）如果该程序与量刑相关：

（a）只有当法院指示证据法在程序中适用，才能适用本法；

（b）若法院在指示中说明证据法只适用于特定的事项，则证据法仅对特定事项具有效力。

（3）法院必须作出指示，如果：

（a）程序的一方当事人申请有关事实证明的指示；以及

（b）法院认定程序涉及对该事实的证明且该事实会或将会在程序中对量刑产生重要影响。

（4）法院必须作出指示，如果法院认为出于正义而作出这样的指示是合适的。

（5）根据第（5A）款的规定，本法的条文（除第 185 条、第 186 条和第 187 条外）不适用于：

（a）针对州法院的上诉，包括针对行使联邦司法管辖权的州法院的上诉；或

（b）针对澳大利亚首都领地、北部领地或外部领地的法院的上诉；或

（e）治安法官裁决或命令的复审以及任何针对此复审的上诉；

但目前澳大利亚各法院均适用的程序仍适用本法。

（5A）除了第（5）款规定之外，本法适用于根据《家庭法（1975）》行使司法管辖权的州或领地的简易管辖权的法院向澳大利亚家事法院的上诉。

第 5 条　特定条文的扩展适用

在表格中提及的本法的条文，适用于澳大利亚法院的所有程序，包括如下程序：

（a）与保释相关的程序；或

（b）诉讼中间程序或类似程序；或

（c）在法官办公室听审的程序；或

(d) 与量刑相关的程序。

本法条文	争议事项
第 70 条第（2）款	在关税指控和税务指控中，标牌和标签的证据
第 143 条	法律事项
第 150 条	印章和签名
第 153 条	公报和其他政府文件
第 154 条	议会等机构公布的文件
第 155 条	官方记录
第 155A 条	联邦文件
第 157 条	与法院程序相关的公共文件
第 158 条	特定公共文件的证据
第 159 条	官方统计数据
第 163 条	由联邦机构已经发送的信件证据
第 182 条	联邦记录，联邦机构发送的邮政物品以及特定的联邦文件

注释 1："澳大利亚法院"的定义参见词典，其涵盖澳大利亚的所有法院。该定义扩展至举证或需要适用证据法的个人和机构。

第 6 条　领地

本法扩展至每一个外部领地。

第 7 条　本法约束政府

本法在其效力范围内约束政府。

第 8 条　其他法律的实施等

（1）本法不影响任何其他法律条文的实施，除了《司法法（1903）》的第 68 条、第 79 条、第 80 条和第 80A 条外。

（2）本法不影响下列条例的实施：

（a）根据本法之外的法律制定；以及

（b）在本条开始实施时有效的条例。

但是，本款不适用于在本条款实施之后修正的条例。

（3）本法在《公司法（2001）》以及《证券和投资委员会法（2001）》范围内有效。

第 8A 条　《刑法典》的适用

《刑法典》第二章适用于所有违反本法的罪行。

注释1：《刑法典》第二章规定了刑事责任的一般原则。

第9条　本法对其他法律的效力

（1）为避免疑义，只要有关澳大利亚法律与法院在诉讼中间程序中执行证据规则或程序规则实施的权力，本法不影响该相关澳大利亚法律的适用。

（2）为避免疑义，本法并不影响州或领地的法律，只要该法律：

（a）在针对相关法院判决、裁判、命令或量刑的上诉程序中，采纳或使用陪审团成员的裁决理由，或与该裁决相关的陪审团成员的评议活动的证据；或

（b）保释；或

（c）采纳支持不在犯罪现场证据的任何要求。

（3）为避免疑义，本法并不影响州或领地的法律，只要该法律规定：

（a）法律或证据推定的实施（除非到目前为止本法明确规定或通过必要的推定与该推定不符合）；或

（b）书证的可采性取决于是否已经支付印花税；或

（c）必须在提出证据前发出通知的要求；或

（d）将证据效力赋予根据该法或任何其他州或领地的法律签发的证明书或文件；或

（e）财产所有权证明（本法规定的适用于证明财产所有权的方式除外）。

第10条　议会特权保留

（1）本法不影响有关任何澳大利亚议会或任何澳大利亚议会的任何一院的特权的法律。

（2）特别是，第15条第（2）款并非影响，而是补充了与这些特权相关的法律。

第11条　法院的一般权力

（1）法院控制程序运作的权力不受本法影响，本法另有明文规定或有必要意图者除外。

（2）特别是，法院在程序中针对滥用程序行为的权力不受影响。

第二章 举 证

引言性注释

本章概要

本章是关于举证方式的规定。

第 2.1 部分是关于证人的举证。

第 2.2 部分是关于书证的举证。

第 2.3 部分是关于其他证据形式的举证。

第 2.1 部分　证人

第 1 节　证人能力和强制作证

第 12 条　证人能力和强制作证

除本法另有规定者外：

(a) 任何人都有作证的能力；以及

(b) 可以强制对某事实有作证能力的个人就此作证。

第 13 条　证人能力：缺乏能力

(1) 如果因为任何原因（包括精神的、智力的或身体的残障），个人无能力针对事实作证：

(a) 该人无能力理解针对该事实的疑问；或

(b) 该人无能力给出可以被理解的，针对该事实疑问的答案；

并且该种无能力无法被克服。

注释：关于可以使得证人克服无能力的而提供帮助的示例，请参见第 30 条和第 31 条。

(2) 因第（1）款而无能力针对某一事实作证的个人，可能有能力对其他事实作证。

(3) 能对一个事实作证的个人，如果该人没有能力理解其在举证中负有如实作证的义务，则无能力就该事实给出宣誓证言。

(4) 无法对事实给出宣誓证言的个人，根据第（5）款，有能力给出针对该事实的非宣誓证言。

（5）因第（3）款而无法给出宣誓证言的个人，有能力给出非宣誓证言，如果法院已经告知此人：

（a）如实表述很重要；以及

（b）该人可能被问到其不知道，或记不清答案的问题，以及如果此种情况发生，其应当告知法院；以及

（c）该人可能被问到暗示特定表述是真实或不真实的问题，若其认为该陈述是真实的，则应该同意该表述，并且如果该人认为其陈述是不真实的，则应当不会感到对该陈述表示同意的压力。

（6）应当推定个人并不是因为该条没有作证能力，有相反证明者除外。

（7）已经由证人作出的证言，并不会因为证人在完成作证前死亡或不再具有作证能力而变得不可采。

（8）因本条而产生争议的裁决，法院可以以其认为合适的方式了解情况，包括从基于个人训练、学习或经验而拥有相关特定知识的个人处获取信息。

第 14 条　强制作证：能力减损

不能强制个人就特定的事项作证，如果法院确信：

（a）为确保该人有能力理解关于事项的问题或能够给出就该事项的提问可被理解的答案，将导致重大的耗费或延误的发生；以及

（b）从一个、多人或多处获取的关于该事项的充分证据已经被举出，或即将能够被举出。

第 15 条　强制作证：元首和其他

（1）以下人员不能被强制作证：

（a）元首；

（b）总督；

（c）州长；

（d）领地的行政长官；

（e）外国元首或外国首脑。

（2）不能强制澳大利亚议会一院的成员作证，如果强制该成员作证，将阻止其参与以下会议：

(a) 该院的会议或该议会的联席会议；或

(b) 其担任成员的该院或者该议会的委员会的会议。

第 16 条　证人能力和强制作证：法官和陪审员

(1) 在一个程序中作为法官或陪审员的个人，无能力在该程序中作证。但是，陪审员有能力在该程序中针对影响程序运作的事项作证。

(2) 不能强制曾在澳大利亚程序或海外程序中担任法官的个人作证，除非法院许可。

第 17 条　证人能力和强制作证：刑事诉讼中的被告人

(1) 本条仅在刑事程序中适用。

(2) 被告人没有作为控方证人举证的能力。

(3) 不能强制共同被告人在刑事程序中作证来支持或反对被告人，除非该共同被告人与被告人分别审判。

(4) 如果证人在程序中与被告人是共同审判的共同被告人，法院（如果有陪审团，在陪审团缺席时）必须确信，证人意识到了第（3）款的效力。

注释："共同被告人"的定义见词典部分。

第 18 条　刑事诉讼中配偶和其他人强制作证的一般规定

(1) 本条仅在刑事程序中适用。

(2) 被告人的配偶、事实上的配偶、父母或子女，可以反对被要求作为检控方的证人从事下列活动：

(a) 作证；或

(b) 就该人和被告人交流作证。

(3) 该异议应当在该人作证前提出，或在该人意识到该异议的权利后尽可能早地提出，以上述两种情况较迟者为准。

(4) 如果在法院看来，个人可以根据本条拥有提出异议的权利，法院应当确信该人意识到本条可能适用于该人的效力。

(5) 如果有陪审团，在陪审团缺席的情况下，法院将根据本条审理以及裁决任何异议。

(6) 若某人根据本条反对作证或反对就有关交流作证时，若法院认定存在下列情况，则严禁要求该人作证：

（a）如果该人作证，将导致或可能导致（无论直接或间接）对该人的危害，或该人与被告人的关系的危害可能性；以及

（b）该危害的性质和范围超过了让其作证的期望性。

（7）为第（6）款的目的，法院必须考虑的事项包括但不限于：

（a）该被告人正被指控的罪行的性质和严重程度；

（b）该人可能给出的证据的性质和重要性，以及该证据可能被赋予的证明力；

（c）该人将表述的涉及相关事项的任何其他证据，是否合理地被检察官获取；

（d）被告人和该人的关系的性质；

（e）在作证中，该人是否必须披露其从被告人处秘密获悉的事项。

（8）如果根据本条提出的异议已经被裁定，公诉人不得评论下列事项：

（a）该异议；或

（b）有关该异议的法院决定；或

（c）该人无法作证。

第20条 无法作证的评论

（1）本条仅适用于针对可公诉罪❶的刑事程序。

（2）法官或任何一方当事人（除检察官外）可以对被告人无法作证进行评论。但是，该评论不得暗示被告之所以未能作证是因为被告犯有有关罪行或者被告相信其有罪，除非该评论是由程序中的其他被告作出的。

（3）当下列人员无法作证时，法官或任何一方当事人（除检察官外）可以对其无法作证进行评论：

（a）被告人的配偶或事实上的配偶；或

（b）被告人的父母或子女。

（4）但是，第（3）款规定的评论严禁暗示配偶、事实上的配偶、父母或子女无法举证是出于下列原因，除非该评论是程序中的其他被告作出的：

---

❶ 可公诉罪指可由大陪审团起诉的犯罪。——译者注

（a）被告因相关的罪行有罪；或

（b）配偶、事实上的配偶、父母或子女认为被告人因相关的罪行有罪。

（5）如果：

（a）两个或两个以上的被告人关于可公诉罪被一起审判；以及

（b）任何一名上述人员对任何其他上述人员或其配偶、事实上的配偶、父母或子女无法作证进行了评论；

法官除了可以就无法作证作出评论外，还可以评论（b）项规定的任何评论。

第 2 节　宣誓与郑重声明

第 21 条　证人经宣誓或郑重声明所作的宣誓证言

（1）证人在举证前必须进行宣誓，或者作出郑重声明。

（2）第（1）款不适用于根据第 13 条给出非宣誓证言的个人。

（3）经传唤仅向法院出示书证或物证的个人，在出示之前不需要宣誓或作出郑重声明。

（4）证人宣誓或作出郑重声明应当遵循附录中适当的形式或类似的形式。

（5）上述郑重声明与宣誓具有同等效力。

第 22 条　根据宣誓或郑重声明行为的翻译人员

（1）翻译人员履职前，必须进行宣誓或者作出郑重声明。

（2）该人员应当遵循附录中的适当形式或类似形式进行宣誓或作出郑重声明。

（3）上述郑重声明与宣誓具有同等效力。

第 23 条　宣誓或郑重声明的选择

（1）即将在程序中作为证人或翻译人员的个人，可以选择是否宣誓或作出郑重声明。

（2）法院将告知此人其可进行该选择。

（3）法院可以指示即将成为证人的个人作出郑重声明，如果：

（a）该人拒绝选择是否宣誓或作出郑重声明；或

（b）让该人作出适当的宣誓不是合理可行的。

第 24 条 宣誓的要求

(1) 在宣誓中并非必须使用宗教文本。

(2) 根据本节之目的,若出现下列情况,宣誓依然有效:

(a) 宣誓人无宗教信仰或无某种具体的宗教信仰;或

(b) 宣誓人无法理解宣誓的性质和结果。

第 3 节 作证的一般规则

第 26 条 法院对证人询问的控制

法院可以就以下事项作出以下其认为合理的命令:

(a) 证人被询问的方式;以及

(b) 出示和使用与询问证人有关的书证和物证;以及

(c) 当事人询问证人的顺序;以及

(d) 与对询问证人相关的任何人的在场和行为。

第 27 条 当事人可以询问证人

当事人可以询问任何证人,除非本法另有规定。

第 28 条 主询问、交叉询问和再询问的顺序

除非法院另有指示:

(a) 对证人的主询问之前不得进行对证人的交叉询问;以及

(b) 在准备对证人进行交叉询问的所有其他当事人进行的交叉询问之前,不得对证人进行再询问。

第 29 条 询问证人和证人作出回应的方式与形式

(1) 一方当事人可以采用任何其认为合适的方式询问证人,除非本章另有规定或法院另有指示。

(2) 法院可以依职权或者根据传唤证人的当事人之申请,指示证人全部或部分以叙述的形式作证。

(3) 上述指示可以包括以上述形式作证之方式的指示。

(4) 如果在法院看来,材料可能有助于对已经被提交或即将被提交的其他证据的理解,证据可以通过图表、摘要或其他解释性材料的形式出示。

第 30 条 翻译人员

证人可以通过翻译人员对事实作证,除非该证人能够理解英语、用英

语表述并足以使证人理解就该事实进行的询问和作出足够的回应。

第31条 聋哑证人

（1）可以以任何合适的方式询问不能充分听到的证人。

（2）不能充分表达的证人，可以以任何合适的方式作证。

（3）法院可以就以下任一或两个事项给出指示：

（a）根据第（1）款，询问证人的方式；

（b）根据第（2）款，证人举证的方式。

（4）本条并不影响本条所适用的证人根据第30条的规定，通过翻译人员对事实举证的权利。

第32条 法庭中试图唤起记忆

（1）证人在举证过程中，禁止使用文件试图唤起其关于事实或观点的记忆，除非法院许可。

（2）法院在决定是否作出许可时，应考虑的事项包括但不限于：

（a）不使用该文件，证人是否将能够充分回忆事实或观点；以及

（b）证人意图使用的部分文件是否是下列文件或其复印件：

（i）证人对于其所记载的事件记忆清晰时，由该证人书写或者作出的文件；

（ii）证人当时认定记录准确的文件。

（3）如果在作证时，证人已经使用文件去试图唤起其关于事实或观点的记忆，在法院的许可下，证人可以大声阅读与该事实或观点相关的部分文件，作为其证言的部分。

（4）根据当事人的请求，法院将给出其认为合适的指示，确保与程序相关部分的文件出示给当事人。

第33条 警察提供证据

（1）尽管存在第32条，在任何刑事诉讼中，警察可以通过阅读或通过对先前警察作出的书面表述的引导，为主控举证。

（2）证据不能通过上述方式出示，除非：

（a）该表述是该警察在其提及的事件发生之时，或在发生不久之后作出的；以及

（b）在作出该陈述时，警察签署了该表述；以及

（c）在审理指控的证据前的合理时间内，已经将该表述的复制件送达被指控的人、其聘请的澳大利亚法律职业者或者法律顾问。

（3）在本条提及的警察，包括在制作有关陈述时是警察的人。

第 34 条　试图在法庭外唤起记忆

（1）如果证人在非作证时为唤醒其记忆使用了特定的文件或物品，则根据当事人的请求，法院可以作出适当的指示，为程序目的保证将这些文件或物品出示给该当事人。

（2）若无合理的理由，该指示未被遵守，法院可以拒绝采纳证人举出的证据，只要该证据与证人试图唤起其记忆的事实有关。

第 35 条　要求出示文件的效力

（1）若当事人仅因根据本法或其他规定从事了下列行为，并不能要求其提交文件：

（a）要求将文件出示给该当事人；或

（b）在出示文件时查阅了该文件。

（2）被要求出示文件的一方当事人若仅因要求出示该文件的另一方当事人或者查阅该文件的另一方当事人未出示文件，从而提交该文件无效。

第 36 条　个人可以没有传票或其他文书被询问

（1）法院可以命令以下个人：

（a）在审理程序中在场的个人；以及

（b）在程序中可以被强制作证的个人；

作证以及出示文件或物品，尽管传票或其他要求该人为上述目的出庭的文书没有正式地送达该人。

（2）上述被命令作证或出示文件或物品的个人，与被正式地提供上述传票或其他文书的人员受制于相同的刑罚和义务。

（3）查阅因第（1）款向法院提供的文件或物品的个人，不需要使用该文件作为证据。

第 4 节　主询问和再询问

第 37 条　诱导性问题

（1）在主询问或再询问中，禁止向证人提出诱导性问题，除非：

(a) 法院提供许可；或

(b) 该问题涉及对此证人证言的介绍性事项；或

(c) 对该问题不存在异议，以及（除了进行主询问或再询问的当事人）每个其他程序中当事人都有澳大利亚法律执业者、法律顾问或检察官代理；或

(d) 该问题与非争议的事项相关；或

(e) 如果证人依据其训练、学习或经验有专业的知识——提问的目的与其提供的证据或准备提供证据的事实有关，获得证人对相关假设性事实陈述的意见。

(2) 除非法院另有指示，第（1）款不适用于民事诉讼中与该证人在履行公共或官方的职责时作出的侦查、检查或报告相关的问题。

(3) 第（1）款并不禁止法院根据法院规则行使权力来允许提交书面陈述或者报告，或者将其视为作出人的主要证据。

注释："诱导性问题"的定义请参照词典。

第 38 条 不利证人

(1) 在法院许可后，传唤证人的一方当事人可以就下列事项询问证人，如同当事人交叉询问证人一样：

(a) 该证人提供的对该方当事人不利的证据；或

(b) 该证人有合理的理由了解，但在法院看来，其未在主询问时真正通过努力为其作证；或

(c) 该证人是否在任何时候作出了与先前的不一致的表述。

(2) 根据本条询问证人，视为本法规定的交叉询问（除第 39 条）。

(3) 依据本条询问证人的一方当事人，可以在法院许可下，对仅涉及证人的可信性的事项询问证人。

注释：关于仅涉及可信性的证据的可采性规则，请参照第 3.7 部分相关规定。

(4) 本条规定的询问，应当在其他当事人交叉询问证人前进行，除非法院另有指示。

(5) 如果法院另有指示，当事人询问证人的顺序则依照法院指示。

(6) 法院在裁定是否提供许可或指示时应考虑到的事项包括但不

限于：

（a）一方当事人是否在最早时间就其寻求许可的意图进行了通知；以及

（b）另一方当事人已经或者可能向该证人询问的事项及其范围。

（7）根据本条，一方当事人与任何其他证人就下列事项在交叉询问中负有相同责任：

（a）程序是以保险者、其他人或为了他们而以该当事人的名义进行。

（b）该当事人在程序中是证人。

第39条 再询问的限制

关于再询问：

（a）可询问证人在交叉询问中作证有关的事项。

（b）不得向证人提出其他问题，除非法院许可。

第5节 交叉询问

第40条 错误传唤的证人

在一方当事人错误地传唤了证人的情况下，若该方当事人并没有就程序中待定问题相关的事项向证人提问，则另一方当事人不得对该证人进行交叉询问。

第41条 不合适的问题

（1）在交叉询问中，若法院认为询问属于下列情况（"不许可的问题"），则法院须禁止对证人提出该询问，或告知证人不需要回答该询问：

（a）误导人或令人困惑的询问；或

（b）不当地令人生气、令人烦恼、令人生畏、带有攻击性、强制性、令人蒙羞或重复性的询问；或

（c）以轻视、侮辱或其他不合适的方式或语调向证人提出的询问；或

（d）除了思维定式（如根据证人的性别、种族、文化、种族特点、年龄或脑力的、智力的或身体的残疾建立的思维定式）没有其他依据的询问。

（2）为第（1）款的目的，法院应当考虑到的事项包括但不限于：

（a）法院意识到的任何与该证人相关的情况或特点，包括年龄、教育、种族和文化背景、性别、语言背景和技术、成熟度、理解力和个性；以及

（b）法院意识到该证人患有或看上去患有的任何脑力的、智力的或身体的残疾；以及

（c）问题提出的背景，包括：（i）程序的性质；以及（ii）刑事诉讼中与该程序有关的罪行的性质；以及（iii）该证人与程序中的任何其他当事人之间的关系（如果有的话）。

（3）不因以下原因，认为该询问是不许可的问题：

（a）该询问挑战证人的诚信度或对该证人作出的任何表述的连续性或正确性提出了质疑；或

（b）该询问要求证人讨论其厌恶的或涉及其隐私的主题。

（4）一方当事人可以基于这是不许可的问题而提出异议。

（5）但是，不管是否提出针对特定询问的异议，本条施加于法院的义务均适用。

（6）法院未能根据本条不允许进行某询问，或未能告知证人不需要对此作出回答，不影响证人针对该问题给出的任何回答的可采性。

注释：没有法院的明示许可，个人严禁印刷或公布任何本条禁止的询问，见第195条。

第42条　诱导性问题

（1）一方当事人可以在交叉询问中向证人提出诱导性问题，除非法院不允许该提问或指示证人不予回答。

（2）法院在决定是否不允许上述提问或者作出上述指示时，应考虑的事项包括但不限于：

（a）在主询问中证人提供的证言对传唤证人一方的当事人是不利的；以及

（b）证人拥有的利益与交叉询问者的利益一致；以及

（c）无论是总体上还是关于特定的事项证人是否同情交叉询问的一方当事人；以及

（d）证人的年龄或证人患有的任何脑力、智力或身体的残疾，可能

影响证人的回答。

（3）如果法院确信，若不使用诱导性问题将能更好地查明有关事实，则法院应当不允许该提问或指示证人对此不予回答。

（4）本条并不限制法院控制诱导性问题的权力。

注释："诱导性问题"的定义请参见词典。

第43条 证人先前不一致表述

（1）可以对证人曾经作出的先前不一致的陈述对证人进行交叉询问，不论：

（a）该表述的完整细节是否已经提供给该证人；或

（b）包含该表述记录的文件是否已经向证人出示。

（2）若在交叉询问中，证人不承认其已作出与先前不一致的表述，交叉询问者将不得对该表述提出证人之外的他人的证据，除非在交叉询问中，该交叉询问者：

（a）就该陈述的情况对证人进行了足够的告知，确保该证人能够辨认该表述；以及

（b）让证人注意该陈述中所有与其证词不一致之处。

（3）为提出有关该陈述证据的目的，一方当事人可以重启此方当事人的案件。

第44条 其他人的先前表述

（1）除本条另有规定外，交叉询问者严禁询问证人关于宣称的已经被另一个人而非证人作出的先前表述。

（2）交叉询问者可以就该表述及其内容询问证人，如果：

（a）表述的证据已经被采纳；或

（b）法院确信它会被采纳。

（3）如果第（2）款不适用，以及该表述被包含在书证中，书证仅可用于如下情况询问证人：

（a）该书证必须向证人出示；

（b）如果该书证是磁带记录或任何其他种类的声音被重现的书证——证人必须被提供工具（如耳机）去听书证中的内容，并使得交叉询问时在场的其他人无法听到上述内容。

(c) 在证人已经检查（或听取）书证的内容后，必须询问证人是否坚持其已经给出的证言；

(d) 交叉询问者或证人均不得就该书证进行辨认或披露其任何内容。

(4) 可以标记上述使用的书证以作辨认。

第 45 条 书证的出示

(1) 如果一方当事人就下列事项在对证人交叉询问，或已经对证人进行了交叉询问则适用本条：

(a) 书证中记录的证人与先前不一致的表述；或

(b) 书证中记录的其他人所作的先前表述。

(2) 如果法院作出命令或另一方当事人提出要求，该方当事人必须出示：

(a) 该书证；或

(b) 可以被当事人获取的关于该书证内容的证据；

给法院或另一方当事人。

(3) 法院可以：

(a) 检查已经被出示的书证或证据；以及

(b) 给出关于其用途的指示；以及

(c) 采纳它，即使其还未被一方当事人提交。

(4) 第（3）款不允许法院采纳根据第三章不能被采纳的书证或证据。

(5) 仅仅对被交叉询问的证人出示书证，并不产生交叉询问者应当提交书证的要求。

第 46 条 允许再次传唤证人

(1) 法院可以允许一方当事人再次传唤证人，就另一方当事人提交的证据引起的且该证人还未被交叉询问的事项给出证言，如果相关证据已经被采纳以及：

(a) 它与在主询问中的证人证言不一致；或

(b) 证人本可以在主询问中给出与事项有关的证言。

(2) 本条对被另一方当事人提交的证据引发的事项的规定，包括对从该证据中作出的推论或另一方当事人意图作出的推论。

第2.2部分 书证

第47条 定义

(1) 本部分的"有关书证"是指以其内容作为证据的文件。

(2) 本部分提及的有关书证的复制件,包括非该书证的正确副本但其在所有相关方面等同于有关书证的文件。

注释:根据联邦记录和某些联邦文件,第182条使得本条具有更广泛的适用性。

第48条 书证内容的证明

(1) 一方当事人可以对有关书证的内容举证,通过提交其他有关书证或通过以下一种或多种方式:

(a) 提出程序的另一方当事人作出的关于有关书证内容的自白证据。

(b) 提供下列书证:

(i) 有关书证的复制件或载明为其复制件的书证;以及

(ii) 通过复制书证内容的设备产生的书证,或载明如此生成的书证。

(c) 如果有关书证是以文字方式记录的且能够以声音再现的文件或物品,或通过代码记录文字(包括速记文字)得以记录的物品,则提交该文字的笔录或载明为其笔录书证。

(d) 如果有关书证是文件或物品,或因其包含以特定方式存储的信息除非使用设备恢复、出示或校对,否则无法被法院使用,则提交通过该设备生成的书证或载明通过该设备生成的书证。

(e) 提交下列书证:

(i) 构成业务记录一部分的书证或由商业机构保存的书证(不管商业机构是否仍存在);以及

(ii) 是或载明是有关书证的复制品、摘要、总结,是或载明是上述摘要或总结的副本。

(f) 如果有关书证是公共文件,则提交由(或载明由)下列机构印刷的该有关书证的复制品或载明是该有关复制品的书证:

(i) 政府印务局或政府或州或领地的官方印务局;或

(ii) 政府机构或联邦、州、领地或外国的行政机构;或

(iii) 澳大利亚议会机构、澳大利亚议会的一院、一院的委员会或澳大利亚议会的委员会。

(2) 第 (1) 款适用于有关书证，不管一方当事人能否获得该有关书证。

(3) 如果根据第 (1) 款 (a) 项，一方当事人对书证的内容举证，证据仅能用于：

(a) 关于该方当事人针对另一方作出相关自白的当事人的案件；或

(b) 关于另一方当事人针对以上述方式举证的一方当事人的案件。

(4) 一方当事人可以对该方当事人不可获得的有关书证的内容或在程序中对其存在这一事实以及其内容没有争议的有关书证提出证据：

(a) 提交有关书证的复制品、摘要或总结的书证；或

(b) 证人提出关于有关书证内容的证据。

注释1：词典第2部分第5条规定了书证的可获得性。

注释2：根据联邦记录和某些联邦文件，第182条使得本条具有更广泛的适用性。

第49条 国外的书证

第48条第 (1) 款中，没有条文 [除第48条第 (1) 款 (a) 项] 适用于外国的书证，除非：

(a) 举证有关书证内容的一方当事人，在证据被提出之日起28日前 (或条例或法院规则确定的其他期限)，向所有其他当事人送达了准备提交的书证的复制件；或

(b) 法院指示适用该规定。

注释：根据联邦记录和某些联邦文件，第182条使得本条具有更广泛的适用性。

第50条 卷数多或复杂的书证证明

(1) 如果法院确信因为有关书证的卷数多或其复杂性，不可能用其他方式便利地检查证据，法院可以根据一方当事人的申请，指示当事人以概要形式提交有关书证的两个或多个书证内容的证据。

(2) 只有当事人寻求以概要形式提出证据且从事了下列行为，法院才能作出上述指示：

（a）给每一方其他当事人送达了披露概要作出人名字和地址的概要复制件；以及

（b）提供每一个其他当事人合理的机会来检查或复制有关书证。

（3）意见规则并不适用于根据本条作出的指示而提出的证据。

第51条 原始文件规则废除

有关证明书证内容的方式的普通法原则和条文被废除。

注释：根据联邦记录和某些联邦文件，第182条使得本条具有更广泛的适用性。

第2.3部分 其他证据

第52条 其他证据的提出不受影响

本法（除本部分）不影响澳大利亚法律或实践规则的操作，即允许证据通过除了证人作证或提交书证外的其他方式被提出。

第53条 现场查验

（1）法官可以根据申请，命令进行演示、实验或勘验。

（2）法官不得作出上述命令，除非其确信：

（a）当事人将有在场的合理机会；以及

（b）法官及陪审团（如果有陪审团）将会在场。

（3）法官在决定是否作出命令时考虑的因素包括但不限于：

（a）当事人是否将会在场；

（b）在法院看来，演示、实验或勘验是否会协助法院解决对事实或对证据的理解的争议；

（c）演示、实验或勘验是否存在带来不公平的损害、误导、混淆的危险，或可能引起或造成不合理的时间浪费；

（d）在演示的情况下，演示在何种程度上能够适当地重现被演示的行为或者事件。

（e）在勘验的情况下，被勘验的地点或物品在何种程度上已经发生实质性的改变。

（4）法院（如果有陪审团，则包括陪审团）不得在其评议的过程中进行实验。

(5) 本条不适用于由法院或如果有陪审团的情况下由陪审团对展示物证进行的勘验。

第 54 条 现场查验作为证据

法院（如果有陪审团，则包括陪审团）可以根据它在演示、实验或勘验所见、所听或以其他方式注意到的事项中，作出任何合理的推论。

第三章 证据的可采性

引言性注释

本章概要

本章是关于在程序中举出的证据是否可采。

第 3.1 部分是关于相关证据可采性的一般倾向规则。

第 3.2 部分是关于传闻证据的排除，以及传闻规则的例外。

第 3.3 部分是关于意见证据的排除，以及意见规则的例外。

第 3.4 部分是关于自白以及作为传闻规则和意见规则的例外的可采性的范围。

第 3.5 部分是关于判决和定罪的特定证据的排除。

第 3.6 部分是关于倾向或巧合证据的排除，以及倾向规则和巧合规则的例外。

第 3.7 部分是关于与可信性相关的证据的排除，以及可信性规则的例外。

第 3.8 部分是关于品性证据以及作为传闻规则、意见规则、倾向规则和可信性规则的例外的可采性的范围。

第 3.9 部分是关于在辨认证据可采前，必须满足的要求。

第 3.10 部分是关于各种可能禁止证据被提出的特权。

第 3.11 部分规定证据的任意性和强制性排除，尽管证据可能因其他原因可采。

下图说明了本章如何适用于特定的证据。

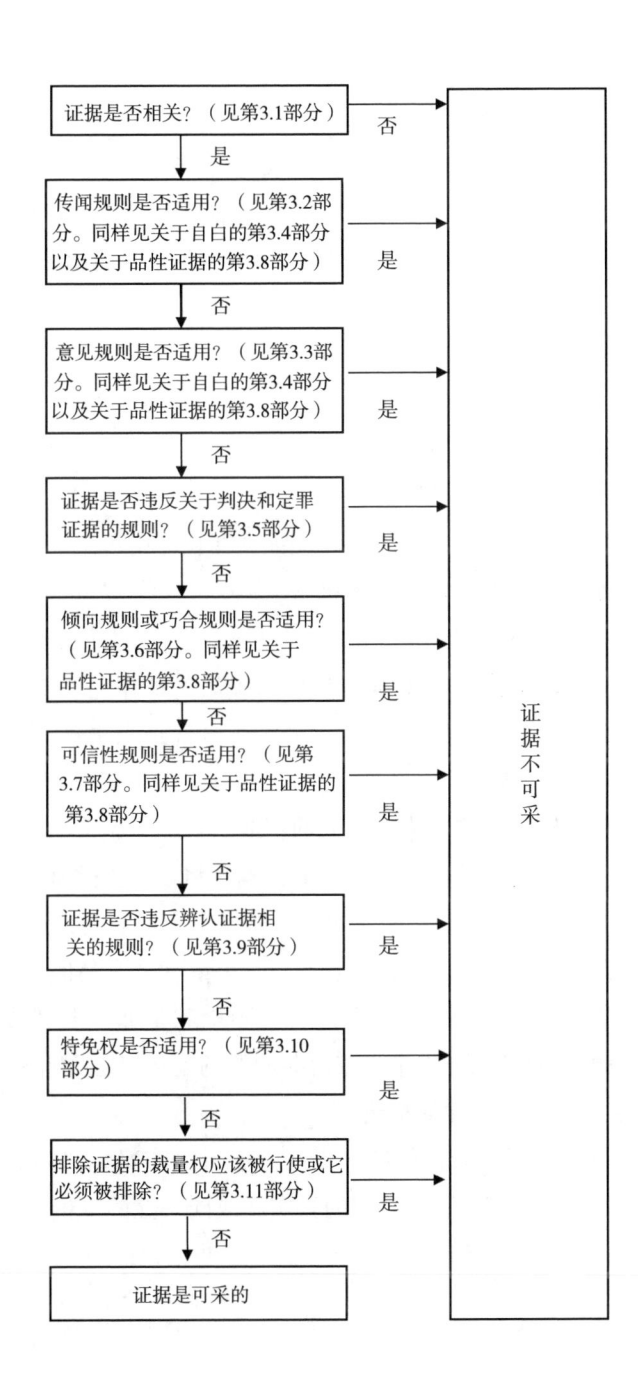

```
┌─────────────────────────────────┐
│ 证据是否相关？（见第3.1部分） │──否──┐
└─────────────────────────────────┘      │
            │是                           │
            ▼                             │
┌─────────────────────────────────┐      │
│ 传闻规则是否适用？（见第3.2部   │──是──┤
│ 分。同样见关于自白的第3.4部分   │      │
│ 以及关于品性证据的第3.8部分）   │      │
└─────────────────────────────────┘      │
            │否                           │
            ▼                             │
┌─────────────────────────────────┐      │
│ 意见规则是否适用？（见第3.3部   │──是──┤
│ 分。同样见关于自白的第3.4部分   │      │
│ 以及关于品性证据的第3.8部分）   │      │
└─────────────────────────────────┘      │
            │否                           │
            ▼                             │
┌─────────────────────────────────┐      │
│ 证据是否违反关于判决和定罪      │──是──┤
│ 证据的规则？（见第3.5部分）     │      │
└─────────────────────────────────┘      │
            │否                           │
            ▼                             │
┌─────────────────────────────────┐      │
│ 倾向规则或巧合规则是否适用？    │──是──┤
│ （见第3.6部分。同样见关于       │      │ 证
│ 品性证据的第3.8部分）           │      │ 据
└─────────────────────────────────┘      │ 不
            │否                           │ 可
            ▼                             │ 采
┌─────────────────────────────────┐      │
│ 可信性规则是否适用？（见第      │──是──┤
│ 3.7部分。同样见关于品性证据的   │      │
│ 第3.8部分）                     │      │
└─────────────────────────────────┘      │
            │否                           │
            ▼                             │
┌─────────────────────────────────┐      │
│ 证据是否违反辨认证据相          │──是──┤
│ 关的规则？（见第3.9部分）       │      │
└─────────────────────────────────┘      │
            │否                           │
            ▼                             │
┌─────────────────────────────────┐      │
│ 特免权是否适用？（见第3.10      │──是──┤
│ 部分）                          │      │
└─────────────────────────────────┘      │
            │否                           │
            ▼                             │
┌─────────────────────────────────┐      │
│ 排除证据的裁量权应该被行使或它  │──是──┘
│ 必须被排除？（见第3.11部分）    │
└─────────────────────────────────┘
            │否
            ▼
┌─────────────────────────────────┐
│ 证据是可采的                    │
└─────────────────────────────────┘
```

第3.1部分 相关性

第55条 相关证据

(1) 程序中有相关性的证据,是指如果它被接受,可以(直接或间接地)对程序中的争议事实存在的可能性评估产生理性影响的证据。

(2) 尤其是,不能因为证据仅与下列事项有关而被视为不具有相关性:

(a) 证人的可信性;或

(b) 其他证据的可采性;或

(c) 无法举证。

第56条 相关证据的可采性

(1) 除非本法另有规定,否则相关证据在程序中可采。

(2) 在程序中不相关的证据不可采。

第57条 条件相关性

(1) 在下列情况下,如果确定当事人提出的证据是否具有相关性的问题,取决于法院作出的另一认定(包括证据就是当事人所指的证据的认定),则法院可以认定该证据具有相关性:

(a) 如果对该事实的裁决是开放的;或

(b) 根据在程序后续阶段新采纳的证据,将使得上述裁决是开放的。

(2) 在不限制第(1)款的情况下,如果个人采取的行为证据的相关性依赖于法院作出这样的认定,即该人与一个或者多个其他人曾具有共同目的,或者曾为促进该共同目的而行动(不论其是非法共谋或出于其他目的),法院可以使用该证据本身裁决共同目的是否存在。

第58条 关于相关性的推论

(1) 对于书证或物证相关性产生的问题,法院可以进行检视并作出任何合理的评论,包括关于该证据的真实性或同一性的推论。

(2) 第(1)款不限制法院可从中进行适当推论的事项。

第3.2部分 传闻

第1节 传闻规则

第59条 传闻规则——传闻证据的排除

(1) 个人作出的先前表述证据，不能合理地证明该人意图通过该表述主张的事件的存在。

(2) 本部分规定的上述事实称为"主张事实"。

(2A) 根据第（1）款，为裁定它是否可以被合理地假定该人意图通过该表述主张特定的事实的目的，法院可以考虑作出该表述的环境。

注释：插入第（2A）款，以其作为新南威尔士州最高法院在 R. v Hannes（2000）158 FLR 359 案中判决的回应。

(3) 如果条例是根据本法之外的法律制定的，并且证明书或者其他书证是根据该条例作出或者制定的，在该条例规定该证明书或者其他书证具有证据效力的情况下，则第（1）款并不适用关于包含在该证明书或者其他书证中的表述证据。

注释：传闻证据的具体例外如下：

· 与非传闻目的相关的证据（第60条）；

· 第一手传闻：

——民事诉讼，如果先前表述者不在场（第63条）或在场（第64条）；

——刑事诉讼，如果先前表述者不在场（第65条）或在场（第66条）；

· 关于个人健康等的即时表述（第66A条）；

· 业务记录（第69条）；

· 标签和商标（第70条）；

· 电子通信（第71条）；

· 土著居民和托雷斯海峡岛民的传统法律和习惯（第72条）；

· 婚姻、家庭历史或家庭关系（第73条）；

· 公共或一般权利（第74条）；

· 在诉讼中间程序中对证据的使用（第75条）；

· 自白（第 81 条）；

· 关于雇用或授权的表述［第 87 条第（2）款］；

· 排除定罪和定罪证据的规则的例外［第 92 条第（3）款］；

· 关于被指控者的品性和专家意见（第 110 条和第 111 条）。

本法其他条文或其他法律，可以另作规定作为例外。

示例：

（1）D 是性侵犯审判中的被告人。W 已经向警察表述说：X 告诉 W，在诉称的性侵发生不久前，X 已经看到 D 和被害人一起离开夜总会。除非传闻规则的例外适用，X 告诉 W 的证据在庭审中不能被提出。

（2）P 曾告诉 W 说 W 车的刹车失灵了。除非传闻证据的例外适用，P、W 或任何其他人给出的表述证据不能证明刹车是有缺陷的。

（3）W 买了盒式磁带录像机且在书证中写下了它的序列号。除非传闻证据的例外适用，书证不能被采纳证明之后 D 持有的盒式磁带录像机就是 W 购买的盒式磁带录像机。

第 60 条 例外：因非传闻的目的具有相关性的证据

（1）传闻证据不适用于先前被采纳的表述证据，因为它与主张的事实证明的目的无关。

（2）本条适用，不管作表述的个人是否拥有主张事实的亲身知识［在第 62 条第（2）款的含义之内］。

注释：插入第（2）款，作为对澳大利亚高级法院在 Lee v. The Queen (1998) 195 CLR 594 案件中判决的回应。

（3）但是，本条不适用于刑事程序中的自白证据。

注释：自白如果是第一手传闻，根据第 81 条作为传闻规则的例外可能仍是可采的，见第 82 条。

第 61 条 根据能力对传闻规则的例外

（1）如果在作出先前表述时，该某人因为第 13 条第（1）款而无能力给出证据，那么本部分不能使用先前证明主张事实存在的表述。

（2）本条不适用于个人作出的关于其健康、感觉、情绪、意图、知识或头脑状况的即时表述。

注释：关于这些即时表述的可采性，见第 66A 条。

(3) 为本条的目的，应当推定表述是在某人能够对主张的事实有作证能力时作出的，除非证明相反。

第 2 节 第一手传闻

第 62 条 第一手传闻的限制

(1) 本节［第（2）款除外］对先前表述的规定，是对拥有对被主张事实有亲身知识的个人作出的先前表述的规定。

(2) 个人对主张事实有亲身知识，如果其关于事实的知识是根据该人见到、听到或感受到的事实，而不是根据另一个人作出的关于事实的先前表述，则该人对其主张的事实有亲身知识。

(3) 就第 66A 条的目的而言，如果主张的事实是在作出本条所规定的表述时有关此人健康、感受、情感、意图、知识或大脑状态的事实，则该人对主张的事实有亲身知识。

第 63 条 例外：作出者不能到庭的民事程序

(1) 本条适用于作出先前表述的个人不能够出庭对主张的事实给出证据的民事程序。

(2) 传闻规则不适用于：

(a) 个人给出的表述证据基于其作出表述时所见、所听或其所感知；或

(b) 包含该表述的书证，或另外的为理解该表述合理有必要去参考的表述的书证。

注释1：第 67 条对本款规定了通知要求。

注释2：词典第 2 部分第 4 条就个人到庭作出了规定。

第 64 条 例外：作出者到庭的民事程序

(1) 本条适用于作出先前表述的个人能够到庭对主张的事实给出证据的民事诉讼。

(2) 如果传唤作出该表述的个人给出证据会造成不合理的费用或不合理的延误，或将不具合理可行性，则传闻规则不适用于：

(a) 作出表述时看到、听到或以其他方式感知到的个人给出的表述证据。

(b) 包含该表述的书证，或为理解该表述合理有必要去提及的其他

表述的书证。

注释：第67条对本款规定了通知义务。第68条是与本款相关的通知异议问题。

(3) 如果作出陈述的个人已经或即将被传唤举证，传闻证据不适用于由下列人员给出的表述证据：

(a) 该人；或

(b) 以其所见、所听或以其他方式的感知而作出该表述的人。

(4) 包含第(3)款适用的表述的书证，在对作出表述的个人的主询问的结论得出前严禁被提交，除非法院提供许可。

注释：词典第2部分第4条对个人出庭作出了规定。

第65条 例外：作出者不能到庭的刑事程序

(1) 本条适用于作出先前表述的个人无法到庭就主张的事实给出证据的刑事诉讼。

(2) 若先前表述属于下列情况，则传闻规则不适用于某人看到、听到或用其他方式感知到该表述作出时所作出的先前表述证据：

(a) 是根据作出该表述或作出该类表述的职责作出的；或

(b) 是在被主张事实发生之时或不久之后被作出，以及在该情况下，该表述不可能是伪造的；或

(c) 在该表述看起来很有可能是可信的情况下作出；或

(d) 该表述是：(i) 该表述被作出时与作出表述者的利益相悖的；以及 (ii) 在该表述看起来很有可能是可信的情况下作出。

注释：第67条就本款规定了通知的要求。

(3) 传闻规则并不适用于在澳大利亚或海外程序中在给出证据过程中作出的先前表述证据，如果在该程序中，本条适用程序中的被告人：

(a) 针对该作出表述的个人进行交叉询问；或

(b) 有合适的机会去交叉询问针对该作出表述的个人。

注释：第67条就本款规定了通知的要求。

(4) 如果在刑事程序中被告人不止一个，关于下列先前表述的证据不能用来反对未对该人进行交叉询问的被告或没有机会对该人进行交叉询问的被告：

(a) 在澳大利亚或海外程序中提出；以及

(b) 根据第（3）款，在刑事程序中被采纳。

（5）根据第（3）款和第（4）款的目的，如果被告在对个人的交叉询问作出时不在场，但如果存在下列情形，则被告人被视为已经有合理的机会去交叉询问个人：

(a) 在该时间本可以合理在场；以及

(b) 如果在场，本可以交叉询问此人。

（6）针对第（3）款适用的关于作出表述的证据，可以通过出示下列人员验证的表述手稿或记录：

(a) 听取表述的个人、法院或其他机构；或

(b) 如果可行，听取表述法官或其他机构的登记官或其他合适官员；或

(c) 有责任出示手写稿或记录的个人或机构。

（7）在并不限制第（2）款（d）项的情况下，为该条文的目的，表述被视为不利于作出表述的个人的利益，如果该表述倾向于：

(a) 损坏该人的名声；或

(b) 表明该人已经实施该人还没有被定罪的罪行；或

(c) 表明该人在损害赔偿之诉中负有责任。

（8）传闻规则不适用于：

(a) 被告人举出的先前的表述证据，如果该证据是在该表述作出时由看到、听到或以其他方式感知到的个人作出的；或

(b) 书证由被告人举出作为证据，只要它包含先前的表述，或另一个为理解表述而合理有必要去提及的表述。

注释：第 67 条就本款规定了通知的要求。

（9）如果被告人已经举出就相关事项的先前表述证据且已经被采纳，则传闻规则不适用于关于该事项的另一个表述证据：

(a) 由另一方当事人举出；以及

(b) 在另一个表述被作出时由看到、听到或以其他方式感知到的个人作出。

注释：词典第 2 部分第 4 条就个人到庭作出了规定。

第66条 例外：作出者到庭的刑事程序

（1）本条适用于作出先前表述的个人能够到庭对被主张的事实给出证据的刑事程序。

（2）如果已经或即将传唤某人给出证据，传闻规则不适用于由下列人员给出的表述证据：

（a）该人；或

（b）在该表述被作出时看到、听到或以其他方式感知到的个人；

如果该表述被作出时，被主张事实的发生在作出表述的个人的脑海中是清晰的。

（2A）裁定被主张事实的发生在个人的脑海中是否是清晰时，法院可以考虑到所有的其认为与该问题相关的事项，包括：

（a）有关事项的性质；以及

（b）该人的年龄和健康；以及

（c）被主张事实发生和表述的作出之间的期间。

注释：插入第（2A）款，作为对澳大利亚高级法院在 Graham v. The Queen（1998）195 CLR 606 案中判决的回应。

（3）如果表述的作出是为了指示作出表述的个人能够在澳大利亚或海外程序中给出证据，则第（2）款不适用于检察官就该表述举出的证据，除非该表述涉及该人的身份、地点或物品。

（4）对作出表述的个人作出主询问的结论之前，严禁提交包含第（2）款适用表述的书证，除非法院提供许可。

注释：词典第2部分第4条就个人到庭作出了规定。

第66A条 例外：关于个人健康等的即时表述

如果该表述是关于该人的健康、情感、情绪、意图、知识或头脑状态的即时表述，传闻规则不适用于由个人作出的先前表述证据。

第67条 提供通知

（1）第63条第（2）款、第64条第（2）款以及第65条第（2）（3）款以及第（8）款不适用于一方当事人举出的证据，除非该方当事人已经将关于该方当事人举证意图的合理的书面通知提供每个其他当事人。

（2）根据第（1）款给出的通知，与为本条目的制定的任何条例或法院的规则一致。

（3）该通知必须表述：

（a）该方当事人为主张传闻规则不适用于该证据而依据的本目的特定条款；以及

（b）如果第64条第（2）款是其准备依据的规定，则必须说明当事人准备依据的该规定中列举的理由。

（4）尽管存在第（1）款，如果还未作出通知，法院可以根据一方当事人的申请，指示适用一条或多条这种条文，尽管该方当事人无法给出通知。

（5）该指示：

（a）受限于任何法院认为合适的条件（如果存在任何条件）；以及

（b）尤其是，关于特定的证据，可以规定条文或有关的条文与法院规定的修正一致。

第68条 作出者到庭的民事程序中对传闻证据提出反对

（1）在民事程序中，如果通知表明当事人因下列原因而不准备传唤作出先前表述的人：

（a）将引起不合理的费用或延误；或

（b）不是合理可操作的；

其他当事人可以在通知发出之日后的21日内，反对提交证据或证据的特定部分。

（2）应当向每个其他当事人发出书面通知，列明异议所依据的理由。

（3）法院可以据一方当事人的申请，在审理时或审理之前，裁定异议。

（4）如果该异议是不合理的，法院可以在任何情况下命令提出该异议的当事人承担其他当事人的如下费用（根据律师和委托人加以确定）：

（a）与异议有关的费用；以及

（b）传唤作出表述的人举证所产生的费用。

第3节 对传闻规则的其他例外

第69条 例外：业务记录

（1）本条适用于下列书证：

（a）该书证：（i）是形成在业务活动中或为业务的目的，属于或者由个人、实体或机构保管的记录的部分；或（ii）在任何时候是或构成上述记录的组成部分；以及

（b）在业务活动中或为业务的目的包含先前作出的或记录在书证中的表述。

（2）如果该作出表述的方式符合下列情形，传闻规则不适用于该书证（只要它包含该表述）：

（a）通过拥有或可以合理地被假定已经对被主张的事实有亲身知识的个人；或

（b）由直接或间接拥有或可以合理地被假定已经对被主张的事实有亲身知识的个人提供的信息。

（3）如果该表述包括下列情形，则第（2）款不适用：

（a）为进行或准备进行澳大利亚或海外程序或与上述程序相关的目的被作出或获取；或

（b）与刑事程序相关的调查中或在导致该刑事程序的调查中作出。

（4）如果：

（a）特定种类事件的发生是存在争议的；以及

（b）在业务活动中已经遵循该制度，就所有此类事件的发生制作记录并予以保存；

传闻规则不适用于倾向证明在遵循了某种制度的情况下，就某事件的发生没有保存记录的证据。

（5）根据本条目的，如果某人关于事件的知识是基于该人看到、听到或以其他方式感知到的事实（先前该人作出的关于事实的表述除外），则认为该人已经拥有有关事件的亲身知识。

注释1：第48条、第49条、第50条、第146条、第147条以及第150条第（1）款与证明模式以及业务记录的验真相关。

注释2：关于联邦业务记录，第182条提供本条更广泛的适用范围。

第70条 例外：标签、商标和文字的内容

（1）传闻规则不适用于附属于物品（包括书证）的标签、商标或文字，如果可以合理地假设该标签、商标或文字已经是在下列情况下附着或

者放置的：

（a）在业务活动过程中；以及

（b）为描述或表述该物品的身份、性质、所有权、目的地、起源或重量，或该物品的内容（如果有的话）。

注释：第182条关于联邦记录，提供本条更广泛的适用范围。

（2）本条以及州或领地法律允许上述标签、商标或文字作为限制传闻证据的可采性或任何使用的法律规则的例外条文规定不适用于：

（a）《海关法（1901）》第14章含义内的关税指控；或

（b）《税收法（1901）》第11章含义内的税务指控。

注释：第5条将本条的适用范围扩展至所有澳大利亚法院的程序中。

第71条 例外：电子通信

如果表述是针对以下事项的表述，则传闻规则不适用于记录电子通信的书证中所包含的表述：

（a）信息发送人或代表其发送信息人的个人的身份；或

（b）发送信息的日期或时间；或

（c）信息的目的地或信息接收者的身份。

注释1：第4.3部分第3节包含电子通信的推定。

注释2：关于联邦记录，第182条提供了这个条文更广泛的适用。

注释3："电子通信"的定义见词典部分。

第72条 例外：土著居民以及托雷斯海峡岛民的传统法律和习俗

传闻证据不适用于关于土著居民或托雷斯海峡岛民群体传统法律和习俗存在或不存在或其内容的表述证据。

第73条 例外：与关系和年龄相关的名声

（1）传闻证据不适用于关于下列事项的名声证据：

（a）在特定的时间或任何时候，该人是否已婚；或

（b）在特定时间同居的男女在当时是否已婚；或

（c）个人的年龄；或

（d）家族历史或家庭关系。

（2）在刑事程序中，第（1）款不适用于由被告人举出的证据，除非：

（a）它倾向于反驳在第（1）款规定的已经被采纳的证据种类；或

（b）被告人已经通过书面形式将被告人举证的意图合理地通知给各个其他当事人。

（3）在刑事程序中，第（1）款不适用于由检察官举出的证据，除非它倾向于反驳在第（1）款规定的已经被采纳的证据种类。

第 74 条　例外：公共或一般权利的名声

（1）传闻规则不适用于关于公共权利或一般权利的存在、性质或者范围的名声证据。

（2）在刑事程序中，第（1）款不适用于由检察官举出的证据，除非它倾向于反驳在第（1）款规定的已经被采纳的证据种类。

第 75 条　例外：诉讼中间程序

在诉讼中间程序中，如果举出证据的一方当事人同时也举出了关于其来源的证据，传闻规则不适用于该证据。

第 3.3 部分　意见

第 76 条　意见规则

（1）不能采纳意见证据用于证明被表述的意见的事实是存在的。

（2）第（1）款不适用于包含在证书或其他给出或根据本法以外的法律制定的条例制作的书证中包含的意见证据，如果这些条例规定证书或其他书证有证据效力。

注释：对意见规则的具体例外如下所示：

· 卷数多的或复杂书证的摘要［第 50 条第（3）款］；

· 除意见证据外的相关证据（第 77 条）；

· 外行意见（第 78 条）；

· 土著居民以及特雷斯海峡岛民的传统法律和习俗（第 78A 条）；

· 专家意见（第 79 条）；

· 自白（第 81 条）；

· 排除审判和定罪证据规则的例外（第 92 条第［3］款）；

· 被指控人的品性以及专家意见（第 110 条和第 111 条）。

本法或其他法律的其他条文，可以规定进一步的例外。

示例：

（1）因为在外科手术中的疏忽表现，P起诉她的医生D。除非意见规则的例外适用，有相同手术的P的邻居W，不能就D没有在P的手术中表现得和在自己的手术中一样好而给出意见证据。

（2）P认为电工D为她做的电力工作不令人满意。除非意见规则的例外适用，P不能对D没有必要的技能从事电力工作给出她的意见证据。

第77条 例外：除意见证据外的相关证据

如果采纳意见证据的原因，是其因证明被表述的意见的事实存在之外的目的而具有相关性，则意见规则不适用于该意见证据。

第78条 例外：外行意见

意见规则不适用于个人表述的意见的证据，如果：

（a）该观点是基于该人看到、听到或以其他方式感知到的事项或事件；以及

（b）意见证据对获取充分的关于该人对事项或事件的感知的描述或理解是必要的。

第78A条 例外：土著居民以及托雷斯海峡岛民的传统法律和习俗

意见规则不适用于土著居民或托雷斯海峡岛民群体就该群体的传统法律和习俗的存在与否或其内容所作的意见证据。

第79条 例外：依据专业知识的观点

（1）如果该人根据其训练、学习或经历而拥有专业知识，意见规则不适用于该人根据其全部或大部分的专业知识所作出的意见证据。

（2）为避免异议，以及不限于第（1）款的情况下：

（a）该款对专业知识的规定包括对儿童发展和儿童行为的专业知识的规定（包括性侵对儿童的影响以及在侵害期间与之后儿童的发展和行为的专业知识）；以及

（b）该款对个人意见的规定包括如果该人有（a）项规定的种类的专业知识，该款对意见的规定包括以下的一个或两个事项：(i)儿童总体上的发展和行为；(ii)性犯罪或类似犯罪的受害人的发展和行为。

第80条 废除最终争议和常识规则

意见证据不得仅因为其与下列事项有关而变得不可采：

（a）争议事实或最终争议的事实；或

（b）常识事项。

第3.4部分　自白

注释："自白"的定义见词典。

第81条　传闻和意见规则："自白"和相关表述的例外

（1）传闻规则和意见规则不适用于自白证据。

（2）传闻规则和意见规则不适用于先前表述的证据：

（a）在作出自白时或在该时间之前或之后不久作出的有关自白的表述；以及

（b）为理解自白有合理必要去提及的表述。

注释：与自白有关的具体排除规则如下所示：

- 不是第一手的自白证据（第82条）；
- 针对第三方的自白的使用（第83条）；
- 被暴力等影响的自白（第84条）；
- 被指控的个人不可信的自白（第85条）；
- 对被指控个人口头询问的记录（第86条）。

示例：D向他最好的朋友W承认，他对V进行了性侵。在D的关于性侵的审判中，检察官可以从W处获取证据：

（a）D向W的自白作为自白真相的证据；以及

（b）当他作自白时，W形成D有罪的观点。

第82条　对不是第一手自白证据的排除

第81条并不阻却传闻规则对自白证据的实施，除非：

（a）它是由在作出自白时看到、听到或其他方式感知到自白作出过程的人员作出的；或

（b）它是作出自白的书证。

注释：第60条不适用于刑事诉讼中的自白证据。

第83条　对针对第三方自白证据的排除

（1）第81条并不阻却传闻规则或意见规则针对第三方案件的自白证据的适用。

（2）如果该方当事人同意，证据可以被用于关于第三方的案件。

（3）不得仅就证据的部分作出同意。

（4）在本条中：

"第三方"是指与程序有关的当事人而不是下列行为的当事人：

（a）作出自白的当事人；或

（b）提出该证据的当事人。

第 84 条　被暴力和特定其他行为影响的自白的排除

（1）自白证据不可采，除非法院确信自白以及作出自白过程不受以下事项影响：

（a）暴力、胁迫、不人道或有损尊严的行为，不管是针对作出自白的个人还是另外一个人；或

（b）采取上述行为的威胁。

（2）第（1）款仅适用于受到提出的自白证据所反对的当事人在程序中就该自白或者自白的过程是否受到上述影响提出争议的情况。

第 85 条　刑事程序：被告人自白的可靠性

（1）本条仅在刑事程序中适用，以及仅适用由被告人作出的自白证据：

（a）当时有履行与罪行实施的调查或可能的罪行实施的调查有关的职责的调查人员在场；或

（b）是被告知道或合理地认为能够就对被告提起检控或者该检控是否继续进行下去的决定产生影响的其他人的行为的结果。

注释：插入第（1）款，作为对澳大利亚高级法院在 Kelly v. The Queen（2004）218 CLR 216 中判决的回应。

（2）自白证据不可采，除非作出自白的环境使得自白的真实性不可能受到负面影响。

（3）根据第（2）款的目的，法院应当考虑的事项包括但不限于：

（a）任何相关的情况或作出自白的人的性格，包括年龄、个性和教育以及任何该人患有或显示患有的脑力的、智力的或身体的残疾；以及

（b）如果自白是针对询问的回复：(i) 问题的性质以及提问的方式；以及 (ii) 向被询问的个人作出的任何威胁、承诺或其他诱因的性质。

第 86 条　口头讯问记录的排除

（1）本条仅适用于刑事程序以及被告人对调查人员的询问或表述作的口头自白。

（2）由调查人员或其代表准备的用作证明问题的内容、表述或回答的书证不可采纳，除非被告人已经承认书证是对问题、表述或答案的真实记录。

（3）承认必须通过签名、草签或其他方式在书证上标注作出。

（4）在本条：

书证不包括：

（a）声音记录，或声音记录的副本；或

（b）视觉图片和声音的记录或上述记录的声音的副本。

第 87 条　经授权作出的自白

（1）为裁定个人作出的先前表述是否已经被一方当事人视为自白，法院如果合理地发现存在下列情形，则应当采纳该表述：

（a）当作出该表述时，该人有权就与作出该表述的有关事项代表当事人作表述；或

（b）当该表述被作出时，该人是该方当事人的雇员或有权以其他方式去代表该方当事人以及代表涉及事项在该人的雇用或授权的范围内；或

（c）该表述由个人作出，是为了促进该人与当事人共有的或在当事人中包括的一人或多人共同目标（不管是否合法）的实现。

（2）根据本条的目的，传闻规则不适用于个人先前作出的试图证明如下事项的表述：

（a）该人有权代表另一个人关于该事项作出表述；或

（b）该人是另一个人的雇员或有权以其他方式代理另一个人；或

（c）该人的雇用或授权的范围。

第 88 条　自白的证明

为裁定自白的证据是否可采，如果法院能合理地认定具体人员作出了自白，则应当裁决特定个人作了自白。

第 89 条　沉默证据

（1）在刑事诉讼中，严禁从证据中得出不利于该方当事人的推论，

如果该方当事人或其他人未能或拒绝：

（a）回答一个或多个问题；或

（b）对某个表述作出回应；

如果提问或者表述是由在当时履行与犯罪或可能的犯罪的调查有关的职责的调查人员对当事人或其他人作出的。

（2）如果上述证据仅能够用于作出上述推论，则该类证据是不可采的。

（3）第（1）款并不阻却证据用于证明该方当事人或其他人无法或拒绝回答问题或对表述作出回应，如果该拒绝在程序中是争议事实。

（4）在本条中：

推论包括：

（a）意识到有罪的推论；或

（b）与一方当事人的可信性相关的推论。

第90条 排除自白的裁量权

在刑事程序中，法院可以拒绝采纳自白证据或拒绝采纳证明特定事实的证据，如果：

（a）证据由检察官提出；以及

（b）考虑到作出自白的环境，对被告人而言使用这个证据是不公平的。

注释：第3.11部分包含适用自白的其他排除性裁量权。

第3.5部分 判决及定罪的证据

第91条 判决及定罪证据的排除

（1）不能采纳在澳大利亚或海外程序中的决定或事实的裁决证据用于证明该程序中争议事实的存在。

（2）在本部分中，不得使用不能被采纳证明事实存在的证据证明该事实，即使它与另一个目的相关。

注释：第178条（定罪、宣告无罪以及其他司法程序）就关于裁决的证明书证据作出了规定。

第 92 条　例外

（1）第 91 条第（1）款并不禁止采纳和使用法院遗嘱认证书的证据、遗产管理书或类似命令的使用，用于证明：

（a）个人的死亡或死亡日期；或

（b）遗嘱文件的合法执行。

（2）在民事程序中，第 91 条第（1）款并不禁止采纳和使用关于一方当事人或一方当事人通过其主张已经被定罪的证据，但并非如下情况的定罪：

（a）关于审查或上诉（不管如何描述）已经被构建但未被最终裁定；或

（b）已经被取消或撤销；或

（c）该定罪已被赦免。

（3）传闻规则和意见规则不适用于本条规定的证据种类。

第 93 条　保留

本部分不影响如下各项的运作：

（a）与在程序中（包括刑事程序）提及的关于诽谤定罪证据的可采性或效力的法律；或

（b）对物判决；或

（c）与既判力或禁反言争议有关的法律。

第 3.6 部分　倾向与巧合

第 94 条　适用

（1）本部分不适用于仅与证人的可信性相关的证据。

（2）本部分不适用于与保释或量刑有关的程序。

（3）本部分不适用于与如下事项相关的证据：

（a）个人的品性、名誉或行为；或

（b）个人有或曾经有的倾向；

如果该品性、名誉、行为或倾向是存在争议的事实。

第 95 条　为其他目的对证据的使用

（1）根据本部分不能采纳来证明某具体事项的证据，尽管它与另外一个目的相关，也不得用来证明该具体事项。

（2）根据本部分不能通过证明某具体事项来反对一方当事人的证据，尽管它与另外一个目的相关，也不得用以证明该事项反对当事人。

第 96 条　不作为

本部分所提及的作为的概念，包括不作为。

第 97 条　倾向规则

（1）品性、名誉或个人行为的证据，或个人有或曾经有的倾向，不能被采纳用于证明个人有或已经有倾向（不管此人的品性或其他）根据特定的方式行为或已经有特定的心态，除非：

（a）寻求举证的一方当事人就该当事人举证的意图将合理的书面通知给每一方当事人；以及

（b）法院认为证据自身或考虑到其他试图提出证据的当事人提出的证据或将要提出的证据，该证据具有重要的证明价值。

（2）第（1）款（a）项不适用，如果：

（a）被举出的证据与法院根据第 100 条作出的任何指示一致；或

（b）被举出的证据用于解释或反驳另一方当事人提出的倾向证据。

注释：倾向规则受限于关于被指控者的品性和意见证据的具体例外（第 110 条和第 111 条）。本法或其他法律的其他条文可以作出进一步例外的规定。

第 98 条　巧合规则

（1）两个或更多的事件发生的证据不能依据考虑到的事件或它们发生的情况的相似性或任何在事件和它们发生的情况的相似性，事件巧合发生是不可能的，而被采纳证明个人作了特定的行为或有特定的心态，除非发生下列事项：

（a）寻求举证的一方当事人就该方当事人举证的意图，给每一方当事人合理的书面通知；以及

（b）法院认为证据自身或考虑到其他试图提出证据的当事人所提出的或将要提出的证据，该证据有重要的证明价值。

注释：第（1）款提及的事项可能是在程序中发生的有争议的事项。

（2）第（1）款（a）项不适用，除非：

（a）提出的证据与根据第 100 条法院作出的任何指示一致；或

（b）提出的证据用来解释或者反驳另一方当事人提及的证据中的巧合。

注释：本法或其他法律的其他条文对巧合规则的例外作出规定。

第 99 条　通知的要求

根据第 97 条或第 98 条作出的通知，应当依据为本条目的制定的任何条例或者法院规则进行。

第 100 条　法院可以免除通知要求

（1）法院可以根据一方当事人的申请，指示倾向规则不适用于特定的倾向证据，尽管当事人根据第 97 条无法给出通知。

（2）法院可以根据一方当事人的申请，指示巧合规则不适用于特定的巧合证据，尽管当事人根据第 98 条无法给出通知。

（3）该申请可以在当事人除了本条之外被要求发出通知或者已经发出通知的时间之前或之后提出。

（4）在民事程序中，一方当事人可以提出申请而不就此通知其他一方或多方当事人。

（5）该指示：

（a）受限于上述法院认为适当的条件（如果有的话）；以及

（b）可以在审理之前或审理之后作出。

（6）在不限制法院根据本条设定条件的权力前提下，这些条件可以包括以下的一种或几种：

（a）当事人就其举出证据的意图给特定的当事人通知，或给除特定当事人之外的每一个其他群体通知的情况；

（b）当事人仅仅关于特定的倾向证据给出通知，或者向除特定的倾向证据外所有的该当事人意图举证的倾向证据给出通知的情况；

（c）当事人仅仅关于特定的巧合证据给出通知，或者就特定的巧合证据外所有的该当事人意图举证的巧合证据给出通知的情况。

第 101 条　由检察官提出的对倾向证据和巧合证据的进一步指示

（1）本条适用于刑事诉讼，也适用于对第 97 条和第 98 条的补充。

（2）由检察官举出的关于被告人的倾向证据，或关于被告人的巧合证据不能被用于反对该被告人，除非证据的证明价值从实质上超过了任何它可能给该被告人带来的偏见效应。

（3）本条不适用于检察官为了用来解释或反驳被告人提出的倾向证据而提出的倾向证据。

（4）本条不适用于检察官为了用来解释或反驳被告人提出的巧合证据而提出的巧合证据。

第3.7部分 可信性

第1节 可信性证据

第101A条 可信性证据

"可信性证据"，与证人或其他人相关，是与证人或个人的可信性相关的证据：

（a）其相关仅因为它影响了对证人或此人的可信性评估；或

（b）因为下列事项而相关：（i）它影响了对证人或此人的可信性的评估；以及（ii）根据第3.2部分至第3.6部分条文的规定，出于某些其他目的不可采，或者不能使用。

注释1：第60条和第77条不会影响（b）项的适用，因为它们不能适用于还未被采纳的证据。

注释2：插入第101A条，作为对澳大利亚高级法院在 Adam v. The Queen（2001）207 CLR 96案中判决的回应。

第2节 证人的可信性

第102条 可信性规则

关于证人的可信性的证据是不可采的。

注释1：对可信性规则的具体例外如下所示：

- 在交叉询问中提及的证据（第103条和第104条）；
- 否认的反驳中的证据（第106条）；
- 重新确立可信性的证据（第108条）；
- 有专门知识的个人的证据（第108C条）；
- 被指控个人的品性（第110条）。

本法或其他法律的其他条文，可能规定了进一步的例外。

注释2：第108A条和第108B条就作出先前表述但不是证人的个人的可信性证据的采纳作出了规定。

第103条　例外：对可信性的交叉询问

（1）可信性规则不适用于在对证人交叉询问中举出的证据，如果该证据可以实质上影响该证人可信性的评估。

（2）根据第（1）款的目的而言，法院应当考虑的事项包括但不限于：

（a）当该证人有讲出真相的义务时，该证据是否倾向于证明该证人有意或无意作出虚假表述；以及

（b）从该证据相关行为或事件发生之后所历经的期间。

第104条　进一步保护：被起诉者的交叉询问

（1）本条仅适用于刑事程序中的可信性证据以及对第103条的补充。

（2）严禁交叉询问被告人与其可信性评估有关的事项，除非法院许可。

（3）尽管存在第（2）款，检察官对被告人关于下列事项的交叉询问不需要得到许可：

（a）被告人是否有偏见或是否有不诚实的动机；或者

（b）被告人是否无法意识或记得与其的证据相关的事项；或

（c）被告人是否已经作了与先前不一致的表述。

（4）不得许可检察官根据第（2）款进行询问，除非由被告人提出的证据已经得到采纳：

（a）试图证明检察官传唤的证人有不诚实倾向；以及

（b）仅仅或主要与证人的可信性相关。

（5）第（4）款对证据的规定不包括与下列有关的对行为的证据规定：

（a）与该被告人正被指控的事件相关；或

（b）与该被告人正在被指控的罪行的调查相关。

（6）不得许可其他被告进行交叉询问，除非：

（a）将被交叉询问的被告人已经作出的证言包含不利于寻求交叉询

问的被告人的证据；以及

（b）该证据已经被采纳。

第106条 例外：对其他证据的反驳否认

（1）可信性规则不适用于与证人的可信性相关以及不是由证人提交的证据，如果：

（a）对证人的交叉询问：（i）向该证人告知证据的实质；以及（ii）该证人否认、不承认或者不同意该证据的实质；以及

（b）法院许可提出该证据。

（2）如果该证据倾向于证明该证人存在下列情况，则并不需要得到第（1）款（b）项所规定的许可：

（a）有偏见或有不诚实的动机；或

（b）曾被判有罪，包括违反外国法律的罪行；或

（c）已经作出与先前不一致的表述；或

（d）不能或曾经不能意识到与其证据相关的事项；或

（e）根据澳大利亚法律或外国法律的规定，有如实陈述的义务，但是有意或无意地作出了虚假的表述。

第108条 例外：重新确立可信性

（1）可信性规则不适用于证人在交叉询问的情况下举出的证据。

（2）如果存在下列情况，并且法院允许提出证人先前表述一致的证据，则可信性规则不适用于该先前一致陈述证据：

（a）该证人的先前表述不一致的证据已经被采纳；或

（b）有人提出或者将会提出（无论通过明确还是暗示）该证人的证言系捏造或已经被重构（不管出于故意还是其他原因），或是暗示的结果。

第3节 非证人的可信性

第108A条 已作出先前表述的个人可信性证据的采纳

（1）如果：

（a）先前表述的证据已经在程序中被采纳；以及

（b）作出表述的个人还没有被传唤且在程序中其不会被传唤举证；

作出表述的个人的可信性证据不具有可采性，除非该证据可能实质地

影响对该人可信性的评估。

（2）就第（1）款的目的而言，法院应当考虑的事项包括但不限于：

（a）该证据是否倾向于证明作出表述的个人，在该人处于讲述真相的义务下却故意或过失地作出了虚假表述；以及

（b）与该表述有关的行为或者事项做出或者发生后到作出该表述时所经历的期间。

第 108B 条　进一步保护：非证人的被起诉者的先前表述

（1）本条仅在刑事程序中适用，以及适用于第 108A 条的补充。

（2）如果在该条文提到的个人是被告人，可信性证据不可采，除非法院许可。

（3）尽管存在第（2）款，如果证据所涉及的是被告的下列情况，则不需要得到许可：

（a）是否有偏见或有不诚实的动机；或

（b）是否无法或曾经无法意识到或记起其先前的表述涉及的事项；或

（c）是否已经作出了先前不一致的表述。

（4）严禁根据第（2）款对检察官作出许可，除非该被告人提出的证据已经被采纳：

（a）试图证明检察官传唤的证人有不诚实倾向；以及

（b）仅仅或主要与证人的可信性相关。

（5）第（4）款对证据的规定，不包括关于下列情况的行为证据：

（a）与该被告人被指控的事项相关；或

（b）对该被告人被指控的罪行的调查有关。

（6）严禁根据第（2）款对另一个被告人作出许可，除非该被告人已经被采纳的先前表述包含对寻求许可的被告人不利的证据。

第 4 节　专门知识的个人

第 108C 条　例外：有专门知识的个人的证据

（1）可信性规则不适用于个人提出的涉及另一个证人可信性的证据，如果：

（a）根据该人的训练、学习或经历，该人有专门的知识；以及

（b）证据是关于该人的意见证据：（i）全部或部分地依据该种知识；以及（ii）能够实质地影响对证人可信性的评估；以及

（c）法院允许举证。

（2）为避免疑义，且在不限制第（1）款的前提下：

（a）该款对专业知识的规定包括对儿童发展和儿童行为的专业知识的规定（包括性侵对儿童的影响以及在侵害期间与之后儿童的发展和行为的专业知识）；以及

（b）该款对个人意见的规定包括如果该人有上述种类的专业知识，该款对意见的规定包括以下的一个或两个事项：（i）儿童总体上的发展和行为；（ii）性犯罪或类似犯罪的受害人的发展和行为。

第3.8部分 品性

第109条 适用

本条仅在刑事诉讼程序中适用。

第110条 关于被指控者的品性证据

（1）传闻规则、意见规则、倾向规则以及可信性规则不适用于被告人提出的（直接或间接）证明被告人在总体上或在特定部分具有良好品性的个人的证据。

（2）如果提出的（直接或间接）证明被告人总体上是具有良好品性个人的证据已经被采纳，传闻规则、意见规则、倾向规则以及可信性规则不适用于提出的（直接或间接）证明该被告人总体上不是良好品性的个人的证据。

（3）如果举出的（直接或间接）证明被告人在特定方面是具有良好品性的个人的证据已经被采纳，传闻规则、意见规则、倾向规则以及可信性规则不适用于提出的（直接或间接）证明该被告人在该方面不是良好品性的个人的证据。

第111条 关于共同被指控者的品性证据

（1）传闻规则和倾向规则不适用于被告人的品性证据，如果：

（a）关于该被告人的意见证据是由另一个被告人提出的；以及

（b）该人的观点是基于其训练、学习或经历而获得的特定知识；

以及

(c) 该意见完全或从实质上依赖于该知识。

(2) 如果上述证据已经被采纳,传闻规则、意见规则和倾向性规则不适用于提出的证明该证据不应该被接受的证据。

第112条 对被指控者或被共同指控者品性进行交叉询问需要许可

严禁就本部分规定的证据种类中产生的事项交叉询问被告人,除非法院许可。

第3.9部分 辨认证据

注释:"辨认证据"的定义见词典部分。

第113条 本部分的适用

本部分仅在刑事程序中适用。

第114条 视觉辨认证据的排除

(1) 在本条中:

"视觉辨认证据"是指与辨认有关的整体或部分地依赖于该人所见而进行的辨认证据,但不包括图片辨认证据。

(2) 检察官提出的视觉辨认证据不可采,除非:

(a) 在辨认被作出之前,已经进行了包括被告人的列队辨认;或

(b) 进行这样的列队辨认不合理;或

(c) 被告人拒绝加入这样的列队;

且辨认被作出时,作出辨认的人未被有意地影响辨认该被告人。

(3) 在裁定举行列队辨认是否合理时,法院应当考虑的事项包括但不限于:

(a) 相关罪行的种类以及罪行的严重性;以及

(b) 证据的重要性;以及

(c) 除其他因素外考虑到如下其他事项,举行列队辨认的可操作性:(i) 如果被告人无法在列队执行中合作——失败的方式、范围及原因(如果有的话);以及(ii) 在任何情况下——辨认是否在罪行的实施之时或者犯罪不久后作出;以及

(d) 在其他事项中,考虑该被告人与进行辨认的个人的关系(如果

有的话），举行列队辨认的合适性。

（4）如果对被告人而言，举行这样的列队辨认本不公平，则推定举行这样的一个列队辨认不合理。

（5）如果：

（a）被告人拒绝参与列队辨认，除非当列队辨认进行时澳大利亚法律执业者、代理被告人的法定律师或另一个被告人选定的其他人在场；以及

（b）当即将进行列队时，有合理的依据相信澳大利亚法律职业者或法定律师到场是不合理且不具有可操作性的；

推定在当时举行辨认将是不合理的。

（6）在裁定举行列队辨认是否合理时，法院将不会考虑在作出辨认时可能会使用的图片或照片的可获得性。

第 115 条　图片辨认证据的排除

（1）在本条中：

"图片辨认证据"是指作出辨认的个人全部地或部分地通过检验为警察使用而保存的图片而作出的辨认相关的证据。

（2）如果检验的图片表明，它们是被警察监禁的个人的图片，则检察官提出的该图片的辨认证据不可采。

（3）根据第（4）款，由检察官提出的图片辨认证据不可采，如果：

（a）当图片被检验时，该被告人处于对被告被控犯罪进行调查的警察机构的监禁中；以及

（b）被检验的被告人图片是在被告人被警察监禁前制作的。

（4）第（3）款不适用下列情况：

（a）在罪行的实施和被告人被监禁的时间内，被告人的外貌已经发生重大的改变；或

（b）在被告人被监禁后，制作该被告人的照片将是不可行的。

（5）如果当图片被检验时该被告人受正处于调查该被告人已经被起诉的罪行的警察机构的警察的监禁中，检察官提出的图片辨认证据不可采，除非：

（a）该被告人拒绝加入列队辨认；或

(b) 在罪行的实施和被告人被监禁的时间内，该被告人的外貌已经发生重大的改变；或

(c) 举行包括该被告人的列队辨认将是不切实际的。

(6) 就本条第（5）款（c）项的目的而言，第 114 条第（3）、（4）、（5）和（6）款适用于确定当时进行列队辨认是否合理。

(7) 如果检察官提出的图片辨认证据被采纳为证据，根据该被告人的请求，法官必须：

(a) 如果该被告人的图片是在该被告人被监禁之后作出——告知陪审团照片是在该被告人被监禁之后作出；或

(b) 其他情况下——告知陪审团严禁假定该被告人有刑事记录或先前已有被起诉罪行。

注释：第 116 条和第 165 条也规定了关于辨认证据的警告。

(8) 就检察官为反驳或限定被告提出的图片辨认证据而提出的图片辨认证据而言，本条并不导致其不可采。

(9) 本条的适用，是对第 114 条的补充。

(10) 在本条中：

(a) 对图片的规定包括对照片的规定；以及

(b) 对制作图片的规定包括对照片的规定。

第 116 条　对陪审团的指示

(1) 如果辨认证据已经被采纳，法官将提醒陪审团：

(a) 在接受辨认证据前，有必要特别谨慎；以及

(b) 需要谨慎的一般性事由以及个案中的事由。

(2) 特定形式的文字被用于提醒陪审团是不必要的。

第 3.10 部分　特权

第 1 节　委托人法律特权

第 117 条　定义

(1) 在本节中：

"委托人"包括如下人员：

(a) 聘请律师提供法律服务或雇用律师的个人或机构（包括根据服

务合同)；

(b) 委托人的雇员或代理人；

(c) 律师的雇员，如果雇员是：(i) 联邦或州或领地；或 (ii) 根据联邦或州或领地的法律确立的机构；

(d) 如果根据州或领地关于精神不健全的个人的法律，管理人、委员会或个人(不论如何规定)目前正在代理委托人的人身、资产或财产的情况下——从事此代理活动的管理人、委员会或个人；

(e) 如果委托人已经死亡——委托人的个人代表；

(f) 委托人的权利和义务的继任者(关于作出的保密交流的权利和义务)。

"保密交流"是指交流在这样的情况下作出的交流：

(a) 作出它的个人；或

(b) 该交流针对的个人；

根据明示的或暗示的义务，不应披露它的内容，不管该义务是否为法律义务。

"秘密的文件"是指文件在以下情况下准备的文件：

(a) 准备它的个人；或

(b) 该文件准备针对的个人；

根据明示的或暗示的义务，不应披露它的内容，不管该义务是否为法律义务。

"律师"是指：

(a) 澳大利亚律师；以及

(b) 在澳大利亚注册的外国律师；以及

(c) 根据外国的法律允许在该国家参加法律实践的在海外注册的外国律师或自然人；以及

(d) 在 (a)、(b) 或 (c) 项中规定的律师的雇员或代理人。

"当事人"包括如下：

(a) 当事人的雇员或代理人；

(b) 如果根据州或领地关于精神不健全的个人的法律，管理人、委员会或个人(不论如何规定)目前正在代理委托人的人身、资产或财产的情况下——从事此代理活动的管理人、委员会或个人；

（c）如果当事人已经死亡——该当事人的个人代表；

（d）当事人的权利和义务的继任者（关于作出的保密的交流的权利和义务）。

（2）在本节中对作为的规定包括对不作为的规定。

第118条 法律建议

如果根据委托人的异议，法院发现举出证据将会导致披露下列因为一个或多个律师向委托人提供法律建议的主要目的而进行的交流或者制作的文件的内容，则不得提出该证据：

（a）当事人和律师之间制定的保密交流；或

（b）在两个或多个代理委托人的律师之间制定的保密交流；或

（c）由委托人、律师或另一个人作出的保密书证（不管是否送交）的内容。

第119条 诉讼

根据委托人的异议，进行交流或者制作文件的主要目的，是向委托人（是或可能是，或曾经是或已经是一方的当事人）提供有关澳大利亚或海外诉讼服务（包括法庭前的程序），或预期或未决的澳大利亚或海外诉讼服务，若法院发现举出证据将会导致披露下列交流或者文件的内容，则不得提出该证据：

（a）当事人和律师之间，或代理委托人的律师和另一个人之间制定的保密交流；或

（b）作出的保密书证（不管是否送交）的内容。

第120条 无律师代表的当事人

（1）如果根据程序中无律师代理一方当事人的异议，法院发现举出证据将会导致披露下列秘密交流或者文件的内容，则不得提出该证据：

（a）当事人和另一个人之间的保密交流；或

（b）在该当事人指示或要求下准备的保密书证（不管是否送交）的内容；

该秘密交流或文件制作活动的主要目的是准备或实施程序。

第121条　委托人法律特权的丧失：一般规定

（1）本节并不禁止提出与已经死亡的委托人或当事人的意图或法律上的能力的问题相关证据。

（2）如果不提出该证据将会妨害或根据合理预期将会妨害法院行使澳大利亚法院的命令，本节并不禁止提出该证据。

（3）本节并不禁止影响该人权利的交流证据或书证的举出。

第122条　委托人法律特权的丧失：同意以及相关事项

（1）本节并不禁止提出根据相关的委托人或当事人同意的证据。

（2）根据第（5）款，如果相关的委托人或当事人已经举出与委托人或当事人反对的证据不一致的方式行为，因为它将导致在第118条、第119条或第120条规定的种类的披露，本节并不禁止提出该证据。

（3）在不限制第（2）款的情况下，委托人或当事人被视为上述作为，如果：

（a）委托人或当事人知道以及自愿地向另一个人披露证据的内容；或

（b）基于该委托人或当事人的明示或暗示的同意，证据的内容已经被披露。

（4）第（3）款（a）项对明知和自愿的披露的规定，不包括被披露时作为委托人、当事人或他们的律师的雇员或代理人的披露，除非雇员或代理人被委托人、当事人或律师授权去作出披露。

（5）委托人或当事人并不仅仅因为下列情况，而被视为其行为方式与其反对提出证据不一致：

（a）证据的实质已经被披露：（i）在作出保密交流或准备保密书证的过程中；或（ii）作为强制或欺骗的结果；或（iii）根据法律的强制；或（iv）如果委托人或当事人是根据澳大利亚法律确立的机构或根据澳大利亚的法律拥有职位的个人——是对机构设立或职位确立的法律或部分法律管理的部长、联邦、州或领地的部长的披露；或

（b）如果被委托人向另一个人的披露涉及与相同的律师向委托人以及其他个人正在提供或即将提供的专业法律建议的事项；或

（c）因为委托人或当事人在进行披露时，与某人就澳大利亚法院或

外国法院的程序、预期程序或者未决程序具有共同的利益而对该某人进行的披露。

（6）本节并不禁止引入证人已用于试图唤起证人关于事实或观点的记录或已经在第 32 条（法庭中试图唤起记忆）或第 33 条（警察提供的证据）中已经提及使用的书证证据的提出。

第 123 条　委托人法律特权的丧失：被告人

在刑事程序中本节并不禁止被告人举证，除非它是关于如下事项的证据：

（a）在关联被告人以及为该人代理的与该人的指控有关的律师的秘密交流；或

（b）被关联被告人或为该人代理的与该人的指控有关的律师准备的秘密书证的内容。

注释："关联被告人"的定义见词典。

第 124 条　委托人法律特权的丧失：共同委托人

（1）本条仅适用于民事程序中，当两个或多个被告人在程序开始之前已经就相同的事项共同聘请了一个律师。

（2）本节并不禁止这些当事人中的其中一个提出关于下列事项的证据：

（a）由他们中的任何一个向律师作出的交流；或

（b）由他们中的任何一个或根据他们中的任何一个指示或要求准备与该事项有关的秘密书证的内容。

第 125 条　委托人法律特权的丧失：不当行为

（1）本节并不禁止提出关于下列事项的证据：

（a）委托人或律师（或两者），或在程序中没有律师代表的一方当事人，为促进欺骗、犯罪或导致个人民事责任的行为的实施而进行的交流或准备的书证内容。

（b）委托人或律师（或两者），或一方当事人，知道或应当合理地知道为促进滥用权力而进行的交流或书证的内容。

（2）就本条的目的而言，如果欺骗、犯罪、作为或权力的滥用的实施在事实上有争议，并且有合理的理由认定下列情况：

（a）已经实施了欺骗、犯罪、作为或权力的滥用；以及

（b）为促进欺骗、犯罪、作为或权力滥用的实施，进行了某交流或制定了某文件。

法院可以裁定进行了上述交流或制作了上述文件。

（3）在本条中：

"权力"是指澳大利亚法律授予的或根据澳大利亚法律享有的权力。

第126条　委托人法律特权的丧失：相关的交流和书证

如果因为第121条、第122条、第123条、第124条或第125条的适用，本节并不禁止交流或提出书证内容的证据的情况下，上述条文并不禁止另一个交流或书证的证据的提出，如果其对促进交流或书证的合适理解是必要的。

注释：

示例：一个律师建议他的委托人瞒报她前几年的收入以逃避税收，因为她的潜在税收义务"在我之前的1994年8月11日给您的信中注明了"。在针对纳税人逃税的程序中，标注着1994年8月11日信息内容的证据可采（尽管该信件本受特免权保护），以使得对第二封信件有一个合适的理解。

第1C节　记者特权

注释：本节不包含第1A节或第1B节。该间断是为了与新南威尔士州法律的编号保持一致，其包含第1A节和第1B节。

第126J条　定义

（1）在本节中：

"报信人"是指在记者的日常工作中向记者提供信息，期待新闻媒体发布该信息的个人。

"记者"是指从事新闻公布活动，报信人向其提供信息，期待新闻媒体公布该信息的人。

"新闻媒体"是指将新闻和新闻评论传播给公众或者某部分公众的任何媒体。

第126K条　与报信人身份相关的记者特权

（1）如果记者已经向报信人承诺不披露报信人的身份，记者及其雇

员都不能够回答任何相关问题或出示任何可能引起报信人的身份被披露或身份被确定的书证。

（2）如果法院确信考虑到在该程序中待裁定的争议在披露报信人身份的证据中的公共利益超过了下列情况，法院可以根据一方当事人的申请，要求不适用第（1）款：

（a）对报信人或任何其他人可能产生的负面影响；以及

（b）在通过新闻媒体向公众发布事实和观点中的公众利益，以及与此相应的新闻媒体获取事实资源的能力。

（3）根据第（2）款作出的命令，可能受制于法院认为适当的条件（如果有的话）。

第 2 节　其他特权

第 127 条　宗教自白

（1）任何是或曾经是教堂或宗教派别的神职人员的个人有权拒绝泄露在其担任神职人员时已经作出的宗教的自白或作出的宗教自白的内容。

（2）如果包含在宗教自白中的交流的作出是为了刑事目的，则不适用第（1）款。

（3）即使某部法律规定了下列事项，本条仍然适用：

（a）证据法并不适用或个人、机构不受限于证据规则；或

（b）个人依据特权或任何其他根据没有理由免于回答任何问题或出示任何书证或其他事情。

（4）在本条中：

"宗教自白"是指个人依据有关的教堂或宗教派别仪式向以职业身份出现的神职人员作出的自白。

第 128 条　在其他程序中与反对自证其罪相关的特权

（1）如果证人反对给出特定的证据或特定事项的证据，且基于这些证据可能倾向于证明该证人的下列事项，则适用本条：

（a）已经实施违反或进行了基于澳大利亚法律或外国法律的罪行；或

（b）负民事责任。

（2）法院必须裁决该异议是否有合理的依据。

(3) 根据第（4）款，如果法院裁决该异议有合理的依据，法院不需要证人出庭作证，且将告知该证人：

(a) 该证人不需要给出证据，除非根据第（4）款法院要求其这么做；以及

(b) 法院将根据本条给出证明，如果：(i) 证人未经法院根据第（4）款要求而自愿地给出证据；或 (ii) 法院根据第（4）款要求其给出证据后，证人给出了证据；以及

(c) 该证明的效力。

(4) 法院可以要求该证人给出证据，如果法院确信：

(a) 该证据不倾向于证明证人已经实施违反外国法律的罪行，或根据外国法律有民事责任；以及

(b) 正义利益要求证人给出证据。

(5) 如果证人未经法院根据第（4）款要求而自愿地给出证据或根据该款被要求这样做之后给出证据，法院必须根据本条促成证言以向证人提供证明书。

(6) 在下列情况下，法院也应当促成证言以向证人提供证明书：

(a) 该异议已经被驳回；以及

(b) 在该证据被提供之后，法院对裁决异议有合适的依据。

(7) 在澳大利亚法院的任何程序：

(a) 个人提供的关于与本条证明已经被提供的证据；以及

(b) 任何信息、书证或已经给出证据的个人的直接或间接所获得的物品的证据；

不能针对该人使用。但是这不适用于关于证据造假的刑事程序。

(8) 不管对作出决定或使得相关证明有效的依据的任何质疑、审查、撤销或疑问，第（7）款均有效。

(9) 如果与罪行相关的刑事程序中的被告人，根据本条被给予证明，第（7）款不适用于对被告人相同罪行进行重新审理的程序，或与导致罪行相关的相同事实中产生的被告人罪行的审理程序。

(10) 在刑事程序中，本条不适用于由相关的被告人提出的关于下列情形的证据：

(a) 被告人从事了本案争议事实的行为；或

(b) 被告人的精神状态是本案的争议事实。

（11）本条中对作为的规定包括对不作为的规定。

（12）如果个人在州或领地的法院程序中所作的证言，根据指定的州或领地的条文已经被提供证明书，则在本条适用的程序中，该证明书具有本条赋予的同等效力。

（13）就第（12）款的目的而言，下列是指定的州或者领地的规定：

(a) 新南威尔士州《1995年证据法》第128条；

(b) 为第（12）款的目的，被该条例宣布作为指定的州或领地条文的州或领地的法律条文。

（14）第（12）款适用于：

(a) 因为第4条适用本法的程序；以及

(b) 除在（a）项提及的程序，违反联邦法的罪行或基于联邦法的民事处罚的追缴程序。

注释1：法人不能主张这一特权，见第187条。

注释2：词典第2部分第3条描述了何为民事处罚。

注释4：插入第（8）款和第（9）款，作为对澳大利亚高等法院在Cornwell v. The Queen［2007］HCA 12（2007年3月22日）案中判决的回复。

第128A条　与自证其罪有关的特权——对特定命令的例外等

（1）在本条：

"披露命令"是指澳大利亚联邦法院在民事程序中作出的，作为冻结令或搜查令的部分，或与冻结令或搜查令相关要求个人披露信息的命令，但是不包括法院根据《犯罪收益法（2002）》签发的命令。

"相关的个人"是指对其发出披露命令的个人。

（2）如果相关的个人反对遵循披露命令，基于特定或所有要求被披露的信息可能倾向于证明该人：

(a) 已经实施违反或产生基于澳大利亚法律或外国法律的罪行；或

(b) 负民事责任；

该人必须：

（c）披露被要求披露的没有异议的信息；以及

（d）准备包含已经有异议的（特权宣誓书）被要求披露信息的宣誓书，且将其密封在信封中向法院递交；以及

（e）提交以及送达给任何其他当事人单独的描述异议依据的宣誓书。

（3）严禁打开包含特权宣誓书的密封信封，除非法院指示。

（4）法院必须裁定是否有合适的异议依据。

（5）受限于第（6）款，如果法院裁决有合适的反对依据，法院禁止要求披露包含在特权宣誓书中的信息，以及必须归还给相关的个人。

（6）如果法院确信：

（a）任何在特权宣誓书中披露的信息可能倾向于证明相关的个人已经实施违反或产生基于澳大利亚法律的罪行或有民事责任；以及

（b）信息不倾向于证明相关的个人实施违反或产生基于外国法律的犯罪或有民事责任；以及

（c）正义利益要求信息被披露；

法院可以签发要求包含（a）项规定的种类的信息的全部或特定部分的特权宣誓书提交以及送达当事人的命令。

（7）如果全部或任何部分的特权宣誓书被披露［包括根据第（6）款的命令］，关于在第（6）款（a）项中规定的信息，法院必须促成为相关的个人提供一份证明书。

（8）在澳大利亚法院的任何程序中：

（a）根据本条已被提供证明书的相关个人披露的信息证据；以及

（b）获取的任何信息，书证或物品，是基于相关个人披露信息的直接或间接的结果；

不能被用于针对该人。但是，这不适用于相关证据造假的刑事程序。

（9）第（8）款并不禁止使用任何下列文件披露的信息来反对相关人员：

（a）为回应披露命令，由该人准备的特权宣誓书的附件或展示证据；

（b）在命令签发之前已经存在的信息。

（10）无论对作出决定的依据或者对证明书的有效性提出何种质疑、审查、撤销或疑问，第（8）款均有效。

（11）如果个人在州或领地的法院程序中给出的在第（6）款（a）项提及的信息，根据指定的州或领地的条文已经被提供证明书，则在本条适用的程序中，该证明书具有本条赋予的同等效力。

（12）为第（11）款的目的，指定的州或领地的条文是指为该款目的，被该条例宣布作为指定的州或领地条文的州或领地的法律条文。

（13）第（11）款适用于：

（a）因为第4条适用本法的程序；以及

（b）除在（a）项提及的程序，违反联邦法的罪行或基于联邦法的民事处罚的追缴程序。

注释1：法人不能主张这一特权：见第187条。

注释2：词典第2部分第3条描述了何为民事处罚。

第3节 公共利益中排除的证据

第129条 因司法等决定原因被排除的证据

（1）下列人员或者受该人员支配或控制的与该程序或者仲裁有关的人员，不得就该人员作出裁决的原因或者就该裁决的评议情况作证：

（a）在澳大利亚或海外程序中的法官；或

（b）将某一争议提交其仲裁的仲裁人员。

（2）上述证据严禁以提交上述人员所制作的文件的形式提出。

（3）本条不禁止在程序中采纳或者使用已经公布的裁决理由。

（4）在程序中，由另一个澳大利亚或海外的程序中的陪审团成员作出的决定的原因证据，或与上述决定相关的陪审团成员的评议，严禁由该陪审团的任何成员提出。

（5）本条在如下的程序中不适用：

（a）对一个或多个以下罪行的指控：

（i）违反或起因于《刑法（1914）》第三章的罪行；（ii）贿赂陪审员罪；（iii）意图妨碍司法的进程；（iv）与在（i）、（ii）或（iii）中提及的罪行相关的罪行，包括共谋实施上述罪行；或

（b）关于对法院的蔑视；或

（c）通过上诉，或司法审查法院的判决、裁定、命令或量刑的方式；或

（d）通过审查仲裁裁决；或

（e）司法人员或仲裁员的行为曾经是，以及在当时已经被司法人员或仲裁员知道超越了与司法人员或仲裁员有权行为的事项的界限的民事程序。

第130条 州事项证据的排除

（1）如果将与州事项相关的信息或书证采纳为证据的公共利益超过将相关的信息或书证保留秘密或隐私的公共利益，法院可以指示该信息或书证不被作为证据采纳。

（2）法院可以根据自身动议或根据任何人（不管该人是否是当事人一方）的申请给出上述指示。

（3）在决定是否给出上述指示时，法院可以以任何它认为合适的方式了解情况。

（4）就第（1）款的目的而言，如果将信息或者文件作为证据提出将会出现但不限于下列情形，则该信息或者文件可以视为与州事项有关的情况：

（a）损害澳大利亚的安全、国防或者国际关系；或

（b）破坏联邦和州或两个或更多的州之间的关系；或

（c）损害罪行的预防、调查或指控；或

（d）损害预防或调查，或因为其他对法律的违法而导致的民事处罚的追缴程序的运作；或

（e）披露或使得个人能够确定与联邦或州的法律的实施或管理相关的秘密信息来源的存在或身份；或

（f）损害联邦或州的政府的适当运作。

（5）就第（1）款的目的而言，法院应当考虑的事项包括但不限于：

（a）信息或书证在程序中的重要性；

（b）如果程序是刑事程序——寻求信息或书证证据举出的一方当事人是否是被告人还是检察官；

（c）与信息或书证相关的罪行、诉因或辩护的性质，以及程序争议事项的性质；

（d）采纳信息或书证证据的可能影响，以及可能的限制它公开的

方式；

（e）信息或书证的实质是否已经被公开；

（f）如果程序是刑事程序以及寻求信息或书证证据举出的一方当事人是被告人——是否以延缓起诉为条件作出该指示。

（6）本条中对州的规定包括对领地的规定。

第131条 和解谈判证据的排除

（1）在下列情况下，证据不得被提出：

（a）存有争议的人之间，或一个或多个存有争议的人以及第三方之间与试图解决谈判争议有关作出的交流；或

（b）与试图解决谈判争议相关的书证（不管是否送交）已经被作出。

（2）在下列情况下，第（1）款并不适用：

（a）存有争议的个人同意证据在有关的程序中被举出，或在任何上述人已经在另一个澳大利亚或海外的程序中提出交流或书证作为证据情况下，所有其他人员这样同意；或

（b）通过所有存有争议的人的明示或暗示的同意，证据的实质已经被披露；或

（c）通过存有争议的个人明示或暗示的同意，证据的实质已经被部分地披露，以及证据的完全披露对合理理解已经举出的其他证据是合理必要的；或

（d）该交流或书证包含使其不被视为具有秘密性的陈述；或

（e）该证据倾向于反驳或者限定已经被采纳的试图解决争议的过程的证据；或

（f）寻求举出证据的程序，是实施存有争议的个人为解决争议而达成的协定的程序，或是作出上述存有争议的协定的程序；或

（g）在程序中已经被提出的证据，或从已经被提出的证据中得出的推论很有可能误导法院，除非该交流或书证的证据被采纳用于反驳或限定该证据；或

（h）该交流或书证与裁定费用的责任相关；或

（i）作出该交流，或准备该书证影响个人的权利；或

（j）作出该交流，或准备该书证是为了促进欺诈或罪行或个人负民事

处罚的行为的实施；或

（k）在争议中的个人，或上述个人的雇员或代理人，知道或应该已经合理地知道作出该交流，或准备该书证是为了促进故意的权力滥用。

（3）就第（2）款（j）项的目的而言，如果欺诈、犯罪或者作为的实施的是有争议的事实，以及有合理的依据认定下列事项：

（a）已经实施该欺诈、犯罪或者作为；以及

（b）作出该交流，或准备该书证是为了促进欺诈、犯罪或者作为的实施；

法院可以裁决交流以上述方式作出或书证以上述方式准备。

（4）就第（2）款（k）项的目的而言，如果：

（a）权力的滥用是有争议的事实；以及

（b）有合理的依据裁决作出该交流或准备该书证是为了促进权力的滥用；

法院可以裁决交流以上述方式作出或书证以上述方式准备。

（5）在本条中：

（a）对争议的规定是对在澳大利亚或海外的程序中可以提供的救济有关的争议种类的规定；以及

（b）对试图协商争议的解决的规定不包括在刑事程序或先前刑事程序中试图协商协定的规定；以及

（c）对存有争议的个人作出的交流的规定包括对该人的雇员或代理人作出的交流的规定；以及

（d）对存有争议的个人同意的规定包括该人作为雇员或代理人被授权同意的雇员或代理人的同意的规定；以及

（e）对作为的规定包括对不作为的规定。

（6）在本条中：

"权力"是指澳大利亚法律授予或根据澳大利亚法律享有的权力。

第4节 一般规定

第131A条 第1C节的扩展适用

（1）如果为回应披露要求，个人主张他们没有被强制回答任何问题或出示将会披露信息提供者（在第126H条的含义内）的身份或使得身份

被确定的任何书证，则适用本条。

（1A）根据第126H条，依据披露要求寻求披露的一方当事人，可以向法院申请命令，第126H条第（1）款不适用于相关的信息或书证。

（2）在本条，"披露要求"是指法院文书或法院命令要求信息或书证的披露以及：

（a）要求出示书证或作证的传讯或传票；

（b）审前证据开示；

（c）非当事人证据开示；

（d）询问；

（e）出示通知；

（f）根据第4.6部分第1节出示书证的要求。

第131B条　在联邦罪行的所有程序中，第1C节等的扩展适用

除了第4条适用于联邦法院的所有程序外，第1C节和第131A条适用于任何澳大利亚法院针对违反联邦法律的罪行的其他所有程序，包括如下程序：

（a）与保释相关的程序；或

（b）诉讼中间程序或与其类似的程序；或

（c）在专用办公室被审理的程序；或

（d）与量刑相关的程序。

第132条　法院告知提出申请和异议的权利

如果在法院看来，证人或当事人一方根据本部分的条文，有提出申请或异议的依据，法院必须自己确信（如果有陪审团，在陪审团缺席的情况下）该证人或当事人意识到了该条文的效力。

第133条　法院可以对书证查阅等

如果在本部分产生与书证相关的问题，法院可以要求向其出示书证，以及可以为就该疑问作出决定而查阅该文件。

第134条　对严禁提出或出示的证据的不采纳

根据本部分在程序中严禁被提出或出示的证据在程序中不可采。

第3.11部分　裁量和强制排除

第135条　排除证据的一般裁量权

如果证据的证明价值会被下列危险严重超过，则法院可以拒绝采纳该证据：

（a）对一方当事人不公正的偏见；或

（b）令人误导或困惑；或

（c）引起或导致不合理的时间浪费。

第136条　限制证据使用的一般裁量权

如果对证据的某些具体使用具有危险，且可能造成以下影响，法院可以限制证据的使用：

（a）对一方当事人不公正的偏见；或

（b）令人误导或困惑。

第137条　在刑事程序中对偏见证据的排除

在刑事程序中，法院必须拒绝采纳由检察官提出的证据，如果它的证明价值被对被告人不公正的偏见的危险性所超过。

第138条　排除不适当或非法获取的证据的裁量权

（1）下列证据不得被采纳，除非采纳下列方式获得的证据的可取性大于其不可取性：

（a）不正当或违反澳大利亚法律；或

（b）不正当或违反澳大利亚法律导致的结果；

（2）在不限制第（1）款的情况下，自白的证据是在询问过程中作出的或是询问的结果，以及证据作为自白的结果被获取，如果作出询问的个人出现下列情况，则该证据被视为已经被不正当地获取：

（a）在询问过程中作为或不作为，尽管其知道或应该已经合理地知道该作为或不作为很有可能实质地损害被询问的个人理性地回应询问的能力；或

（b）在询问过程中作出了虚假表述，尽管其知道或应当已经合理地知道该表述是虚假的，以及作出该虚假表述很有可能引起被询问的个人作出自白。

（3）法院根据第（1）款应当考虑的事项包括但不限于：

（a）该证据的证明价值；以及

（b）在程序中该证据的重要性；以及

（c）相关罪行、诉因或抗辩的性质，以及程序中的争议事项的性质；以及

（d）不正当或违法的严重性；以及

（e）不正当或违法是故意还是过失；以及

（f）不正当或违法是否是违背或与国际公民权利和政治权利承认的个人权利不一致；以及

（g）任何其他程序（不论是否在法院）是否已经或很有可能被视为不正当或违法；以及

（h）无不正当或不违反澳大利亚法律获取证据的困难（如果有的话）。

注释：《澳大利亚人权委员会法（1986）》附录2对国际公民权利和政治权利作出了规定。

第139条 人员的警告

（1）就第138条第（1）款（a）项的目的而言，作出的陈述证据或个人在询问中的作为，如果出现下列情况则被视为不正当获得的证据：

（a）该人在当时因罪行被逮捕；以及

（b）该询问由当时授权的调查人员作出，因为其拥有的职位逮捕该人；以及

（c）在开始询问前，调查人员没有警告该人其不必要说或做任何事，但是该人说或做的任何事可能被作为证据使用。

（2）为第138条第（1）款（a）项的目的，作出的陈述证据或个人在询问中的作为，被视为已经不正当地获取，如果：

（a）该询问由没有权力逮捕该人的调查人员操作；以及

（b）在调查人员形成有充分证据确信该人已犯罪的信念后，该陈述被作出，或该行为被执行；以及

（c）调查人员没有在该陈述被作出或该行为被进行之前，告知该人不必要说或做任何事，但是该人说或做的任何事可能被作为证据使用。

（3）警告必须被给予，或被翻译成该人能够合理流畅交流的语言，但是不需要采取书面形式，除非该人无法充分听见。

（4）如果任何澳大利亚法律要求个人去回答调查人员提出的问题或做任何调查人员要求的事情，则不适用第（1）、（2）、（3）款。

（5）第（1）款对处于逮捕之下的个人的规定，包含为询问的目的由调查人员陪同的个人的规定，如果：

（a）该调查人员确信有充分的证据去认定该人已经实施了与询问的主题相关的罪行；或

（b）如果该人希望离开，调查人员将不会允许该人这样做；或

（c）调查人员已经提供该人合适的依据使其相信自己将不会被准许离开，即使自己希望这样做。

（6）不仅仅因为第（5）款，而把个人视为已经被逮捕，如果：

（a）调查人员就进出澳大利亚的人员或货物履行职责，并且调查人员不相信该人已经实施了违反联邦法律的罪行；或

（b）调查人员根据澳大利亚法律行使拘留和搜查个人或要求该人提供信息或回答问题的权力。

第四章 证　　明

引言性注释

本章概要

本章是关于程序中的证明事项。

第4.1部分是关于民事程序和刑事程序中的证明标准。

第4.2部分是关于在程序中不需要证明的事项。

第4.3部分对该节规定事项的证明进行了简化。

第4.4部分是关于证据补强的要求。

第4.5部分要求法官警告陪审团关于特定种类证据潜在的不可信赖。

第4.6部分规定了证明特定其他事项的程序。

第4.1部分　证明标准

第140条　民事程序：证明标准

（1）在民事程序中，法院如果确信一方当事人的案件按照概率权衡

已经得到证明,则必须认定该当事人的案件已经得到证明。

(2) 法院在决定它是否确信时,应当考虑的因素包括但不限于:

(a) 诉因或抗辩的性质;以及

(b) 程序的争议事项的性质;以及

(c) 主张事项的严重性。

第141条 刑事程序:证明标准

(1) 在刑事程序中,法院不得裁决指控的案件已经得到证明,除非确信它已经被证明至排除合理怀疑。

(2) 在刑事程序中,法院如果确信被告的案件按照概率权衡已经得到证明,则应当认定该被告的案件已经得到证明。

第142条 证据的可采性:证明标准

(1) 除本法另有规定,在任何程序中,法院如果确信被告的案件按照概率权衡已经得到证明,法院为决定下列事项而裁决的事实已经得到证明,则应当认定该被告的案件已经得到证明:

(a) 证据是否应当被采纳的问题,裁量权的行使与否的问题;或

(b) 根据本法产生的任何其他问题。

(2) 裁定它是否确信时,法院必须考虑的事项包括:

(a) 程序中该证据的重要性;以及

(b) 主张的与问题有关的事项的严重性。

第4.2部分 司法认知

第143条 法律事项

(1) 关于法律条文以及即将实施(全部或部分)的如下法律不需要证明:

(a) 法律、州法律、领地的法律或条例,或在澳大利亚实施的议会法律;或

(b) 条例、规则或根据上述法律或条例,遵照法律制定或声称要制定的附则;或

(c) 根据上述法律或条例,总督、州长或领地的行政官或执行官制定,或宣称将制定的公告或命令;或

（d）根据上述法案或条例所制定、为法律所要求或者根据法律应当在任何政府或官方公报（不论其名称）公布，或者其制定为法律所要求或者根据法律应当在任何政府或者官方公报（不论其名称）予以通告的立法性文件（例如法院的规则）。

（2）法官可以采取其认为合适的方式了解上述事项。

（3）本条对作为澳大利亚议会的法律的规定，包括对由议会通过的私法的规定。

注释：第5条将本条文的运用扩展至所有澳大利亚法院的程序中。

第144条 常识事项

（1）不受合理怀疑的知识以及如下事项不需要证据：

（a）在程序被举行地的常识或一般事项；或

（b）通过查阅权威性不被合理质疑的书证能够验证。

（2）法官可以获取该种类的知识，以任何法官认为合适的方式。

（3）法院（包括陪审团，如果有陪审团）将考虑该种类的知识。

（4）为确保该方当事人不受不合理的偏见影响，关于获取或考虑该种类的信息，法官将提供一方当事人提交以及查阅相关信息的机会。

第145条 特定政府证明书

本部分不排除与政府或代表政府的组织就国际事项作出的证明书效力相关的普通法和衡平法的原则和规则的适用。

第4.3部分 证明的简化

第1节 一般规则

第146条 由工序、机器和其他设备制造的证据

（1）本条适用于书证或物证：

（a）全部或部分地由设备或工序产生；以及

（b）提交的一方当事人宣称，在出示书证或物证时，设备或工序已经产生了特定的结果。

（2）如果合理地发现设备或工序经适当使用，通常会产生该结果，则应当推定（除非引发推定怀疑的充分证据已经被举出）在产生有争议的书证或物证时，该设备或工序将产生该结果。

注释：

示例：不需要传唤证据去证明，复印机通常产生书证的完整复制件，以及当复印机复印特定的书证时运作正常。

第147条　在业务过程中，由工序、机器和其他设备制造的书证

（1）本条适用于书证：

（a）全部或部分地被设备或工序产生；以及

（b）提交的一方当事人宣称，在出示书证或物证时，设备或工序已经产生了特定的结果。

（2）如果：

（a）书证是或在被产生的时候是业务（不管业务是否仍存在）记录的部分，或是为业务目的而保管的记录的一部分；以及

（b）设备或工序是或在当时被用于业务的目的；

它被假定（除非引发推定怀疑的充分证据已经被举出），当产生有争议的情况下的书证或物证时，该设备或程序将会产生该结果。

（3）第（2）款不适用以下列方式被产生的书证的内容：

（a）为执行、支持或评议澳大利亚或海外程序的目的，或与澳大利亚或海外程序相关。

（b）与刑事诉讼的调查相关或导致刑事程序的调查相关。

注释：关于联邦记录和特定联邦书证，第182条赋予本条更广泛的适用范围。

第148条　法官、律师和公证人的行为的证据

除非有相反证据证明，该书证被假定是在治安法官、澳大利亚律师或公证人的见证下被证实、确认、签署或承认，如果：

（a）视情况而定，澳大利亚法律要求、授权或允许它被治安法官、澳大利亚律师或公证人证实、确认、签署或承认；以及

（b）它宣称已经以上述方式证实、确认、签署或承认。

第149条　书证的见证

没有必要举出书证（不是遗嘱书证）的见证人的证据，证明书证如其宣称的签署或见证方式被签署或见证。

注释：关于联邦记录和特定联邦书证，第182条赋予本条更广泛的适

用范围。

第150条　印章和签名

（1）如果印章的印痕在书证上出现，且被宣称是关于如下的印痕：

（a）皇室玉玺；或

（b）澳大利亚国玺；或

（c）联邦的另一个印章；或

（d）州、领地或外国的印章；或

（e）根据联邦、领地或外国法律确立的机构（包括法院或裁判庭）或法人的印章；或

（f）通过州法律确立的法院或裁判庭的印章；

除非有相反证据证明，该印痕被假定是该印章的印痕，且正如它宣称的那样，该书证已被合法地盖章。

（2）除非有相反的证据证明，如果印章的印痕在书证上出现，且被宣称是官员的印章的印痕，以下事项将被推定：

（a）该印痕是该印章的印痕；以及

（b）书证被行使职权的官员正当地盖章；以及

（c）当该书证被盖章时，该官员拥有相关的职位。

（3）如果书证已经被官员在其职权范围内签署，除非有相反的证据证明，以下事项将被推定：

（a）书证是在官员行使职权签署；以及

（b）当该书证被签署时，该官员拥有相关的职位。

（4）在本条：

"官员"是指：

（a）君主；或

（b）总督；或

（c）州长；或

（d）领地的行政长官；或

（e）根据澳大利亚法律或外国法律拥有任何职位的个人。

（5）本条扩展至在本条开始实施前盖章的书证及签署的书证。

注释1：第5条扩展适用于所有澳大利亚法院的程序。

注释2:"澳大利亚法律"的定义见词典。

第151条 在州法下确立的机构的印章

(1) 如果印章的印痕在书证上出现,且宣称是根据大宪章或州的法律确立的机构(法院或裁判庭除外)或法人的印章的印痕,除非有相反证据证明,以下事项将被推定:

(a) 该印痕是该印章的印痕;以及

(b) 书证如其宣称被合适地盖章。

(2) 本条扩展至在本条实施之前盖章的书证。

第152条 从合适的保管场所出示的书证

如果超过20年或宣称已经超过20年的书证是从合适的保管场所出示的,除非有相反证据证明,以下事项将被推定:

(a) 该书证是它宣称的书证;以及

(b) 如果它宣称已经被个人执行或验证——它是被该人正当地执行或验证。

注释:关于联邦记录和特定联邦书证,第182条赋予本条更广泛的适用范围。

第2节 官方记录的事项

第153条 公报和其他政府文件

(1) 除非有相反证据证明,否则宣称如下事项的书证被推定是其宣称的书证,并且是在其宣称的日期内公布:

(a) 是联邦、州、领地或外国的任何政府或官方公报(不管何种名称);或

(b) 已经被政府印务局或州或领地的政府或官方的印务机构印刷;或

(c) 通过政府或联邦、州或领地或外国的行政机构已经被印刷。

(2) 在下列情况下,除非有相反的证据证明,否则应当假定该行为是合法作出的,且如果行为作出的当天出现在复印件或书证中,该行为是在该天被作出的:

(a) 下列复制件或书证被出示给法院:(i) 联邦、州、领地或外国的任何政府或官方公报(不管何种名称)的复印件;或 (ii) 宣称已经被

政府印务局或州或领地的政府或官方的印务机构印刷的书证；或（iii）宣称已经通过政府或联邦、州或领地或外国的行政机构已经被印刷的书证；以及

（b）以下人员的行为在复印件或书证中被通知或公布：（i）总督或州长或领地的行政官员；或（ii）通过澳大利亚法律或外国法律被授权或有权作为的个人。

注释：第5条将本条扩展适用至所有澳大利亚法院的程序中。

第154条 议会等机构公布的文件

宣称已经被澳大利亚议会、澳大利亚议会一院、上述一院的委员会或澳大利亚议会的委员会印刷的书证，除非有相反的证据证明，否则它将被假定：

（a）是它宣称的内容；以及

（b）是它宣称已经被印刷的当天印刷的。

注释2：第5条将本条扩展适用至所有澳大利亚法院的程序中。

第155条 官方记录的证据

（1）联邦记录或州或领地官方记录的证据可以被采用，通过出示如下书证：

（a）宣称是上述记录且将被如下人员签名或盖章：（i）部长，或州或领地的部长，视情况而定；或（ii）可以合理地被假定有保管记录的个人；或

（b）宣称是已经被以下人员验证是真实的复印件或摘要的记录的副本或摘要：（i）部长，或州或领地的部长，视情况而定；或（ii）可以合理地被假定有保管记录的个人；或

（2）如果上述书证被出示，除非能够引发推定疑问的充足证据被提出，否则它将被假定：

（a）该书证是它宣称的记录、复印本或摘要；以及

（b）部长、州或领地的部长或个人：（i）在记录上签名或盖章；或（ii）确认该复印本或摘要是真实的复印本或摘要；

视情况而定。

注释：第5条将本条扩展适用至所有澳大利亚法院的程序中。

第 155A 条　联邦文件的证据

（1）联邦文件的证据，视情况而定，可以出示载明经下列人员验证是真实的联邦文件的副本或摘要的书证，或者是真实的副本或摘要而提出：

（a）部长；或

（b）合理地被假定保管联邦书证的个人。

（2）如果上述书证被出示，除非能够引发推定疑问的充足证据被提出，否则它将被假定：

（a）该书证是联邦书证，或它宣称的联邦书证的副本或摘要；以及

（b）视情况而定，部长或个人验证该书证作为联邦书证或真实的副本或摘要。

注释：第 5 条将本条扩展适用至所有澳大利亚法院的程序中。

第 156 条　公共文件

（1）书证宣称是公共文件的副本、摘要或总结，以及已经：

（a）被合理地假定由保管公共文件的个人或机构的印章盖章；或

（b）由被合理地假定保管公共文件的个人验证是上述的副本、摘要或记录；

除非有相反的证据证明，否则它将被假定是公共文件的副本，或是公共文件的摘要或总结。

（2）如果受托保管公共文件的官员被法院要求出示公共文件，若该官员出示宣称已经被官员签名和确认是真实的公共文件的副本或摘要，则为视为充分满足该要求。

（3）为第（2）款的目的，对副本或摘要的出示已经充分，如果官员通过预付邮资发送，或通过邮件向下列人员发送：

（a）它将出示的法院的合适官员；或

（b）它将被出示的个人。

（4）根据第（2）款，副本或摘要出示的法院可以指示官员出示原始的公共文件。

注释：关于联邦记录，第 182 条赋予本条更广泛的适用范围。

第 157 条　与法院程序相关的公共文件

公共文件的证据是判决、决议书或澳大利亚法院或外国法院的其他文书，或是在澳大利亚法院或外国法院提交的文件，可以通过出示宣称是公共文件的副本的文件以及如下文件被提出：

（a）被证明是通过验证的副本；或

（b）宣称是被该法院的印章盖章；或

（c）宣称是被法官、治安法官、登记官或该法院其他合适的官员签名。

注释：第 5 条将本条扩展适用至所有澳大利亚法院的程序中。

第 158 条　特定公共文件的证据

（1）如果：

（a）州或领地的公共文件或公共文件的被认证的副本可以根据该州或领地的法律为某一特定目的在州或领地采纳；以及

（b）通过该州或领地的法律的指示，它宣称被盖章、签署、盖章或仅经签署；

在下列情况下，为上述目的，在所有法院它可采纳为证据：

（c）无须证明如下事项：（i）盖章或签名；或（ii）显示已经签署的官方性质的个人；以及

（d）在原始书证可被接受为证据的任一案件中无须进一步证明。

（2）为任何目的，根据该州或领地的法律在该州或领地可采为证据，且不需要证明如下事项的州或领地的公共文件：

（a）验证文件的盖章或签名；或

（b）显示已经签署书证的司法或官方性质的个人；

可以作为证据采纳以及在所有法院中为任何目的不需要这样的证明。

（3）本条仅适用于州或领地公共记录的文件。

注释：第 5 条将本条扩展适用至所有澳大利亚法院的程序中。

第 159 条　官方统计数据

如果书证宣称如下事项，则其是上述数据或摘要被澳大利亚统计局根据该法律合成和分析的证据：

（a）被澳大利亚统计局公布；以及

(b) 包含根据《普查及统计法（1905）》被澳大利亚统计局合成和分析的数据和摘要；

注释：第 5 条将本条扩展适用至所有澳大利亚法院的程序中。

第 3 节 与邮政和通信相关的事项

第 160 条 邮递物品

（1）它被假定（除非能够引发推定疑问的充足证据被提出），通过预付邮资向个人发送的邮政物品，在澳大利亚或一个外部州的特定地址，在被邮寄之后的第 7 个工作日由该地址收到。

（2）本条不适用，如果：

(a) 该程序与合同相关；以及

(b) 所有程序的当事方是合同的当事方；以及

(c) 第（1）款与合同的条款不一致。

（3）在本条：

"工作日"是指除以下日期的日期：

(a) 周六或周日；或

(b) 在邮递物品被寄到的地方的公共假期或银行假日。

注释：关于联邦机构发送的邮政物品，第 182 条赋予本条更广泛的适用范围。

第 161 条 电子通信

（1）如果一个书证宣称包括除第 162 条规定外的电子通信的记录，它被假定（除非能够引发推定疑问的充足证据被提出），该通信：

(a) 已经通过电子通信的形式被发送或作出，以书证中显示的它已经被发送或作出的形式；以及

(b) 已经通过书证显示的已经发送或作出的人或者其代表被发送或作出；以及

(c) 已经通过书证显示的已经被发送或作出的日期、时间和地点被发送或作出；以及

(d) 已经通过书证显示的被发送的终点站被收到；以及

(e) 如果从书证中显示，通信的发送在特定的时间完成——在该时间该地点被接收。

(2) 第（1）款的条文不适用，如果：

(a) 该程序与合同相关；以及

(b) 所有程序的当事方是合同的当事方；以及

(c) 条款与合同的条文不一致。

注释：关于联邦记录，第182条赋予本条更广泛的适用范围。

第162条　信件和电报

(1) 如果一个书证宣称包含通过信件或电报形式发送的消息的记录，它被假定（除非能够引发推定疑问的充足证据被提出），在信息被发送至邮政局要求作为邮件或电报发送的24小时之后，信息被它所发送至的个人接收。

(2) 本条不适用，如果：

(a) 该程序与合同相关；以及

(b) 所有程序的当事方是合同的当事方；以及

(c) 第（1）款与合同的条文不一致。

注释：关于联邦记录，第182条赋予本条更广泛的适用范围。

第163条　联邦机构已经发送的信件证据

(1) 联邦机构发送给个人的有特定地址的信件被假定（除非能够引发推定疑问的充足证据被提出）已经通过预付邮资在附加于信件上或者以其他方式载明的信件作出日期（如果有）之后的第5个工作日发送至该地址。

(2) 在本条：

"工作日"是指不是如下日期的日期：

(a) 周六或周日；或

(b) 信件作出地方的公共假日或银行假日。

"信件"是指被发送至特定的个人或地址的各种形式的书面交流，且包括：

(a) 在《澳大利亚邮政金融法（1989）》含义内的任何标准的邮政物品；以及

(b) 包含上述通信的任何信封、小包、包裹、容器或包装纸；以及

(c) 任何发送给特定的个人或地址的开放的书面通信。

注释：第 5 条将本条扩展适用至所有澳大利亚法院的程序中。

第 4.4 部分　补强

第 164 条　废除补强的要求

（1）一方当事人依赖的证据进行补强不是必需的。

（2）第（1）款不影响要求对伪证或类似或相关的罪行补强的法律条文的启动。

（3）不管法律或实践的任何规则有另外规定，但是根据本法的其他条款，如果有陪审团，则法官的下列行为并非必须：

（a）警告陪审团根据未补强的证据行为是危险的，或提供达到相同或类似的效果的警告；或

（b）关于补强的缺席提供指示。

第 4.5 部分　警告和告知

第 165 条　不可信的证据

（1）本条适用于可能不可信的证据，包括以下种类的证据：

（a）与第 3.2 部分（传闻）或第 3.4 部分（自白）适用有关的证据；

（b）辨认证据；

（c）可能被年龄、不良健康（不管身体或精神）、受伤或类似事项影响可信性的证据；

（d）在刑事程序中，可能合理地被假定与已经在产生程序的事件有刑事关联的证人提供的证据；

（e）在刑事程序中被作为狱侦耳目的证人提供的证据；

（f）调查人员对被告人口头询问形成的书面询问记录尚未由被告人签署，或还没有以其他方式由被告人书面承认；

（g）针对死者的财产的程序中——在程序中寻求救济的个人或其代表提出，如果其还活着，死者可以给出证据的事项的证据。

（2）如果有陪审团，且一方当事人如此要求，法官将：

（a）警告陪审团证据可能不可信；以及

（b）告知陪审团可能导致它不可信的事项；以及

（c）警告陪审团在裁定是否采纳证据以及赋予其证明力时，需要注意的事项。

（3）法官不需要遵从第（2）款，如果有合理的不如此作为的理由。

（4）在提供警告或信息时，不需要使用特定形式的语言。

（5）本条不影响法官任何其他的警告或告知陪审团的权力。

（6）第（2）款不允许法官在儿童作证的程序中警告或告知陪审团，儿童证据的可信性受儿童的年龄影响。上述警告或信息仅能根据第165A条第（2）款和第（3）款被给予。

第165A条　与儿童证言相关的警告

（1）法官在任何儿童在陪审团之前给出证据的程序中，严禁做以下的任何事：

（a）警告陪审团，或建议陪审团，儿童作为群体是不可信的证人；

（b）警告陪审团，或建议陪审团，儿童作为群体的证据是内在地更不可靠或不可信，或与成人的证据相比，需要更多仔细的审查；

（c）给陪审团警告或建议，关于特定儿童的证据的不可信仅仅根据儿童的年龄；

（d）在刑事程序中，给陪审团一般关于根据儿童的证人的未补强证据定罪的危险的警告。

（2）第（1）款并不阻止法官，根据一方当事人的请求：

（a）告知陪审团特定儿童的证据可能不可信，以及它不可信的理由；以及

（b）警告或告知陪审团，在裁定是否采纳特定儿童的证据时以及确定其证明力时需要注意的事项；

如果一方当事人已经使法院确信，有针对儿童的特殊情况（而不是仅仅儿童的年龄）影响儿童证据的可信性且授权提供警告或信息。

（3）本条并不影响法官的任何其他提供陪审团警告或告知陪审团的权力。

第165B条　指控中的延误

（1）本条适用于有陪审团的刑事程序。

（2）如果法院根据被告人的申请，确信被告人因为延误的结果已经

遭受严重的法证劣势，法院必须告知陪审团劣势的性质，以及在考虑证据时，将劣势考虑在内的需要。

（3）如果有很好的理由不如此作为，法官不需要与第（2）款保持一致。

（4）不需要使用特定形式的文字告知陪审团遭受的严重的法证劣势的性质，以及将劣势考虑的需要，但是严禁法官以任何方式向陪审团建议，仅仅因为延误或延误的结果遭受的法证劣势，将被告人定罪是危险的或不安全的。

（5）除非与本条一致，法官严禁警告或告知陪审团关于因为延误被告人可能已经遭受的任何法证劣势，但是本条并不影响法官的任何其他给陪审团警告或告知的权力。

（6）为本条的目的：

（a）延误包括宣称的罪行以及它被报道之间的延误；以及

（b）严重的法证劣势不被视为仅因延误的存在而确立。

第4.6部分　附加条款

第1节　出示书证或通知证人的请求

注释：关于联邦记录和特定的联邦书证，第182条赋予本条更广泛的适用范围。

第166条　请求的定义

在本节：

"请求"是指一方当事人（请求方）向另一方当事人作出以下或更多事情的请求：

（a）向请求方出示特定的书证或物证的整体或部分；

（b）允许请求方充分地以及以合适的方式，检查、测试或复制特定的书证或物证的全部或整体；

（c）传唤特定的被认为与特定的书证或物证的出示或保存相关的人作为证人；

（d）传唤特定的在任何时候被认为有，或已经拥有或控制特定的书证或物证的人作为证人；

(e) 有（b）项或（c）项规定的种类的书证与在词典中的"书证"的定义有关——允许请求方充分地且以合适的方式，检验和测试书证及其被出示和被保存的方式。

（f）关于先前表述的证据——传唤作出先前表述的个人作为证人；

（g）第92条第（2）款适用的个人已经被定罪的证据——传唤在程序中给出该人被定罪证据的个人作为证人。

第167条 关于特定事项的请求可以被提出

一方当事人可以向另一方当事人提出合理的请求，为裁定与如下事项有关问题的目的：

（a）先前的表述；或

（b）个人被定罪的证据；或

（c）书证或物证的鉴真、身份或可采性。

第168条 提出特定请求的时间限制

（1）如果一方当事人已经给另一方当事人书面的其意图举出先前表述的通知，另一方当事人可以仅向该方当事人提出有关表述的请求，如果该请求是在该通知被给出之后的21天内提出。

（2）尽管存在第（1）款的规定，在21日的期限结束之后，如果确信有很好的理由，法院可以提供另一方当事人许可去提出有关表述的请求。

（3）如果一方当事人已经给另一方当事人书面的其意图举出个人的定罪证据的通知以证明有争议的事实，另一方当事人可以仅向该方当事人请求有关被定罪的证据，如果该请求是在该通知被提供之后的21日内作出。

（4）尽管存在第（3）款的规定，在21天的期限结束之后，如果确信有很好的理由，法院可以提供另一方当事人许可提出有关定罪证据的请求。

（5）如果一方当事人已经向另一方当事人提供了其意图举证的书证的副本，另一方当事人可以仅提出有关书证的请求，如果该请求是在副本的送达之后的21日内提出的。

（6）如果根据第（5）款被提供的书证的副本是伴有或签注表述该书

证将被举出用于证明另一份书证的内容的通知，另一方当事人可以仅仅提出有关另一份书证的请求，如果该请求在副本送达后的 21 日内作出。

（7）尽管存在第（5）款和第（6）款的规定，在 21 日的期间结束后，如果确信有很好的理由，法院可以提供另一方当事人许可提出有关该书证或其他书证的请求。

第 169 条　无法或拒绝遵守请求

（1）如果一方当事人没有合理的理由，已经无法或拒绝与请求一致，法院可以根据申请，签发如下一个或多个命令：

（a）指示一方当事人遵守要求的命令；

（b）根据第 166 条，要求一方当事人出示特定的书证或物证，或传唤特定的个人作为证人的命令；

（c）请求签发作出的证据不被采纳为证据的命令；

（d）有关正当的休庭或费用的命令。

（2）如果一方当事人已经在收到请求之后的合适时间内通知其他当事人其拒绝接受该请求，任何根据第（1）款其他当事人提出的申请必须在被以上述方式告知后的合理时间内被提出。

（3）法院可以根据申请，指示根据其签发请求的证据不被采纳为证据，如果它与根据第（1）款（a）项、（b）项签发的命令不一致。

（4）不限于可能构成一方当事人无法与请求一致的合理理由的情况，下述是无法与请求保持一致的合理理由，如果：

（a）将被出示的书证或物证对一方当事人不可得；或

（b）在书证即将被提出的程序中书证的存在和内容没有争议；或

（c）将被传唤为证人的个人不到庭。

（5）不限于法院可以考虑到的根据第（1）款行使权力的事项，它将考虑如下事项：

（a）与签发的请求有关的证据在程序中的重要性；以及

（b）是否有可能有与证据相关的事项的争端；以及

（c）是否有关于寻求被证明的证据的真实性或准确性，或寻求被证明的书证的内容的合理怀疑；以及

（d）是否有关于寻求被提出的书证或物证的真实性的合理怀疑；

以及

（e）如果该请求与先前表述的证据相关——是否有关于该表述或它依据的证据的正确性的合理怀疑；以及

（f）在第166条中"请求"的定义是（g）项规定的请求的情况下，另一个人能否出庭给出关于定罪或获得定罪的程序中有争议的事实证据；以及

（g）遵循请求是否会引起不合适的费用或延误或不合理的操作；以及

（h）该程序的性质。

注释：词典第2部分第5条规定了书证和物证不可获得，词典第2部分第4条规定了人员不到庭。

第2节 通过宣誓或书面陈述的特定事项的证据

注释：关于联邦记录和特定的联邦书证，第182条赋予本条更广泛的适用范围。

第170条 与特定事项相关的证据

（1）因表格中提及的本法条文，与书证或物证相关的事实证据可以由根据第171条被允许举证的个人提供。

法律条文	主题事项
第48条	书证内容的证明
第63条、第64条和第65条	第一手传闻的传闻例外
第69条	业务记录导致的传闻例外
第70条	因标签、商标以及其他文字导致的传闻例外
第71条	因通信导致的传闻例外
第4.3部分的条文	证明简化
第182条	联邦记录

（2）证据可以通过宣誓令被提供，或如果证据与公共文件相关，通过书面陈述被提供。

第171条 可以给出上述证据的个人

（1）上述证据可以由下列人员提供：

（a）在相关的时间或之后，处于负责制作或保存书证或物证地位的个人；或

（b）除了因第 63 条、第 64 条和第 65 条，与书证或物证有关的事实证据将被证明的情形——被授权的个人。

（2）尽管存在第（1）款（b）项的规定，根据本条，证据严禁由在相关的时间或之后，制作或保存书证或物证时没有处于负责地位的被授权个人提出，除非在法院看来：

（a）处于负责制作或保存书证或物证地位的个人在相关的时间或之后提供证据是不切实际的；或

（b）已考虑到案件的所有情况，通过传唤上述个人作为证人将会产生不合适的费用。

（3）在本条中：

"被授权的个人"是指：

（a）如果证据在澳大利亚之外的地方被提供：（i）在《领事费用法（1955）》的含义内，在该地行使其职责的澳大利亚外交官，或澳大利亚领事官员；或（ii）根据《领事费用法（1955）》第 3 款（c）项被授权，在该地行使其职责的联邦雇员；或（iii）根据《领事费用法（1955）》第 3 款（d）项被授权，在该地行使其职责的澳大利亚贸易委员会的雇员；或

（b）澳大利亚联邦警察雇员（在《澳大利亚联邦警察法（1979）》含义内）；或

（c）澳大利亚联邦警察的特定成员（在《澳大利亚联邦警察法（1979）》含义内）；或

（d）为本条目的，由首席检察官授权的个人。

第 172 条 根据知识、信念或信息的证据

（1）尽管存在第三章的规定，证据可能包括根据提供证据的个人所拥有的知识、信念或信息。

（2）包含根据知识、信息或信念的证据的宣誓书或陈述，必须规定知识或信息的来源或信念的基础。

第173条 其他当事人的通知

(1) 宣誓书或陈述的副本必须在审理程序前的合理时间内,提供给每一方当事人。

(2) 如果另一方当事人提出要求,提出宣誓书或陈述的一方当事人必须传唤作出陈述的证人或个人举证,但不需要采取其他方式这样做。

第3节 外国法

第174条 外国法的证据

(1) 外国或州的制定法、公告、条约或法律的证据可以在程序中被举出,通过出示:

(a) 包含被宣称已经由政府或国家的官方印务局或政府或国家的行政机关印刷的州的制定法、公告、条约或法律的书籍或册子;或

(b) 包含在法院看来是合理的信息来源的州的制定法、公告、条约或法律的书籍或其他出版物;或

(c) 该国法院用于了解或证明州的制定法、公告、条约或法律的书籍或册子;或

(d) 证明是经过核对的州的制定法、公告、条约或法律的副本。

(2) 本条对外国制定法的规定包括对该国条例或法规的规定。

第175条 外国判例汇编的证据

(1) 外国的不成文或普通法的证据可以被举出,通过出示包含该国法院的判决汇编的书籍,如果该书籍是或将会被该国法院使用以告知法院关于该国不成文法或普通法。

(2) 外国成文法阐释的证据可以被举出,通过出示包含该国法院的判决汇编的书籍,如果该书籍是或将会被该国法院使用以告知法院关于成文法的阐述。

第176条 待法官决定的外国法的疑问

如果在有陪审团的程序中,确定另一个国家的法律适用于案件的事实将是必要的,被提出的关于该法律证据效力的任何问题,仅由法官决定。

第4节 证明其他事项的程序

第177条 专家证据的证明书

(1) 个人意见的证据可以被提出,通过出示由个人签名的证明书

(专家证明书)：

  (a) 陈述该人的姓名和地址；以及

  (b) 陈述该人根据其训练、学习或经历有特定的在证明中规定的知识；以及

  (c) 阐述该人持有的观点以其全部或实质性地基于上述知识被陈述。

  (2) 第（1）款不适用，除非寻求提交专家证明的一方当事人已经给每一方当事人提供：

  (a) 该证明的复印件；以及

  (b) 陈述一方当事人计划举出证明书作为意见证据的书面的通知。

  (3) 送达必须在如下日期前完成：

  (a) 在审理开始前的 21 日；或

  (b) 如果根据一方当事人在送达之前或之后的申请，法院重新指定不同期间——则该期间的起始之日。

  (4) 为第（2）款目的的送达可由宣誓书证明。

  (5) 第（2）款中规定的被提供书证的一方当事人，可以通过提供给当事人意图提供专家证明书的书面通知，要求该方当事人传唤签署证明书的个人举证。

  (6) 如果上述要求被提出，专家证明书不可作为证据采纳。

  (7) 当事人没有合理的理由，要求一方当事人传唤个人根据本条举证，法院可以签发上述它认为正当的针对一方当事人的费用命令。

第 178 条　定罪、宣告无罪和其他司法程序

  (1) 本条适用于以下事实：

  (a) 审理被指控犯罪之人的可适用法院作出的定罪或者无罪释放；

  (b) 可适用法院作出的对个人任何处罚的量刑或罚金刑；

  (c) 可适用法院的命令；

  (d) 在可适用法院的民事或刑事程序前任何时间的未决或存在。

  (2) 本条适用的事实证据可以被举出，通过法官、治安法官、登记官或其他可适用的法院的合适官员签字：

  (a) 显示有疑问的记录、指控、定罪、宣告无罪、量刑、命令或程序事实，或宣称包含上述事项的细节；以及

（b）陈述定罪、宣告无罪、量刑、命令或程序的时间和地点；以及

（c）陈述可适用法院的名称。

（3）在本条被给出的说明定罪、宣告无罪、量刑或命令的证明书，如果在证明书中表述，同时也是关于定罪、宣告无罪、量刑或命令已经通过或作出的特定罪行或事项的证据。

（4）在本条被给出的显示程序的未决或存在的证明书，如果在证明书中陈述，也是程序的特定性质和情况，或依据和原因的证据。

（5）在本条被给出的宣称包括记录、指控、定罪、宣告无罪、量刑、命令或程序的特定细节的证明书，也是在证明书中陈述的事实证据。

（6）在本条中：

"宣告无罪"包括可适用法院对有疑问定罪的撤销。

"可适用法院"是指澳大利亚法院或外国法院。

注释：第91条排除了特定的判决和定罪证据。

第179条 定罪者的身份证明——州或领地警察机构成员的宣誓书

（1）本条适用，如果州或领地的警察机构的成员：

（a）为本条的目的，用条例中规定的形式作出宣誓书；以及

（b）在宣誓书中陈述其是该警察机构的指纹专家。

（2）为在法庭前证明宣称已在该州或领地被定罪的个人身份的目的，宣誓书是程序中的证据，证明在宣誓书中提及的指纹卡显示指纹，且被标记鉴定的个人：

（a）是在定罪证明书中，或附属于宣誓书中的定罪证明的副本中提及的已被定罪的个人；以及

（b）已被定该罪；以及

（c）已被定任何其他其在宣誓书中陈述的已被定罪的罪行。

（3）为本条目的，如果领地没有自己的警察机构，执行州警察职能的警察机构被视为州的警察机构。

第180条 定罪者的身份证明——澳大利亚联邦警察机构的雇员或特定成员的宣誓

（1）本条适用，如果澳大利亚联邦警察雇员（在《澳大利亚联邦警察法（1979）》的含义内）或澳大利亚联邦警察的特定成员（在该法律

的含义内）：

（a）为本条目的，以条例规定的形式作出了宣誓书；以及

（b）在宣誓书中表述其是该警察机构的指纹专家。

（2）为在法庭前证明宣称已在该州或领地被定罪的个人身份的目的，宣誓书是程序中的证据，证明在宣誓书中提及的指纹卡显示指纹，且被标记鉴定的个人：

（a）是在定罪证明书中，或附属于宣誓书中的定罪证明的副本中提及的已被定罪的个人；以及

（b）已被定该罪；以及

（c）已被定任何其他其在宣誓书中陈述的已被定罪的罪行。

第181条　送达法定告知、通知、命令和指示的证据

（1）根据澳大利亚法律，送达、送交或发送书面的告知、通知、命令或指示可以被送达、送交或发送它的个人的宣誓书证明。

（2）为程序目的，作出本条中规定的宣誓书的个人，因为作出宣誓书，不会免于出庭接受交叉询问，如果被程序的一方当事人要求这样做。

第五章　其他事项

第182条　与联邦记录、联邦机构发送的邮递物品以及特定的联邦书证相关的特定条文的适用

（1）根据本条，在下列表格中规定的本法条文适用于如下文件：

（a）是联邦记录，或组成联邦记录的部分；或者

（b）当其被出示时是联邦记录或组成联邦记录部分；

上述条文的适用范围见第5条的规定。

法律条文	争议事项
第47条、第48条、第49条和第51条	书证证据
第69条	传闻例外：商业记录
第70条第（1）款	传闻例外：标签、商标以及其他文字
第71条	传闻例外：电子通信

续表

法律条文	争议事项
第 147 条	在业务活动中,由工序、机器等产生的文件
第 149 条	书证证明
第 152 条	合适的保管处出示的书证
第 156 条	公共文件
第 161 条和第 162 条	电子通信、信件和电报
第 4.6 部分第 1 节	要求出示证据或传唤证人
第 4.6 部分第 2 节	通过宣誓书或书面陈述的特定事项的证明
第 183 条	关于书证等的推断

（2）为第（1）款的目的，第69条、第70条第（1）款和第71条适用于非联邦法院中的程序，如同在上述条文对传闻证据的规定是对限制传闻证据的可采性或使用的法律的条文的规定。

（3）第（1）款适用于适用于第70条第（1）款，仅限于可以合理地被认为在词典中"联邦记录"的定义中规定的机构、个人或组织参与的活动中被放置于物品上的标签或商标。

（4）为第（1）款的目的，与第70条第（1）款的适用相关：

（a）在第（1）款中对书证的规定包括对放置于物体上的文字的规定；以及

（b）在第（3）款中对附属于物品的标签或商标的规定，包括对放置于物体上的文字的规定。

（4A）第160条适用于有关被联邦机构邮寄的邮资物品，上述条文的适用范围见第5条的规定。

（4B）第47条、第48条、第49条、第51条、第147条、第149条和第152条，第4.6部分第1节、第2节以及第183条适用于如下有关的联邦文件：

（a）由联邦实体拥有；或

（b）已被毁坏，但在其毁坏前不久，由联邦实体或由联邦实体提供要求毁坏的另一个人所有；

本条或本节的适用范围见第5条的规定。

（5）本条并不克减州或领地使本条规定的证明事项能够提出的法律的运作。

注释：第5条将本规定扩展适用于所有澳大利亚法院的程序。

第183条 推论

如果本法与书证或物证相关条文的实施问题被提出，法院可以：

(a) 检验书证或物证；以及

(b) 从其他任何可以合理地获取推论的事项中获取任何可能的推论。

注释：关于联邦记录和特定的联邦书证第182条使本条有更广泛的适用范围。

第184条 被指控者可能承认事项和提供同意

（1）在刑事程序中或之前，被告人可以像民事程序中的一方当事人作出或提供：

(a) 承认事实的事项；以及

(b) 提供任何的同意；

（2）被告人的自白或同意对第（1）款的目的是无效的，除非：

(a) 被告人已为其澳大利亚法律执业者或法律顾问建议如此作为；或

(b) 法院确信被告人理解作出自白或提供同意的后果。

第185条 对经适当验真的书证的信赖

被证明或验证与本法一致的所有州或领地的公法法令、记录以及司法程序将会在澳大利亚的每个法院，以及每一个公共机构被给予他们通过法律或在该州或领地的法院和公共机构中的使用享有的信赖。

第186条 在治安法官、公证人和律师面前，就宣誓书进行宣誓

（1）在如下情况使用的宣誓书：

(a) 涉及联邦司法管辖权的行使的澳大利亚法院（领地法院除外）的程序中；或

(b) 涉及由议会法律授予的管辖权的州法院的程序中；

可以在任何治安法官、公证人或澳大利亚律师之前被宣誓，且无须签发宣誓书的任何委托。

（2）在本条：

"程序"包括以下程序：

（a）与保释有关的程序；或

（b）诉讼中间程序或相似种类的程序；或

（c）在专门办公室被审理的程序；或

（d）与量刑相关的程序。

第187条　废除法人的反对被迫自我归罪特免权

（1）本条适用，如果根据联邦法或联邦法院的程序，法人被要求：

（a）回答问题或给出信息；或

（b）出示书证或任何其他物证；或

（c）作出任何其他行为。

（2）法人无权以回答问题、给出信息、出示书证或其他物证或做其他行为（视情况而定）可能倾向于使法人自我归责或使得法人有可能受处罚拒绝或不遵守上述要求。

第188条　扣留书证

法院可以指示扣管已经在法院（不管它是否被采纳为证据）提交或出示的书证，由法院官员或另一个人扣留和保留特定时间，并遵守法院认为合适的条件。

第189条　预先审核

（1）如果对以下问题的裁定：

（a）证据应当被采纳（不管是否行使裁量权）；或

（b）证据可以被适用于针对个人；或

（c）证人有作证能力或强制作证；

依赖于法院关于特定事实存在的裁决，为本条的目的，事实是否存在的问题，是预备性问题。

（2）如果有陪审团，关于如下事项的预备性问题将会在陪审团缺席时被审理和裁定：

（a）特定证据是自白的证据，或第138条适用的证据；或

（b）自白的证据，或第138条适用的证据应当被采纳。

（3）在审理关于在刑事程序中，被告人的自白是否被采纳为证据（不管是否行使裁量权）的预备性问题时，自白的真实或不真实的争议将

不会被考虑,除非该争议由被告人提及。

(4) 如果有陪审团,陪审团将不会在场决定任何其他预备性问题,除非法院如此命令。

(5) 法院在决定是否签发上述命令时,其考虑的事项包括但不限于:

(a) 在审理中被举出的证据是否很有可能对被告人有偏见;以及

(b) 相关的证据是否会在审理过程中被举出以决定预备性问题;以及

(c) 如果在审理的另一阶段被举出(另一个决定预备性问题的审理,或在刑事程序中与量刑有关的审理除外),在审理过程中被举出的证据是否会被采纳。

(6) 第128条第(10)款不适用于决定预备性问题的审理。

(7) 在实施第三章的裁定预备性问题的审理中,有争议的事实被认为包括审理相关的事实。

(8) 如果程序中的陪审团在裁定预备性问题的审理中不在场,证据将不会在审理证人举证的程序被举出,除非:

(a) 它与被告人在程序中举出的其他证据不一致;或

(b) 证人已经死亡。

第190条 证据规则的放弃

(1) 如果当事人同意,法院可以通过命令,对特定证据或从整体上,免除如下一个或多个条文的适用:

(a) 第2.1部分第3节、第4节或第5节;或

(b) 第2.2部分或第2.3部分;或

(c) 第3.2部分至第3.8部分。

注释:与儿童有关的程序中的证据相关事项由该法处理(在《家事法(1975)》第69ZM条的含义内)。

(2) 在刑事程序中,为第(1)款的目的,被告人的同意无效,除非:

(a) 被告人已为其澳大利亚法律执业者或法律顾问建议如此作为;或

(b) 法院确信被告人理解提供同意的结果。

（3）在民事程序中，法院可以命令在第（1）款提到的一个或多个条文不适用于有关的证据，如果：

（a）证据相关的事项不是实质有争议的；或者

（b）上述条文的实施将会引起或包含不必要的费用或延误。

（4）法院在决定是否行使第（3）款授予的权力时，其考虑的事项包括但不限于：

（a）该程序中证据的重要性；以及

（b）诉因或抗辩的性质以及程序中的争议事项的性质；以及

（c）该证据的证明价值；以及

（d）法院中止审理、作出另一个命令或给出有关证据的另一个指示的权力（如果有）。

第191条　关于事实的协议

（1）在本条：

"协议的事实"是指在程序中的当事人已经同意的，为该程序的目的将不被争议的事实。

（2）在程序中：

（a）证据不需要去证明协议的事实的存在；以及

（b）证据不得被提出以反驳或限定协议的事实；

除非法院许可。

（3）第（2）款不适用，除非协议的事实：

（a）在书面的协定中被表述，该协议被当事人或澳大利亚法律执业者、法律顾问或代表当事人的检察官签署以及在程序中被作为证据提出；或

（b）在法院的许可下，根据所有其他当事人的同意，在法院被一方当事人陈述。

第192条　按照条件作出许可、允许或指示

（1）如果因为本法，法院可以提供任何许可、允许或指示，该许可、允许或指示可以以法院认为合适的方式被提供。

（2）法院在决定是否提供许可、允许或指示时，其考虑的事项包括但不限于：

（a）这样做有可能对庭审不公平或缩短庭审长度的程度；以及

（b）这样做将会对当事人或证据不公平的程度；以及

（c）许可、允许或指示寻求的证据的重要性；以及

（d）该程序的性质；以及

（e）法院中止审理或作出另一个命令或提供与证据相关的指示的权力（如果有）。

第192A条 预先裁定和裁决

在任何程序中产生的问题，是关于如下事项的问题：

（a）被计划举出的证据的可采性或用处；或

（b）本法或与计划提出的证据相关的另一法律的操作；或

（c）根据第192条提供许可、允许或指示；

如果法院认为这样做合适，它可以在证据在程序中被举出之前，给出与问题相关的事实裁决或作出裁定。

第193条 额外权力

（1）与下列事项相关的法院权力，扩展至使得法院能够签发法院认为合适的有关命令（包括关于检查的方法、中止和费用的命令）以确保程序中的当事人能够充分以及以合适的方式，检查词典"书证"定义中的（b）、（c）两项中提及的书证种类：

（a）书证的证据开示或查阅；以及

（b）命令披露和交换证据、意图使用的证据、书证和报告；

（2）制定法院规则的个人或机构的权力扩展到制定与本法或规定不一致的规则，规定如下事项：

（a）本法需要或允许规定；或

（b）为实施本法或使本法生效有必要或为便利规定。

（3）不限于第（2）款，根据该条文制定的规则可以规定计划在程序中被一方当事人传唤以举证的个人意图使用的证据、书证和报告的开示、交换、检查或披露。

（4）在不限制第（2）款的前提下，如果规则未被遵守，根据该款制定的规则可以规定证据的排除，或在特定条件下的采纳。

第195条　被禁止的问题不得公布

(1) 没有法院的明示许可，个人严禁印刷或公布：

(a) 法院根据第141条已经不允许的任何问题；或

(b) 因为任何可能对提供问题的答案将与可信性规则相冲突，任何法院已经不允许的问题；或

(c) 任何有关法院根据第3.7部分已经拒绝提供许可的问题。

处罚：60罚金单位。

(2) 第(1)款是严格责任的罪行。

注释：关于"严格责任"，见《刑法典》第6.1条。

第197条　条例

总督可以作出与这个法律不一致的条例，规定如下事项：

(a) 本法要求或允许规定；或

(b) 为实施或使本法生效有必要或使之便利。

附录　宣誓和郑重声明

第21条第(4)款和第22条第(2)款

证人的宣誓

我（或宣誓的个人可以承诺）通过伟大的上帝（或此人可以命名一个被其宗教认可的上帝）宣誓，我将提供的证据是事实，全部是事实以及除了事实之外没有其他。

翻译人员的宣誓

我（或宣誓的个人可以承诺）通过伟大的上帝（或此人可以命名一个被其宗教认可的上帝）宣誓，我将很好地以及真实地翻译即将被提供的证据，以及根据我最大的能力，做所有其他在这个案件中需要我做的事项和事件。

证人的郑重声明

我庄严地以及真诚地声明和确认，我将给出的证据是事实，全部是真实以及除了事实之外没有其他。

翻译者的郑重声明

我庄严地以及真诚地声明和确认，我将很好地以及真实地翻译即将被提供的证据，以及根据我最大的能力，做所有其他在这个案件中需要我做的事项和事件。

词典

第 3 条

第 1 部分——定义

自白是指关于如下事项的先前表述：

（a）由程序的一方当事人作出（包括刑事诉讼中的被告）；以及

（b）与该人在程序结果中的利益相反。

主张的事实在第 59 条被定义。

共同被告人，与刑事程序中的被告人有关，是指针对其的指控已经被确立，但还没有完成或终结的个人：

（a）产生的罪行是与被告人正被指控发生的罪行相同的事件；或

（b）与被告人被指控的罪行相关或有联系。

澳大利亚包括外部领地。

澳大利亚法院是指：

（a）高级法院；或

（b）行使联邦司法管辖权的法院；或

（c）州或领地的法院；或

（d）在澳大利亚法律下的法官、司法官或仲裁者；或

（e）由澳大利亚法律授权，或由当事人同意审理、接收以及检验证据的个人或机构；或

（f）根据澳大利亚法律被要求适用证据法的行使职权的个人或机构。

澳大利亚法律是指联邦、州或领地法。

注释：法律的含义，见"词典"第 2 部分第 9 条。

澳大利亚律师是指由州或领地的最高法院，根据州或领地在条文中特定的法律，允许进入法律职业的个人。

澳大利亚法律执业者是指根据州或领地在规则中特定的法律，拥有职业证书的澳大利亚律师。

澳大利亚或海外程序是指在澳大利亚法院或外国法院的程序（不管如何描述）。

澳大利亚议会是指州议会或领地的立法机关。

澳大利亚执业证书是指根据州或领地的法律条文被授予的执业证书。

澳大利亚注册外国律师是指根据州或领地的法律条文被注册为外国律师的个人。

澳大利亚统计员是指在《澳大利亚统计局法（1975）》第5条第（2）款规定的澳大利亚统计员，且包括任何有根据《普查及统计法（1905）》第12条已由澳大利亚统计员授予权力的个人。

业务在"词典"第2部分第1条中被界定。

当事人的案件是指关于当事人承担法律举证责任的有争议的事实。

儿童是指任何年龄的儿童，以及包括"词典"第2部分第10条第（1）款给出的含义。

民事处罚在"词典"第2部分第3条中被界定。

民事程序是指不是刑事程序的程序。

委托人在第117条被界定。

巧合证据是指在第98条第（1）款规定的一方当事人寻求为该款规定的目的而提出的证据的种类。

巧合规则含义见第98条第（1）款。

联邦机构是指：

（a）在《公共服务法（1999）》含义内的机构；或

（b）议会的一院；或

（c）根据或因为宪法或联邦法拥有职位，或行使职权的个人或机构；或

（d）不管合并或未合并，因公共目的确立的机构或组织：（i）根据联邦或领地的法律（澳大利亚首都辖区，北部领地或诺福克岛除外）；或（ii）总督；或（iii）部长。

联邦文件是指：

(a) 与联邦法一致或与金钱条款或联邦提供的其他任何利益或联邦的任何好处有关，由联邦机构归档或提交或提供或发送（包括通过电子传递方式发送）给联邦机构的表格、申请、主张、送达回证，或任何类似文件；以及

(b) 任何下列文件：(i) 轮船或飞机的乘客或工作人员，根据《海关法（1901）》第64ACA条或第64ACB条的规定，已经向管理《海关法（1901）》第12部分的部长管理的部门传送的报告；(ia) 与轮船或飞机上的乘客或工作人员相关，根据该法第2部分第12B条，已经向《管理移民法（1958）》的部长管理的部门传送的报告；(ii) 根据《海关条例》第46条第（3）款发送给官员的轮船抵港货物调整报告；(iii) 根据《海关法（1901）》或《货物税法（1901）》制定的与货物有关的目录；(iv) 根据《海关条例》第41条向收税员提供征的表格或陈述；(v) 根据《移民条例》第3.01条第（3）款的规定提供官员的乘客卡；(vi) 在《臭氧保护和综合温室气体管理法（1989）》第46条规定的，已经根据该条文向管理该法的部长提供的报告；(vii) 任何其他为本款的目的由条例规定的书证。

联邦实体是指：

(a)《公共服务法（1999）》含义内的机构；或

(b) 议会，议会的一院，议会的一院的委员会或议会的委员会；或

(c) 根据或因为宪法或联邦法拥有职位，或行使权力的个人或机构（立法机构除外）；或

(d) 不管是否合并，因公共目的确立的实体或机构（立法机构除外）：(i) 根据联邦或领地的法律（澳大利亚首都辖区，北部领地或诺福克岛除外）；或 (ii) 总督；或 (iii) 部长；或

(e) 任何其他联邦拥有的法人的机构或组织。

联邦拥有的法人是指当联邦是法人时，为《公司法（2001）》的目的具有如下情况的法人：

(a) 联邦完全拥有的子公司；或

(b) 根据本定义，因为（a）项的实施，另一个法人完全拥有的子公

司是联邦拥有的法人（包括该款的适用以及本款的另一个适用或其他适用）。

联邦记录是指通过如下机构被作出的记录：

（a）《公共服务法（1999）》含义内的机构；或

（b）议会，议会的一院，议会的一院的委员会或议会的委员会；或

（c）根据或因为宪法或联邦法而拥有职位，或行使权力的个人或实体（立法机构除外）；或

（d）不管是否合并，因公共目的确立的实体或机构（立法机构除外）：（i）根据联邦或领地的法律（澳大利亚首都辖区，北部领地或诺福克岛除外）；或（ii）总督；或（iii）部长；或

（e）任何其他联邦拥有的法人的机构或组织。

以及由在（a）、（b）、（c）、（d）或（e）项规定的个人、机构或种类的组织保管或保存，但是不包括根据或因为宪法或联邦法拥有职位，或行使权力的个人或作出的记录，如果该记录不是与有关的职位相关，或有关的行使权力相关。

秘密的交流在第117条被界定。

秘密的书证在第117条被界定。

已经作出的表述被采纳为证据的**个人的"可信性"**，是指该表述的可信性，以及包括该人观察或记忆与作出该表述相关的事件和事实的能力。

证人的"可信性"是指证人的部分或全部证据的可信性，以及包括证人观察、记忆已经提供、正在提供或将要提供证据的事件和事实的能力。

可信性证据在第101A条被界定。

可信性规则在第102条被界定。

刑事程序是指对罪行的指控以及包括：

（a）个人罪行实施的审判或量刑程序；以及

（b）与保释相关的程序；

但是不包括在《税收管理法（1953）》第3部分含义内规定的税收罪行的指控。

交叉询问在"词典"第 2 部分第 2 条第（2）款被定义。

交叉询问者是指交叉询问证人的一方当事人。

事实上的配偶在"词典"第 2 部分第 11 条被界定。

书证是指信息的任何记录，以及包括：

（a）写的任何事；或

（b）有含义的可以让适格的个人翻译的标记、人像、符号或穿孔的任何事；或

（c）借助或无须借助其他任何事的帮助，可以从声音、图像或书面中复制的任何事；或

（d）地图、计划、图画或照片。

注释：关于书证的含义见"词典"第 2 部分第 8 条。

电子通信在《电子交易法（1999）》中有相同的含义。

主询问在"词典"第 2 部分第 2 条第（1）款中被定义。

功能的行使包括职责的履行。

传真，与书证相关，是指已经被传真电报复制的书证副本。

联邦法院是指：

（a）高级法院；或

（b）任何其他由议会设立的法院（州的最高法院除外）；

以及包括在根据联邦法履行职责或行使权力，被要求适用证据法的个人或机构（法院或州或领地的治安法官除外）。

外国法院是指任何外国或该国家一部分的法院（包括任何个人或机构被授权呈交或接收证据，不管代表法院或其他方式且不论该人或该机构被授权要求问题的回答或书证的出示）。

职能是指权力、职权或职责。

政府或官方公报包括公报。

传闻规则在第 59 条第（1）款被界定。

辨认证据是指以下证据：

（a）被个人主张的被告人是，或像（视觉上、听觉上或其他）是现场或附近的个人：(i) 被告人正被指控犯罪的罪行；或 (ii) 与被实施的罪行有联系的行为；

在或大概在罪行或行为被实施之时，该主张是整体或部分地依据作出主张的个人在该地该时看到、听到或以其他方式感受到的；或

（b）上述主张的报告（不管口头或书面）。

调查人员是指：

（a）警察（根据上级命令参与秘密调查的警察除外）；或

（b）根据澳大利亚法律指派履行对罪行的预防或调查相关的职责个人（根据上级命令参与秘密调查的个人除外）。

联席会议是指：

（a）与议会相关——总督根据《宪法》第57条或根据任何法律召集的参议院以及众议院成员联席会议；或

（b）与州的两院制议会相关——根据州法两个议院被召集的联席会议。

法官，就某程序而言，是指主持该程序的法官、治安法官或其他个人。

法律在"词典"第2部分第9条被界定。

诱导性问题是指证人被询问的问题：

（a）直接或间接地建议对问题的特定答案；或

（b）假定在程序中有争议的事实存在，以及在问题被询问之前，关于其存在的证人还没有举出证据。

"法律顾问"是指被政府机构或其他机构雇用，在法律上其免于拥有澳大利亚执业证书，或在雇用过程中，不需要澳大利亚执业证书而参与法律实践的澳大利亚律师。

注释：法律顾问的具体例子包括内部的顾问和政府的律师。

立法院是指任何现有的或之前的州的立法院，以及包括澳大利亚首都辖区立法院。

罪行是指违反或根据澳大利亚法律产生的罪行。

意见规则是在第76条被界定。

海外注册外国律师是指被该国的法律授权，经有权登记个人在该国从事法律业务的机构合法登记，能够在外国从事法律实践的自然人。

父母包括在"词典"第2部分第10条第（2）款中给出的含义。

图像辨认证据在第 115 条中界定。

警察是指：

（a）澳大利亚联邦警察的成员或特殊成员；或

（b）州或领地的警察机构的成员。

邮政物资的含义与《澳大利亚邮政通信法（1989）》相同。

先前的表述是指在表述证据被寻求举出的过程中（而不是在程序中举出证据的过程中）作出的表述。

证人的"**先前一致表述**"是指先前的表述与证人给出的证据一致。

证人的"**先前不一致表述**"是指先前的表述与证人给出的证据不一致。

证据的"证明价值"是指，证据能够合理地影响有争议的事实存在的可能性的评估的程度。

检察官是指构建或对指控的行为负责的个人。

公共文件是指以下文件：

（a）组成政府的记录的一部分文件；或

（b）组成外国政府记录的一部分文件；或

（c）组成根据或因为宪法、澳大利亚法律或外国法律拥有职位或行使职权的个人或机构的记录的一部分文件；或

（d）代表上述政府或上述个人或机构所保管的文件；

公共文件还包括下列机构的程序的记录，以及向其提交的文件：

（e）澳大利亚议会，澳大利亚议会的一院，上述一院的委员或澳大利亚议会的委员会；以及

（f）外国的立法机关，包括议会或上述立法机关的委员会（不管如何描述）。

再询问在"词典"第 2 部分第 2 条第（3）款和第（4）款中被界定。

注册，与在外国的法律实践相关，是指被该国参与法律实践的立法所要求，所有必要的执照、许可、批准、证书或其他授权的形式（包括职业证书）。

表述包括：

（a）明示或暗示的表述（不管口头或书面）；或

（b）从行为中推断出来的表述；或

（c）其作出者不愿与他人交流或为他人所见的表述；或

（d）因任何原因没有被交流的表述。

印章包括图章。

倾向证据是指在第97条第（1）款提到的一方当事人已经为在该条提到的目的提出的证据种类。

倾向规则在第97条第（1）款中被界定。

土著居民或托雷斯海峡岛民群体（包括相似群体）的**"传统的法律和习惯"**包括该群体的任何传统、习惯法、习俗、惯例、知识和信仰。

视觉辨认证据在第114条被界定。

证人包括在"词典"第2部分第7条提供的含义。

第2部分　其他词组

第1条　业务

（1）本法对"业务"的规定包括：

（a）专业、职业、职位、贸易或事业；

（b）参与的活动或任何由政府以其任何能力组织的活动；

（c）参与或由外国政府组织的活动；

（d）根据或因为宪法、澳大利亚法律或外国法拥有职位或行使权利的个人参与或组织的活动，作为因行使职位功能或权力参与或组织的活动（以个人的能力除外）；

（e）澳大利亚议会、澳大利亚议会一院、一院委员会或澳大利亚议会的委员会的程序；

（f）外国立法的程序，包括上述立法的一院或委员会（不管如何描述）。

（2）本条中对业务的规定也包括下列规定：

（a）不是因为利润参与或组织的业务；或

（b）在澳大利亚之外参与或组织的业务。

第 2 条 主询问、交叉询问和再询问

(1) 本法中对证人"主询问"的规定,是对传唤证人证据的一方当事人询问证人的规定,而不是再询问时对证人的询问。

(2) 本法中对证人"交叉询问"的规定,是对传唤证人的一方当事人询问证人的规定,而不是传唤证人举证的一方当事人。

(3) 本法中对证人"再询问"的规定,是对传唤证人证据的一方当事人询问证人的规定,被询问(在法院允许下进一步的主询问除外)行为在被另一方当事人对证人的交叉询问之后。

(4) 如果一方当事人已经传唤已举证的证人,本法中对证人再询问的规定不包括证人被另一方当事人询问之前,由该方当事人询问证人的规定。

第 3 条 民事处罚

为本法的目的,个人被视为承担民事处罚,如果在澳大利亚或海外程序中(刑事程序除外),该人将会根据澳大利亚法律或外国法律受处罚。

第 4 条 人员不到庭

(1) 为本法的目的,个人被视为无法到庭对事实给出证据,如果:

(a) 该人已经死亡;或

(b) 该人因适用第 16 条之外的任何其他原因(能力和强制作证:法官和陪审团)无法给出证据;或

(c) 该人因智力或身体原因无法举证,且克服该种无能力不可行;

(d) 该人给出关于事实的证据将不合法;或

(e) 本法的一个条文禁止证据被提供;或

(f) 寻求证明该人无法到庭的一方当事人,为找到该人或确保其出庭所有合理的步骤已被采取,但未成功;或

(g) 寻求证明该人无法到庭的一方当事人,强制该人给出证据,所有合理的步骤已被采取,但未成功。

(2) 在所有其他案件中,该人被视为能够给出针对事实的证据。

第 5 条 书证和物证不可获得

为本法的目的,书证或物证被视为无法为一方当事人所得,当且仅当:

（a）在一方当事人合理的询问和搜索之后无法被找到；或

（b）它被一方当事人或代表该方当事人的个人破坏或被另一个人破坏（恶意除外）；或

（c）在程序中出示书证或物证将不切实际；或

（d）在程序中出示书证或物证可能导致个人对罪行的实施有责；或

（e）它不由一方当事人拥有或控制，以及：（i）它不能通过法院的任何司法程序获取；或（ii）它被另一个与程序相关的，知道或可能合理地被期待知道书证的内容或物证很有可能由与程序相关的当事人拥有或获取；或（iii）它被在当时，知道或可能知道上述证据可能与程序相关的当事人拥有或控制。

第 6 条　书证中的表述

为本法的目的，在书证中包含的表述被视为已经被个人作出，如果：

（a）该书证被该人书写、作出或以其他方式出示；

（b）该表述被该人承认为其表述，通过签署、草签或以其他方式标记书证。

第 7 条　证人

（1）本法中对证人的规定包括对给出证据一方当事人的规定。

（2）本法中对已经被一方当事人传唤给出证据的证人的规定包括对给出证据一方当事人的规定。

（3）本条中对一方当事人的规定包括刑事程序中的被告人。

第 8 条　书证

本法中对书证的规定包括以下规定：

（a）书证的任何部分；或

（b）书证或书证的任何部分的任何副本、复制品或抄本；或

（c）上述副本、复制品或抄本的任何部分。

第 8A 条　官员等

本法中：

（a）对被雇用或根据或因为澳大利亚法律或联邦法律拥有职位的个人的规定，包括对澳大利亚警察局雇员的规定；以及

（b）在上述语境下，对官员的规定是对被有关的澳大利亚联邦警察

局雇员占据的职位的规定。

第 9 条 法律

（1）本法对有关联邦、州、领地或外国法的规定，是对在该地或该地生效的法律（无论成文或不成文）的规定。

（2）本法对澳大利亚法律的规定是对澳大利亚法律（无论成文或不成文）或在澳大利亚生效的法律的规定。

第 10 条 子女与父母

（1）本法对个人子女包括以下规定：

（a）该人领养的子女或婚前子女；或

（b）与该人生活的子女，正如该孩子是该人家庭中的成员。

（2）在本法对个人父母包括以下规定：

（a）该人的养父母；或

（b）如果该人是婚前子女——该人的亲生父亲；或

（c）该人与儿童一起生活，正如该儿童是该人家庭的成员。

第 11 条 事实上的配偶

（1）本法对个人**事实上的配偶**的规定是对与该人有事实上关系的个人的规定。

（2）一个人是与另一个人有事实上的关系，如果这两个人有同夫妻一样的关系以及没有合法地履行结婚手续。

（3）在裁定两个人是否有事实上的关系时，所有关系的情形将被考虑，在特定案件的环境中，包括以下事项：

（a）该关系的持续；

（b）他们共同居住的性质和范围；

（c）经济依赖或独立的程度，以及任何他们之间的经济上支持的安排；

（d）他们财产的所有、使用和获得；

（e）对共同生活的相互承诺程度；

（f）孩子的照顾和供养；

（g）名声和公众看法。

（4）在确定两个人是否有夫妻关系时，对任何情况相关的特定裁决并非必须。

（5）为第（3）款的目的，以下事项是不相关的：

（a）不管人他们性别不同还是相同；

（b）不管其中之一的个人是否同他人存在合法婚姻或者另一事实关系。

尾注

尾注 1——关于尾注

尾注提供有关此汇编和已汇编法律信息。

每一汇编中都包含以下尾注：

尾注 1——关于尾注

尾注 2——缩写键

尾注 3——立法史

尾注 4——修订史

缩写键——尾注 2

缩写键列出了可能在尾注中出现的缩写。

立法史和修订史——尾注 3 和尾注 4

对此法的修订记录在立法史和修订史中。

尾注 3 中的立法史提供了有关已修订（或将修订）该汇编法律的相关信息。该信息包括修订法律开始施行的详细信息以及该汇编中未包含的任何与适用、保留和过渡性规定的详细信息。

尾注 4 中的修订史提供了有关规定修订条款的信息（通常是条或相同等级）。它还包括根据法律规定已废除的任何已汇编法律信息。

编辑更改

《立法法（2003）》授权首席议院律师对已编纂的法律进行编辑和陈述性更改以准备汇编法律。更改不改变法律的效力。编辑更改自汇编登记之日起生效。

如果汇编中包含编辑上的更改，则尾注中应包含这些更改的简短概述。任何更改的详细信息可向议院律师办公室咨询获得。

错误描述修订

错误描述修订是指该修订无法准确描述将要进行的修订。如果在描述不准确的情形下，该修正案仍可以按预期的方式生效，则将该修正案纳入已编纂的法律中，并在修正史中的修正细节中加上缩写（md）。如果错误描述的修订无法按预期方式生效，则在修订史中的修正细节中加上缩写（md not incorp）。

尾注 2——缩写键

ad 添加或插入	Ord 法令、条例
am 修订	orig 原版
amdt 修正案	par 段落/小段/小节
c 条款	pres 当前
C［x］汇编号	prev 先前
Ch 章节	（prev…）先前
def 定义	Pt 部分
dict 词典	r 规则、条款
disallowed 不被议会允许	reloc 迁移
Div 节	renum 重新编号
ed 编辑更改	rep 废除
exp 到期/过期或停止/停止生效	rs 废除并替换
F 联邦立法登记册	s 小节
gaz 公报	Sch 附录
LA《立法法（2003）》	Sdiv 分支、分部
LIA《立法文书法（2003）》	SLI 选择立法文书
（md）可生效的错误描述修正案	SR 法定规则
（md not incorp）不可生效的错误描述修正案	Sub-Ch 子章节
mod 修改	SubPt 子部分
No. 序号	underlining 全部或部分未开始或将开始
o 命令	

尾注3——立法史

法律名称	编号与年度	批准日期	施行日期	适用、保留或过渡性规定
《证据法（1995）》	2，1995	1995年2月23日	第4~197条和附录：1995年4月18日第2条第3款其他：1995年2月23日第1条第1款	
《家庭法改革（相应修正）法（1995）》	140，1995	1995年12月12日	附录2：1995年12月26日，第2条第5款	—
《制定法法律修订法（1996）》	43，1996	1996年10月25日	附录2（第54项）：1995年4月18日第2条第2款	—
《法律与正义立法修正法（1997）》	34，1997	1997年4月17日	附录6：1997年4月17日第2条第1款	—
《法律与正义立法修正法（1999）》	125，1999	1999年10月13日	附录6：1999年11月13日第2条第1款	—
《公共雇佣（相应修正和过渡）修正法（1999）》	146，1999	1999年11月11日	附录1（第434~437项）：1999年12月5日第2条第1、2款	—
《公司法律经济改革项目法（1999）》	156，1999	1999年11月24日	附录12（第1，24项）：2000年11月24日第2条第4款	—
《澳大利亚联邦警察立法修正法（2000）》	9，2000	2000年3月7日	附录2（第29~32项）和附录3（第20，25，34，35项）：2000年7月2日和2000年《公报》第S328号	附录3（第20，25，34，35项）
《法律与正义立法修正〈刑法典〉的适用法（2001）》	24，2001	2001年4月6日	第4条第1、2款和附录25：2001年5月24日第2条第1款a项	第4条第1、2款
《公司（取消、相应修正和过渡）法（2001）》	55，2001	2001年6月28日	第4~14条和附录3（第174、175款）：2001年7月15日第2条第1、3款和2001年《公报》	第4~14条
《边界安全立法修正法（2002）》	64，2002	2002年7月5号	第S285号附录6（第16~18项）：2003年1月5号（第2条第1款第9项）	—
《臭氧保护与合成温室气体立法修正法（2003）》	126，2003	2003年12月5日	附录1（第1项）：2003年12月5日第2条	—
《法律与正义立法修正法（2004）》	62，2004	2004年5月26日	附录1（第17项）：2004年5月27日第2条第1款第8项	—

续表

法律名称	编号与年度	批准日期	施行日期	适用、保留或过渡性规定
《制定法法律修订法（2005）》	100，2005	2005年7月6日	附录1（第14项）：2005年7月6日第2条第1款第10项	—
《家庭法律修正（共同承担父母责任）法（2006）》	46，2006	2006年5月22日	附录3（第1,8项）：2006年7月1日第2条第1款第3项	附录3（第8项）
《证据修正（记者特免权）法（2007）》	116，2007	2007年6月28日	附录1（第1,2项）：2007年7月26日第2条第1款第2项	—
《证据修正法（2008）》	135，2008	2008年12月4日	附录1,2：2009年1月1日第2条第1款第2项	附录1（第95~99项）附录2（第13项）
《关税立法修正（名称改变）法（2009）》	33，2009	2009年5月22日	附录2（第30项）：2009年5月23日第2条	—
《残障歧视和其他人权立法修正法（2009）》	70，2009	2009年7月8日	附录3（第32项）：2009年8月5日第2条第1款第7项	—
《制定法法律修订法（2010）》	8，2010	2010年3月1日	附录1（第26项）：2010年3月1日第2条第1款第2项	—
《证据修正（记者特免权）法（2011）》	21，2011	2011年4月12日	附录1（第1~3项）：2011年4月13日第2条	—
《法律解释修正法（2011）》	46，2011	2011年6月27日	附录1（第566项）附录3（第10~11项）：2011年12月27日	附录3（第10,11项）
《清洁能源（相应修正）法（2011）》	132，2011	2011年11月18日	第2条第1款第3项附录1（第260A项）：2012年7月1日第2条第1款第3项	—
《关税和其他法律修正（澳大利亚边防部队）法（2015）》	41，2015	2015年5月20日	附录5（第64,65项）附录9（第1~9项）：2015年7月1日第2条第1款第2,7项	附录5（第65项和附录9第1~9项）

经修订

《澳大利亚边防部队修正（信息保护）法（2017）》	115，2017	2017年10月30日	附录1（第26项）：2015年7月1日第2条第1款第1项	—
《民法和正义立法修正法（2015）》	113，2015	2015年8月17日	附录5：2015年8月18日第2条第1款第2项	附录5（第63项）

续表

法律名称	编号与年度	批准日期	施行日期	适用、保留或过渡性规定
《民法和司法（综合修正）法（2015）》	132，2015	2015年10月13日	附录1（第26~33项）：2015年10月14日第2条第1款第2项	—
《制定法法律修订法（第1号）（2016）》	4，2016	2016年2月11日	附录4（第384~385项）：2016年3月10日第2条第1款第6项	—
《贸易法修正法（第1号）（2016）》	31，2016	2016年3月23日	附录2（第13项）：2016年5月1日第2条第1款第3项	—
《臭氧保护与合成温室气体立法修正法（2017）》	67，2017	2017年6月23日	附录2（第50，75，76项）：2018年1月1日第2条第1款第3项	附录2（第75，76项）
《婚姻修正（定义和宗教自由）法（2017）》	129，2017	2017年12月8日	附录3（第7~8项）附录4：2017年12月9日第2条第1款第7项	附录3（第8项）和附录4
《民法和正义立法修正法（2018）》	130，2018	2018年10月25日	附录5：2018年10月26日第2条第1款第7项	附录5（第2项）

尾注4——修订史

被修正的规定	修正情况
第一章	
引言性注释	am No.100，2005；No.113，2015
第1.1部分	
第3条	am No.46，2011；No.113，2015
第1.2部分	
第4条	am No.140，1995；No.135，2008；No.113，2015
第5条	am No.125，1999；No.135，2008；No.113，2015
第6条	am No.113，2015
第7条	am No.113，2015
第8条	am No.156，1999；No.55，2001；No.113，2015
第8A条	ad No.24，2001 am No.113，2015
第9条	am No.113，2015

续表

被修正的规定	修正情况
第二章	
第2.1部分	
第1节	
第13条	rs No. 135, 2008
第14条	am No. 135, 2008
第18条	am No. 135, 2008
第19条	am No. 135, 2008 rep No. 113, 2015
第20条	am No. 34, 1997; No. 135, 2008; No. 4, 2016
第2节	
第21条	am No. 135, 2008
第25条	rep No. 135, 2008
第3节	
第29条	am No. 135, 2008
第31条	am No. 113, 2015
第33条	am No. 135, 2008
第4节	
第37条	am No. 135, 2008
第5节	
第41条	rs No. 135, 2008
第43条	am No. 34, 1997
第2.2部分	
第47条	am No. 125, 1999
第48条	am No. 125, 1999
第49条	am No. 125, 1999
第50条	am No. 125, 1999; No. 135, 2008
第51条	am No. 125, 1999
第三章	
引言性注释	am No. 135, 2008
第3.2部分	
第1节	

续表

被修正的规定	修正情况
第 59 条	am No. 125, 1999; No. 135, 2008
第 60 条	am No. 135, 2008
第 61 条	am No. 135, 2008
第 2 节	
第 62 条	am No. 135, 2008
第 63 条	am No. 125, 1999
第 64 条	am No. 125, 1999; No. 135, 2008
第 65 条	am No. 125, 1999; No. 135, 2008
第 66 条	am No. 135, 2008
第 66A 条	ad No. 135, 2008
第 68 条	ad No. 34, 1997 am No. 113, 2015
第 3 节	
第 70 条	am No. 34, 1997; No. 113, 2015
第 71 条	rs No. 135, 2008
第 72 条	rs No. 135, 2008
第 73 条	am No. 129, 2017
第 3.3 部分	
第 76 条	am No. 125, 1999; No. 135, 2008
第 78A 条	ad No. 135, 2008
第 79 条	am No. 135, 2008
第 3.4 部分	
第 82 条	am No. 125, 1999; No. 135, 2008
第 85 条	am No. 135, 2008
第 89 条	am No. 135, 2008
第 3.5 部分	
第 93 条	ed C31
第 3.6 部分	
第 97 条	am No. 135, 2008
第 98 条	rs No. 135, 2008
第 3.7 部分	

续表

被修正的规定	修正情况
第 1 节	
第 1 节	ad No. 135, 2008
第 101A 条	ad No. 135, 2008
第 2 节	
第 2 节标题	ad No. 135, 2008
第 102 条	am No. 34, 1997 rs No. 135, 2008
第 103、104 条	am No. 135, 2008
第 105 条	rep No. 135, 2008
第 106 条	rs No. 135, 2008
第 107 条	rep No. 34, 1997
第 108 条	am No. 34, 1997; No. 135, 2008
第 3 节	
第 3 节标题	ad No. 135, 2008
第 108A 条	ad No. 34, 1997 am No. 135, 2008
第 108B 条	ad No. 135, 2008
第 4 节	
第 4 节	ad No. 135, 2008
第 108C 条	ad No. 135, 2008
第 3.8 部分	
第 110 条	am No. 135, 2008
第 112 条	am No. 135, 2008
第 3.9 部分	
第 114 条	am No. 135, 2008
第 3.10 部分	
第 1 节	
第 117、118 条	am No. 135, 2008
第 120 条	am No. 34, 1997
第 122 条	rs No. 135, 2008
第 1C 节	
第 1A 节标题	rep No. 132, 2015

续表

被修正的规定	修正情况
第1C节标题	ad No. 132, 2015
第1A节	ad No. 116, 2007 rs No. 21, 2011
第126A—126F条	ad No. 116, 2007 rs No. 21, 2011
第126J（先前126G）条	ad No. 21, 2011 renum No. 132, 2015
第126K（先前126H）条	ad No. 21, 2011 renum No. 132, 2015
第2节	
第128条	am No. 34, 1997 rs No. 135, 2008 am No. 113, 2015
第128A条	ad No. 135, 2008 am No. 113, 2015
第3节	
第129条	am No. 113, 2015
第130条	am No. 43, 1996
第4节	
第131A条	ad No. 116, 2007 am No. 21, 2011; No. 132, 2015
第131B条	ad No. 21, 2011 am No. 113, 2015; No. 132, 2015
第3.11部分	
第3.11部分标题	rs No. 135, 2008
第138条	am No. 70, 2009
第139条	am No. 135, 2008
第四章	
第4.3部分	
第1节	
第147条	am No. 125, 1999
第148条	am No. 135, 2008
第149条	am No. 125, 1999
第150条	am No. 113, 2015
第151条	am No. 113, 2015

续表

被修正的规定	修正情况
第152条	am No. 125, 1999
第2节	
第154条	am No. 34, 1997
第155条	rs No. 34, 1997 am No. 113, 2015
第155A条	ad No. 125, 1999 am No. 113, 2015
第158条	am No. 34, 1997
第3节	
第160条	am No. 125, 1999; No. 130, 2018
第161条	rs No. 135, 2008
第163条	am No. 125, 1999; No. 113, 2015
第4.5部分	
第4.5部分标题	rs No. 135, 2008
第165条	am No. 135, 2008
第165A、165B条	ad No. 135, 2008
第4.6部分	
第1节	
第1节	am No. 125, 1999
第2节	
第2节	am No. 125, 1999
第170条	am No. 34, 1997; No. 113, 2015
第171条	am No. 9, 2000; No. 62, 2004; No. 113, 2015 No. 31, 2016
第4节	
第180条	am No. 9, 2000
第180条	am No. 9, 2000
第5章	
第182条	am No. 125, 1999; No. 135, 2008; No. 113, 2015
第183条	am No. 125, 1999
第184条	am No. 135, 2008
第185条	am No. 113, 2015

续表

被修正的规定	修正情况
第186条	am No. 135, 2008; No. 113, 2015
第187条	am No. 113, 2015
第189条	am No. 8, 2010 ed C31
第190条	am No. 46, 2006; No. 135, 2008
第191条	am No. 135, 2008
第192A条	ad No. 135, 2008
第194条	rep No. 113, 2015
第195条	am No. 24, 2001; No. 113, 2015
词典	
词典	am No. 34, 1997; No. 125, 1999; No. 146, 1999; No. 9, 2000; No. 55, 2001; No. 64, 2002; No. 126, 2003; No. 135, 2008; No. 33, 2009; No. 132, 2011; No. 41, 2015; No. 113, 2015; No. 57, 2017